Saskia Michalski

Lieben und lieben lassen

SASKIA MICHALSKI

LIEBEN UND LIEBEN LASSEN

Gefühle passen in keine Schublade

Unter Mitarbeit von Aylin Atmaca

PIPER

Mehr über unsere Autorinnen, Autoren und Bücher:
www.piper.de

Inhalte fremder Webseiten, auf die in diesem Buch (etwa durch Links) hingewiesen wird, macht sich der Verlag nicht zu eigen. Eine Haftung dafür übernimmt der Verlag nicht. Wir behalten uns eine Nutzung des Werks für Text und Data Mining im Sinne von § 44b UrhG vor.

Unser Versprechen für mehr Nachhaltigkeit
• Klimaneutrales Produkt
• FSC®-zertifiziertes Papier
• Hergestellt in Europa

FSC www.fsc.org
MIX
Papier | Fördert gute Waldnutzung
FSC® C083411

ISBN 978-3-492-06488-0
3. Auflage 2024

Satz: Eberl & Koesel Studio, Kempten
Gesetzt aus der Minion Pro
Litho: Lorenz & Zeller, Inning am Ammersee
Druck und Bindung: CPI books GmbH
Printed in the EU

Für Rebellion in Liebe

Inhalt

Ein paar Hinweise zum Inhalt und meiner Sprachwahl 9

Vorwort 10

Warum eigentlich Liebe? 12

1 Ich dachte, das ist Liebe? 15
All you need is love. Oder? 18
Zwischen Disney, der Gesellschaft und unseren Eltern 24
Lieb mich oder ich lieb dich! 34
Unter dem Deckmantel der Liebe 46
If you wanna be my Lover 57
Die eine wahre große Liebe 71

2 Die Liebe als Spektrum 80
Liebe ist kein Besitz 82
Selbstsabotage: Ich bin lieb und brav 86
Zwischen Selbsterfahrung und Rücksicht 96
Ich liebe mich 105

3 Bin ich falsch oder ist es die Welt? 111
Wer bin ich eigentlich? 121
Holy moly, I'm poly! 134
Poly-Guide 167
Queere Liebe – mein Coming out 195
Coming out-Guide 212
»Ist doch alles nur eine Phase« 223

4 Liebe, Lust und Frust 227
Verletzlichkeit verletzt nicht, aber Verletzte verletzen 230
Mit Eifer gesucht, Leid gefunden 248
Schäm dich! 257
Bi+/Queerfeindlichkeit und Allyship 263
Konsens is Key 271
Sex 274
Weil ich liebe 285

Danksagung 291

Glossar 293
Queere Begriffe 293
Begriffe der Polyamorie 297

Leseliste 303

Ein paar Hinweise zum Inhalt und meiner Sprachwahl

In diesem Buch werden sensible Themen wie sexualisierte, physische und psychische Gewalt sowie Queerfeindlichkeit, Misogynie und Schwangerschaftsabbruch angesprochen.

In manchen Fällen verzichte ich bewusst auf das Gendern.

Wenn ich über meine Vergangenheit spreche, bezeichne ich mich als Mädchen/Frau.

Ich erzähle überwiegend von meinen persönlichen Erfahrungen und den daraus resultierenden Learnings. Sie spiegeln meine ganz subjektive Sichtweise wider und müssen nicht für jeden Menschen zutreffen. Spreche ich von vergangenen Erfahrungen, beziehe ich mich meist auf binäre Darstellungen, da ich damals noch nicht den Wissenstand eines nicht binären Menschen mit den entsprechenden Begrifflichkeiten hatte.

Ein Glossar zu diversen Fachbegriffen findest du am Ende des Buches.

Vorwort

Hej Wunderwesen,

hättest du mir vor fünf Jahren gesagt, dass ich einmal ein Buch über Polyamorie und diverse Liebe schreiben würde, hätte ich dir nicht nur nicht geglaubt, sondern vermutlich auch an deinem Verstand gezweifelt. Aber jetzt sitze ich hier und schreibe das Vorwort für mein fertiges Buch zu genau diesem Thema. Für dich. Für mich. Für die Welt.

Mein Weg in die Polyamorie war auf den ersten Blick überraschend, aber in der Retrospektive unvermeidlich. Die Herausforderungen, denen ich in den letzten vier Jahren begegnen durfte, und die Learnings, die daraus resultierten, haben mich zu einer freieren, glücklicheren, softeren und verletzlicheren Person gemacht. All diese Momente – ob schön oder schmerzhaft, ob angenehm oder unangenehm – waren unglaublich wertvoll und bereichernd.

Ich möchte, dass dieses Buch nicht nur meine persönliche Geschichte erzählt, sondern dass es vor allem Liebe in deine Welt trägt. Ich möchte dich dazu inspirieren, Liebe neu zu definieren, unabhängig davon, ob du die Polyamorie schon lebst, noch unsicher bist, was du davon halten sollst, oder sie sogar (so wie ich damals) ablehnst.

Es ist mein Herzenswunsch, dass du dieses Buch mit offenen Gedanken und offenem Herzen liest. Ich lade dich ein, die Welt für nachfolgende Generationen ein kleines bisschen individueller und leichter zu machen. Vielleicht findest du in den folgenden Zeilen auch ein wenig von dir, vielleicht helfen sie dir auch, dein wahrhaftiges Selbst zu entdecken. Denn Gefühle – für dich selbst genauso wie für andere – passen in keine Schublade.

Wenn dein Herz rebelliert, fühl hin.

Full of love –
Saskia

Warum eigentlich Liebe?

Liebe betrifft uns alle auf die eine oder andere Weise – ob wir es wollen oder nicht. Unser Leben lang lesen und hören wir so viel über sie, über das Geliebtwerden und Lieben – und doch oder gerade deshalb sind wir ständig aufs Neue auf der Suche nach Antworten.

Wir sind gefangen in vorgegebenen Schubladen und vermeintlich richtigen Wegen, zwischen »zu viel«, »zu wenig« und »das hat man halt immer schon so gemacht«. Und weißt du was? Dabei haben wir – geblendet von der Illusion, dass es ein »richtig« oder »normal« gibt, und aus Angst vor Ablehnung irgendwann verlernt, etwas ganz Entscheidendes zu tun: nämlich auf unser Herz zu hören und unser eigenes Skript zu schreiben.

Aber soll ich dir etwas verraten? Wir alle können uns selbst neu kennenlernen, wenn wir zulassen, dass unsere Neugierde größer als unsere Angst wird. Denn nur so entsteht Mut. Wie spannend und zugleich beängstigend es sein kann, die vermeintlichen Regeln und Normen der Liebe zu hinterfragen, habe ich einst selbst erfahren. Und das hat mein Leben für immer grundlegend verändert. So sehr, dass ich heute sagen kann: Ich fand Sicherheit in Freiheit und Freiheit in Sicherheit.

Aber dazu später mehr. Viel wichtiger ist jetzt erst mal die Frage, wie wir eigentlich darauf kommen, eine Emotion wie Liebe in eine Norm pressen zu wollen – wohlgemerkt eine, in die ganz zufälligerweise auch noch knapp acht Milliarden Menschen passen? Warum betrachten wir ausgerechnet die Liebe nicht als emotionales Spektrum, so wie wir es bei anderen Gefühlen auch tun?

Fragen über Fragen. Ich finde, es ist an der Zeit, Antworten darauf zu finden – oder besser: mit Mythen zu brechen, der Verlustangst und Eifersucht Raum zu geben, sie zu verstehen, die Heteronormativität zu hinterfragen, geheime Bedürfnisse und Wünsche zu entfesseln und die Facetten der diversen Liebesformen im rauschenden, nicht immer ruhigen Fluss des Lebens neu zu entdecken.

Wenn du möchtest, komm mit!

Kapitel 1

Ich dachte, das ist Liebe?

Ich dachte immer, Liebe sei das, was ich im Fernsehen sehe. Der Stoff aus den Teenie-Filmen und Schnulzen, die wir als Kinder und Jugendliche so gern geschaut haben. Ich dachte, Liebe sei das, was ich bei meinen Eltern beobachten konnte, oder wie sich mein erster Freund mir gegenüber benommen hat. Ich habe mich immer bemüht, ein Richtig oder Falsch zu definieren; eine Liste zu erstellen, bei der ich meine Häkchen setzen konnte, um sicherzugehen: Das ist Liebe.

Schließlich war die Liebe allgegenwärtig, sie wurde mir überall präsentiert, und irgendwie hatte ich dabei doch das immer gleiche Bild von ihr. Eines, das so klar und unumstößlich war, dass ich gar nicht auf die Idee kam, dass Liebe auch anders aussehen könnte.

Es ist ein bisschen so wie bei Platons Höhlengleichnis, das beschreibt, wie ein paar Menschen ihr gesamtes Leben in einer dunklen Höhle verbringen – und zwar so festgebunden, dass sie alle nur geradeaus auf eine einzige Wand blicken können. Hinter ihnen brennt ein Feuer, und zwischen diesem Feuer und den Menschen befinden sich verschiedene Gegenstände, die Schatten an die Wand werfen. Da sie nie etwas anderes gesehen haben, glauben die Menschen natürlich, dass diese Schatten die wirkliche Welt darstellen. Die Wahrheit erkennt einer von ihnen erst, als es ihm gelingt, sich zu befreien und die Höhle zu verlassen. Zunächst wird er draußen vom Sonnenlicht geblendet, doch nach einiger Zeit begreift er, dass das, was er sieht – die Sonne, die Bäume, die

Tiere –, die wirkliche Welt ist und dass die Schatten in der Höhle lediglich eine schemenhafte Abbildung der Realität waren. Als er zurückkehrt, um seinen noch immer gefesselten Mitmenschen von der wahren Welt zu berichten, glauben sie ihm nicht und reagieren sogar feindselig.

Das Höhlengleichnis verdeutlicht meiner Meinung nach gut, wie Menschen durch eine begrenzte Perspektive getäuscht werden können. Gleichzeitig betont es aber auch, wie wichtig es ist, über den eigenen Horizont hinauszublicken, um die Wahrheit und Vollkommenheit unserer bunten und schönen Welt zu erfassen. Wir formen unsere Überzeugungen und unsere Realität auf Grundlage dessen, was wir in unserem bisherigen Leben vorgelebt bekommen und selbst gesehen und erlebt haben. Deswegen suchen wir meist nach dem, was wir bereits kennen, auch wenn es nicht unbedingt das Beste für uns ist oder das, was wir wirklich wollen. Es handelt sich dabei lediglich um vertrautes Terrain, unsere Komfortzone. Diese Komfortzone formt sich aus dem, was wir glauben, verdient zu haben, da wir es gar nicht anders kennen. Das kann dazu führen, dass wir uns immer wieder in ungesunde und abhängige Beziehungen begeben und dabei die Warnsignale völlig ignorieren. Das geschieht manchmal bewusst, oftmals auch unbewusst, einfach weil sie uns bekannt vorkommen – die Beziehungsdynamiken erinnern uns an unsere Kindheit oder an frühere Beziehungen.

Nur: Ich werde immer wieder gegen Wände laufen, wenn ich weiterhin dem mir vorgelebten Weg folge und mich nicht aus den Schubladen befreie, in die ich mich selbst den größten Teil meines Lebens gesteckt habe. Und genau deshalb habe ich mir fest versprochen, offen und neugierig zu bleiben, da sich jedes Individuum – also auch ich – im Laufe des Lebens unweigerlich weiterentwickelt. Schließlich bedeuten jede Erfahrung und jede Begegnung neue Impulse; sie zeigen mir neue Wege auf, die mich in meinem Leben bereichern und mich als Mensch wachsen lassen.

Trotz all meiner schwierigen Erfahrungen, die ich in diesem Buch mit dir teilen werde, glaube ich fest an die Wahrhaftigkeit von Liebe und an das Mitgefühl in jedem Menschen. Denn obwohl alles in meinem Leben dagegen sprach, lebe ich heute in einer Beziehung voller Liebe – mit zwei verschiedenen Menschen.

Die Erkenntnis, dass ich dazu in der Lage bin, hat mein ganzes Leben auf den Kopf gestellt. Als ich meine Beziehungsperson Lui kennengelernt habe, war ich glücklich mit meinem ehemaligen Mann Marcin verheiratet. Wir hatten eine tiefe, liebevolle Beziehung, die auf Vertrauen und offener Kommunikation beruhte. Lui lernte ich beim Sport kennen, ich war deren Crossfit-Coach.

Zwischen der Wohnung von Lui und der, die Marcin und ich uns teilten, lagen nur ein paar Straßen sowie die Brücke über den Osterbekkanal. Ich erinnere mich noch gut an den Tag, als ich mich nach einem herausfordernden Crossfit-Training bei Lui voller unausgesprochener Spannungen auf den Heimweg machte. An diesen entscheidenden Moment, in dem mir klar wurde, dass ich nun vollkommen ehrlich mit mir selbst sein musste. Ein Gedanke durchzuckte mich: Saskia, emotionales Fremdgehen ist auch Fremdgehen. Mir war vollkommen bewusst, dass da eine gewisse Anziehung zwischen Lui und mir war. Ein Bedürfnis nach Nähe – doch ich konnte nicht genau sagen, wohin das führen würde. Manche hätten vielleicht gesagt: »Dann triff dich einfach nicht mehr mit Lui, und niemand muss es jemals erfahren.« Aber allein das Verbergen dieser Erkenntnis hätte eine innere Distanz zu mir selbst und meinen Werten geschaffen, und das wollte ich nicht. Und um ehrlich zu sein, wollte ich auch Lui unbedingt wiedersehen.

Während ich über die Brücke ging, spürte ich eine Mischung aus Angst, Aufregung und einem Gefühl der Befreiung. Ich entschied mich, diesen Gefühlen nachzugehen und mit Marcin darüber zu sprechen, ganz ohne Plan. Ich hatte nicht einmal die passenden Worte für das, was ich fühlte. Wir hatten immer gesagt, dass wir über alles sprechen können und dabei versuchen würden, wertfrei zu bleiben. Ich fühlte mich unglaublich schlecht, fast wie in einer Identitätskrise, geplagt von Scham und der Sorge, dass die verurteilenden Stimmen der Vergangenheit recht haben könnten – dass ich mich einfach nicht binden kann. Meine größte Angst war allerdings, dass Marcin mir nicht glauben könnte, dass meine Gefühle für Lui nichts darüber aussagten, was ich für ihn empfand. Ich hatte nämlich keinerlei Zweifel an meiner Liebe zu ihm. Doch ich vertraute darauf, dass ich wusste, was Marcin und ich miteinander hatten, ich wollte unbedingt ehrlich zu mir selbst und zu ihm sein. Denn wahre Verletzung entsteht nicht durch ein unangenehmes Gefühl, sondern dadurch, dass wir die Verbindung zueinander verlieren, wenn wir einander nicht in unsere jeweilige Gedankenwelt einbeziehen. Die Heimlichkeiten und Lügen gegenüber sich selbst und anderen – das ist die eigentliche Bedrohung der (Selbst-)Liebe.

Die Brücke war nicht besonders lang, aber all diese Gedanken schwirrten mir gleichzeitig durch den Kopf. Mein Herz schlug mir bis zum Hals, als ich die Treppe zu unserer Wohnung hinaufstieg. Ich schloss die Tür auf und sagte zu Marcin: »Ich würde gern mit dir sprechen. Zuerst möchte ich dir aber sagen, dass ich mir wünsche, dass du mir vertraust, wenn ich dir sage: Ich liebe dich und ich liebe unsere Beziehung.« Er sah mich nachdenklich an und antwortete: »Okay, lass uns reden. Ich höre dir zu.« Und wir setzten uns aufs Bett. Dies markierte den Beginn meiner wilden, unvorhersehbaren und doch heilsamen Reise zu mir selbst.

All you need is love. Oder?

»All you need is love«, sangen schon die Beatles. Hörst du den Song jetzt auch in deinem Kopf? Toll! Dann wären wir schon zu zweit. Und wenn wir schon dabei sind: Kai Pflaume hat mit der TV-Show »Nur die Liebe zählt« seinerzeit dieses Bild, dass wir nur Liebe brauchen, um glücklich zu sein, in mir verankert. Und die Antwort auf die Frage, wie diese Liebe denn bitte schön auszusehen habe, wurde einem sowohl im Song der Beatles als auch in der Fernsehsendung direkt mitgeliefert: Eine Person ist unsterblich in eine andere Person verliebt und möchte sie erobern – und meist handelt es sich dabei, richtig: um einen Mann, der es auf eine Frau abgesehen hatte.

Verknallt? Verliebt? Liebe? Oder doch nur ein Strohfeuer? Egal! Hauptsache ein wohlig warmes Gefühl im Bauch. Jeden Tag, für immer und ewig, bis dass der Tod uns scheidet. Es ist ja auch wirklich ein sehr schöner Gedanke, dass die Liebe allein alles regelt, wir uns entspannt zurücklehnen können und jeden Tag in einem süß duftenden Bad voller Rosenblätter mit unserer Beziehungsperson treiben dürfen, glücklich bis in alle Ewigkeit. Doch, Überraschung – das ist nicht die Realität!

Vermutlich hast du es schon am eigenen Leib erfahren: Liebeskummer tut fucking weh. Und hinzu kommt leider auch noch, dass die Hoffnung, die nächste Liebe würde dein gebrochenes Herz wieder reparieren, völlig unbegründet ist. Denn diesen Schmerz kannst nur du selbst heilen – auch wenn du vieles gemeinsam mit deiner Beziehungsperson heilen kannst. Ob du es glaubst oder nicht, auch in meinem Kopf gab es vor einigen Jahren nichts Schlimmeres als die Vorstellung, von meinem Partner verlassen zu werden, weil er mich nicht mehr liebt. Ich sehnte mich so sehr nach einer Garantie, dass das auf gar keinen Fall passieren würde und er mich bis an unser Lebensende liebt. Ich wollte sicherstellen, dass Marcin immer an meiner Seite bleiben würde, dass er niemals eine andere Person attraktiv finden würde – genauso wie ich auch niemand anderen begehren würde. Ich dachte, dass dies der einzige Weg sei, um die Kontrolle über unsere Liebe zu behalten. Die Illusion der Sicherheit hatte mich ganz fest im Griff! Aber wir liebten uns und untermauerten unsere Liebe sogar mit dem Eheversprechen, ich hatte also nichts zu befürchten – dachte ich zumindest. Ich war fest gefangen in einer toxisch monogamen Einstellung und hatte trotzdem mit Verlustängsten zu kämpfen.

Wenn ich den Begriff »toxisch monogam« verwende, regen sich übrigens unglaublich viele Menschen darüber auf. Was ich jedoch eigentlich damit sagen möchte: Ich halte die Monogamie keineswegs für falsch, finde es aber wichtig, die toxischen Vorstellungen von Monogamie zu hinterfragen, die in der Gesellschaft vorherrschen. Was ich kritisiere, ist die Tatsache, dass extreme Eifersucht, Kontrollzwang und das vollständige Aufgeben der eigenen Privatsphäre als Zeichen wahrer Liebe gelten. Ebenso problematisch finde ich die Idee, dass intensive Liebe ausreicht, um alle Inkompatibilitäten oder Verletzungen zu überwinden. Man kann eine Person sehr lieben und dennoch inkompatibel mit ihr sein. Den Gedanken, dass Liebe alles ist, was man braucht, empfinde ich schlichtweg als irreführend. Es ist durchaus möglich, einen Menschen tiefgehend zu lieben und dennoch von diesem schlecht behandelt zu werden. Doch oft wird diese Vorstellung romantisiert. Wenn eine Person eine Beziehung beendet, obwohl er*sie die Person noch liebt, können viele Menschen das nicht nachvollziehen.

Zu den toxisch monogamen gesellschaftlichen Normen gehört auch die Vorstellung, dass man zu jeder Zeit und in jeder Lebensphase alle Bedürfnisse seiner Beziehungsperson erfüllen muss. Wenn man das nicht schafft, wird einem schnell suggeriert, nicht gut genug zu sein. Ebenso problematisch empfinde ich die Tendenz, einen Menschen, der seine Bedürfnisse äußert, schnell als übermäßig anhänglich oder »clingy« abzustempeln. Es ist essenziell zu kommunizieren, was man sich vom Gegenüber wünscht! Natürlich kann dies bei der Person, die diese Bedürfnisse erfüllen soll, Druck auslösen, aber dann liegt es an allen involvierten Personen, mit den unterschiedlichen Anforderungen umzugehen.

Ein weiteres toxisches Narrativ ist die Vorstellung, dass man keinen anderen Menschen interessant, attraktiv oder auch nur nett finden darf. Sobald man mit einem anderen Menschen interagiert, wird einem manchmal direkt unterstellt, man hätte Interesse an dieser Person. Solche eifersüchtigen Beziehungsverhaltensweisen werden in unserer Gesellschaft teilweise stark romantisiert und als Zeichen echter Liebe gewertet.

Das Commitment in einer Beziehung gilt oft als ein Synonym für Exklusivität. Genauso, wie gesellschaftlich suggeriert wird, dass eine Beziehung und Liebe nur valide sind, wenn du geheiratet hast und am besten auch gleich noch Kinder bekommst. Sonst stimmt etwas mit euch und eurer Beziehung nicht, wahrscheinlich seid ihr euch nur noch nicht so wirklich sicher. Für die Mehrheitsgesellschaft ist es oft normaler, in einer Beziehung zu bleiben, die uns ausbrennt und nicht mehr erfüllt, nur weil sie lange funktioniert hat, als Single und glücklich zu sein.

Das alles meine ich, wenn ich von toxischer Monogamie spreche, und auch ich steckte mittendrin in ihren normativen Zwängen. In meinem Wunsch nach Sicherheit hatte ich allerdings etwas Entscheidendes übersehen: Absolute Sicherheit gibt es nicht! Irgendwann musste ich sogar lernen, dass Liebe nicht das ist, was ich lange Zeit für Liebe hielt, und das war die schmerzhafteste Erkenntnis meines Lebens. Auch ich hatte mir über Jahre eingeredet, dass ich ohne Marcin nicht leben könnte; ein Alltag ohne ihn war unvorstellbar für mich. Ich wusste nicht, wie ich allein funktionieren sollte. Als meine Ehe zu Ende ging, erkannte ich jedoch, dass es keine Garantie für immer gibt. Der Grund für meine Scheidung, so schmerzhaft es auch war, war eigentlich recht simpel: Es gab einen Vertrauensbruch, der rein gar nichts mit Drittpersonen zu tun hatte, sondern ein Thema betraf, das von Anfang an in unserer Beziehung präsent war und an dem wir gemeinsam gearbeitet hatten. Dieser Bruch stand in keiner Verbindung zur Form unserer Beziehung. Es ist erstaunlich, wie die Gesellschaft auf eine Trennung reagiert, besonders im Kontext von nicht monogamen Beziehungen. Oft wird nicht dem Individuum, sondern der Beziehungsform die Schuld zugeschrieben. In einer monogamen Beziehung wird eine Trennung als normaler angesehen, und selbst bei Untreue wird nicht »war ja klar« gerufen. Wenn eine offene oder polyamore Beziehung in die Brüche geht, ist immer gern die Liebesform schuld, egal ob es an zwischenmenschlichen Konflikten gelegen hat oder nicht. Bei monogamen Paaren, wo es einfach nicht gepasst hat oder betrogen wurde, liegt es eher am Individuum. Dort wird nicht gefragt: »Habt ihr schon einmal darüber nachgedacht, dass eine monogame Beziehung vielleicht nicht das richtige Modell für euch war?« – Nein, es ist immer andersherum: »Klar, so eine offene Beziehung kann ja gar nicht funktionieren!« Übrigens auch gern, ohne die wirklichen Gründe dafür zu kennen, wie in meinem Fall. Die Monogamie als Beziehungsform wird selten hinterfragt. In einer polyamoren Beziehung hingegen scheint die Beziehungsform automatisch als Ursache für Probleme gesehen zu werden, obwohl wir damals sogar zu dritt versucht haben, diese zu lösen.

Aber warum schreibe ich das überhaupt? Weil ich es wichtig finde, auch das Leid und das emotionale Wachstum hinter meiner heutigen Leichtigkeit transparent zu machen. Leichtigkeit, weil mich das Lösen von der Vorstellung der Monogamie als einzig funktionierende Form der Liebe befreit hat. Aber vor einigen Jahren war das noch ganz anders. Da dachte ich noch, dass man sich eben kennenlernt, sich ineinander verliebt, dann am besten so schnell wie möglich heiratet und für immer und ewig glücklich und voller Liebe zusammenbleibt. Vor allem dachte ich, dass das der einzige Weg ist.

Was ich mich allerdings nie gefragt habe, ist: Was bedeutet Liebe eigentlich für mich? Und wie bleibt die Liebe am Leben? Wie können wir sie neu entfachen? Die harte Erkenntnis in meinen frühen Zwanzigern war, dass eine Beziehung aus (mindestens) zweimal 100 Prozent besteht und dass Liebe nicht einfach *ist*, sondern auch Einsatz und viel Arbeit erfordert. Es ist das dritte aus zweien. Dabei ist Kommunikation das A und O, aber auch die Bereitschaft, den anderen anzunehmen, sich in Verständnis zu üben, und der Wunsch nach persönlichem und gemeinsamem Wachstum sind absolut essenziell. Es ist nicht wahr, dass einmal entflammte Liebe von allein ewig brennt. Wie eine Pflanze muss auch die Liebe gehegt und gepflegt werden. Der Mensch ist wie eine Pflanze, man wächst und verändert sich, manchmal wird der Topf zu klein, und im schlimmsten Fall geht man sogar ein. Das Problem dabei ist, dass jeder Mensch seinen eigenen kleinen, manchmal auch großen Koffer voller Erfahrungen, Werten und Erwartungen in eine Beziehung mitbringt und jede*r eine andere Vorstellung davon hat, wie man mit diesem Ballast umgehen sollte. Schließlich sind wir alle Individuen mit völlig unterschiedlichen Ideen von der idealen Liebesbeziehung.

Diese bunte Mischung kann zufällig zusammenpassen und für eine gewisse Zeit auch ohne Invest gut funktionieren, manchmal aber auch zu immensen zwischenmenschlichen Spannungen führen. Das muss nicht zwangsläufig das Ende der Liebe bedeuten, sondern stellt, wenn beide Parteien bereit sind zu investieren, eine Chance dar, voneinander zu lernen und gemeinsam in der Beziehung zu wachsen. Das setzt allerdings voraus, dass die beteiligten Personen sich dieses Umstands überhaupt bewusst sind. Die Liebe ist nämlich nicht einfach da und bleibt, weil man das mal gemeinsam beschlossen oder auf dem Standesamt ein paar Zettel unterschrieben hat. Sie ist eher ein Resultat aus vielen Faktoren und erfordert ein ständiges Anpassen an sich stetig ändernde Bedürfnisse und Umstände. Man wacht eben leider nicht jeden Tag neben seinem Beziehungsmenschen auf und liebt und begehrt ihn wie beim ersten Date.

Diesen Zustand aufrechtzuerhalten, erfordert Arbeit, und zwar von allen Beteiligten. Der große Wunsch, geliebt zu werden, ist valide, aber das bedeutet auch, selbst zu lieben, zu investieren und zu verstehen, dass wir alle die gleiche Liebe verdient haben, die wir reingeben – ohne sie im Gegenzug als selbstverständlich anzusehen. Allerdings heißt das im Umkehrschluss auch, dass man in erster Linie an und mit sich selbst arbeiten muss. Und das erfordert nicht nur Mut und den Willen, sich stetig weiterzuentwickeln, sondern es bedeutet auch, die vermeintlich sichere Komfortzone zu verlassen, die eigenen vielleicht unterdrückten Bedürfnisse wahrzunehmen, sich selbst zu reflektieren, zu verstehen, dass wir alle Liebe verschieden senden und empfangen, und auch offen für die Bedürfnisse des anderen zu sein, ohne zu be- oder verurteilen.

Aber glaube mir, wenn ich dir sage: Dein Mut wird belohnt! Die Reise zu sich selbst ist ein spannendes Abenteuer, bei dem man nie ausgelernt hat. Liebe neu zu definieren und zu verstehen, dass sie kein starrer Zustand ist, wird deine Sicht auf die Welt und auf dich selbst zum Positiven verändern, genauso wie es meine Sicht verändert hat. Heute lebe ich sowohl mit meiner Beziehungsperson als auch mit meinem Freund in einer glücklichen Beziehung. Ich kann zwei Orte mein Zuhause nennen. Ich führe zwei romantische Liebesbeziehungen; eine davon war sogar ursprünglich eine Fernbeziehung, aber jetzt leben beide Beziehungsmenschen mit mir in Hamburg. Ich habe eine intensive Bindung zu beiden und teile meinen Alltag mit ihnen. Ich stehe sogar neuen Verbindungen verschiedener Art, je nach meinen Kapazitäten, offen gegenüber. Klingt unvorstellbar für dich? Das war es für mich auch einmal! Doch wie du auf den nächsten Seiten lesen wirst, habe ich meine Einstellung von Grund auf hinterfragt und meine Vorstellungen von Liebe neu definiert.

Zwischen Disney, der Gesellschaft und unseren Eltern

Frauen und weiblich gelesene Personen sind hilflose Wesen, die erobert und gerettet werden müssen, ob sie wollen oder nicht – so der Output meiner liebsten Kinderfilme, als ich klein war. Arielle verließ nicht nur ihre Familie, sondern gab sogar ihre Stimme für ihren Traumprinzen auf. Belle in »Die Schöne und das Biest« litt offenbar unter dem Stockholm-Syndrom, sonst hätte sie wohl kaum Gefühle für ihren Peiniger entwickelt, und Schneewittchen war sogar sieben Männern ausgeliefert und selbst in ihrer letzten Ruhestätte nicht sicher vor übergriffigen Prinzen.

Wie du siehst, bin ich – wie die meisten Kinder der Neunziger- und Nullerjahre – mit Disney aufgewachsen. Dieses romantisierte, aber auch ungesunde Bild von Liebesbeziehungen wurde uns von Kindesbeinen an vorgespielt und als Nonplusultra verkauft. Und wir haben es gefressen. Löffel für Löffel. Wie hätten wir es auch besser wissen können? Wir waren Kinder und hatten unser ganzes Leben noch vor uns. Kein Wunder, dass ich nie hinterfragt habe, ob das richtig oder falsch für mich sein könnte. Ich kannte schließlich kein anderes Bild.

Wir sind in einer Gesellschaft groß geworden, die uns ein festgelegtes Skript vorgelegt hat, wie Liebe auszusehen hat. Ein Skript, das Schritt für Schritt nachgespielt werden soll. In dieser Gesellschaft, in der Normen gelten, die eigentlich gar nicht zu mir passen, habe ich also versucht, mich anzupassen – was, wie du auf den nächsten Seiten lesen wirst, nicht wirklich gut geklappt hat. Meine Eltern hätten dieses Skript vielleicht umschreiben können, wenn sie es selbst nicht so tief verinnerlicht hätten. Doch ich assoziierte die »Liebe«, die ich bei meinen Eltern sah, mit der meiner Großeltern und verglich diese mit den Bildern der Disney-Helden (Held*innen gab es damals noch nicht wirklich) und den hilflosen, treuen, nicht besonders clever dargestellten Prinzessinnen, die gerettet werden und dann überaus dankbar sein mussten, dass eine männliche Figur ihnen das Mindeste an Respekt entgegenbringt. Gleichzeitig versuchte ich immerzu, allen Menschen um mich herum zu helfen, und habe das falsche Bild internalisiert: »Mich für andere aufzuopfern und zu leisten bedeutet, dass ich geliebt und gebraucht werde.«

Du liest diesen Glaubenssatz jetzt gerade und denkst dir vielleicht: »Oje, Saskia, da warst du aber ganz schön naiv!« Ja, vielleicht war ich das, aber ich weiß, dass es vielen, vor allem Frauen, ganz ähnlich ging wie mir. Das Hin und Her der Protagonist*innen in Hollywoodschnulzen und Disney-Filmen ist im Grunde selten etwas anderes als eine ungesunde Symbiose, die trotz aller Red Flags ein Happy End hat, das unrealistischer nicht sein könnte.

Es war immer die gleiche Leier: Der männliche Part behandelt den weiblichen Part ewig scheiße und erkennt dann – just in dem Moment, in dem er sie verliert –, dass sie doch seine große Liebe sein muss. Das könnte der Plot eines jeden sogenannten Chick Flicks sein. Du sitzt auf der Couch und träumst, dass dir das gleiche widerfährt? Glückwunsch, willkommen im Club der Träumenden! Schnapp dir schon mal ein paar Taschentücher, du wirst vermutlich noch viele Tränen vergießen.

Aber hatten wir überhaupt die Chance, gesündere Glaubenssätze zu verinnerlichen? Hollywood und Disney haben dafür gesorgt, dass ganz viele Prinzessinnen zu Hause sitzen und darauf warten, von ihren Prinzen auf weißen Schimmeln gerettet zu werden. Schade nur, dass die sich am Ende oft als ziemlich unzugängliche Partner entpuppten, welche nie wirklich gelernt haben, mit Emotionen und Selbstoffenbarungen umzugehen … Natürlich ist das vor allem ein gesellschaftliches Problem, Männer wie Frauen wachsen mit Stereotypen auf, denen sie sich kaum entziehen können.

Auch wenn die Popkultur uns genau dieses Bild vermittelt: Es ist nicht deine Aufgabe, deinen Partner zu reparieren, zu retten, zu verändern, zu erziehen oder diesem Menschlichkeit beizubringen, um dann für das absolute Minimum an Respekt, was er dir entgegenbringt, dankbar zu sein. Du verdienst einen Partner, nicht ein Projekt. Dein Herz ist kein einseitiges Therapiezentrum für Menschen. Doch genau das lebte ich förmlich bis vor einigen Jahren noch selbst. Dies zu begreifen war ein langsamer, schleichender Prozess. Früher habe ich mir nämlich grundsätzlich den gleichen Typ Mann gesucht: einen, der irgendwie hilfsbedürftig war und sein Leben allein nicht auf die Reihe gekriegt hat, aber nach außen hin so wirkte, als wäre alles ganz toll, und ich unglaublich viel Potenzial in ihm sah.

Im Grunde genommen habe ich mir immer Männer gesucht, die dem entsprachen, wie ich meinen eigenen Vater gesehen habe, was im Umkehrschluss natürlich bedeutet, dass ich die Rolle der

Mutter in der Beziehung übernommen habe. Ich habe meinem Partner das Leben organisiert, ihm den Umgang mit Emotionen beigebracht, Grenzen setzen geübt und ihm jeden Need erfüllt. Ich ging regelrecht auf in dieser Rolle und freute mich über jeden emotionalen Brotkrümel, der mir hingeworfen wurde. Ich hatte das Gefühl, gebraucht zu werden, und war als Therapeutin Weltklasse. Auch hier lässt sich eine wunderbare Parallele zu den Disney-Filmen meiner Kindheit ziehen. Denn wenn man genau darüber nachdenkt, waren eigentlich alle Disney-Prinzen auf den zweiten Blick ziemlich unfähige Typen, die erst durch die Prinzessin an ihrer Seite ihr volles Potenzial entfalten konnten. Der »Rohdiamant«, der geschliffen werden muss. Dieses Image hat dazu geführt, dass viele, viele Frauen heute unglücklich und frustriert in ihren Beziehungen sind. Disney und die Gesellschaft vermittelt uns also nicht nur ein unrealistisches Bild von Liebe, sondern auch von Frauen und Männern (nicht binäre Menschen wurden einfach gar nicht sichtbar gemacht).

Können wir also bitte aufhören zu romantisieren, dass unser Freund mal im Haushalt hilft oder mit dem Kind spielt? Er räumt dort auf, wo er auch wohnt, und ist genauso ein Elternteil wie du. Wenn uns unser Freund nichts verbietet, wir tragen »dürfen«, was uns gefällt, und er unser Gewicht nicht kommentiert – müssen wir dafür wirklich dankbar sein? Du kennst die Antwort bereits, und trotzdem passiert es, dass wir solch ein Verhalten unverhältnismäßig loben.

Du musst dir deine Liebe nicht mit Gefälligkeiten verdienen. Du musst nicht so sein, wie Männer, deine Eltern, Freund*innen oder die Gesellschaft es von dir erwarten. Für mich war es eine lange und manchmal sehr schmerzhafte Reise, mich von dem Bild der Disney-Liebe zu lösen und mein queeres polyamores Wesen anzuerkennen und anzunehmen. Es erforderte Mut, mich ehrlich mit mir selbst auseinanderzusetzen und meine tiefsten Ängste zu erkunden. Doch auf dieser Reise habe ich eine befreiende Erkenntnis gewonnen: Es ist in Ordnung, unsicher zu sein, und vor allem:

Liebe definiert sich nicht durch das gesellschaftliche Bild, mit dem du aufgewachsen bist.

Die meisten von uns sind in heteronormativen Familien aufgewachsen. Die klassische Konstellation bestand damals aus Vater, Mutter, 1,5 Kindern und am besten noch einem Haustier. Die Mutter blieb mit den Kindern zu Hause, während der Vater arbeiten ging. Teilweise wird dieses Modell auch heute noch gelebt. Dabei begibt sich die Frau oft nicht nur in eine finanzielle Abhängigkeit, sondern häufig noch in eine emotionale. Unsere Mütter waren tagsüber quasi alleinerziehend, obwohl sie verheiratet waren. Es gab und gibt natürlich auch immer Ausnahmen. Meine Familie war keine davon.

Nach außen wirkte unser Familienkonstrukt wohl wie eine stabile und sichere Verbindung, aber es war alles mehr Schein als Sein – eher wie ein organisatorisches Nebeneinanderherleben, ohne wirklich interessierten Umgang zwischen meinen Eltern. Meine Mutter opferte sich für mich und meinen Bruder regelrecht auf und richtete ihr ganzes Leben nach uns aus, mein Vater hingegen hielt seine bloße physische Anwesenheit und zwar liebevoll gemeinten, jedoch leeren Floskeln für ausreichend. Meine Großeltern sind heute noch zusammen und haben sich immer liebevoll um uns gekümmert. Deren Liebe war schon immer ein großes Vorbild für mich. Ganz traditionelle Rollenbilder also, die ich vorgelebt bekam und als die Norm empfand. Vieles wurde abgetan mit »das ist eben so«. Ich konnte das mit meinem ausgeprägten Gerechtigkeitssinn jedoch nie in Gänze akzeptieren oder verstehen.

Mein Opa zum Beispiel schützte mich vor den Menschen, die mich verletzten, und war so für mich das, was man als Vaterfigur bezeichnet. Aber brauche ich die überhaupt? Wie viel ist dran an dem Narrativ von »Du brauchst eine Mutter und einen Vater« oder wenigstens eine Mutter- und Vaterfigur, also jeweils ein weibliches und ein männliches Leitbild? Aus heutiger Sicht fällt mir nichts anderes ein, als zu sagen: Das ist Bullshit.

Es gibt viele alleinerziehende Mütter und auch alleinerziehende Väter, die glückliche Kinder großziehen und begleiten. Ich bin der festen Überzeugung, dass es darauf ankommt, welche emotionalen Erfahrungen ein Kind macht, und nicht, welche Rollenbilder ihre Erziehungspersonen verkörpern. Wozu braucht ein Kind ein Rollenbild? Es ist völlig egal, wer diese Figuren sind. Diese Idee, dass man eine Mutter- und Vaterfigur braucht, ist absolut veraltet. Sie basiert auf verschlissenen Rollenbildern, nach welchen man eine Person braucht, die einem das Emotionale beibringt und zeigt, wie man den Haushalt schmeißt, und dann noch eine, die für finanzielle Sicherheit sorgt und das Praktische übernimmt – also eine umsorgende und eine leitende Figur. Das Bild von der Mutter als emotionaler Hausfrau und dem Vater als rationalem Versorger hat sich zum Glück schon lange gewandelt. Kinder brauchen vor allem ein liebevolles Umfeld, in dem sie verstanden und gehört werden. Kinder brauchen, dass wir ihnen zuhören und ihre Meinungen und Gefühle ernst nehmen. Dabei ist es erst einmal völlig egal, wer ihnen dies bietet. Das lässt sich leicht bei Menschen, die nur bei einem Elternteil, bei den Großeltern oder sonstigen Bezugspersonen aufwachsen, erkennen. Es müssen nicht mal zwingend Blutsverwandte sein. Diese Kinder fühlen sich genauso geliebt und verstanden.

Ich bekomme viele Nachrichten von Menschen, die sagen, dass sie sich gern trennen würden, sich aber nicht trauen, weil sie das Familiengefüge der Kinder wegen nicht stören wollen. Aber ganz ehrlich, es wäre für mich als Kind vielleicht für einen kurzen Moment hart und schmerzhaft geworden und immer mal wieder hochgekommen, aber auf lange Sicht hätte es vieles leichter gemacht. So hingegen bin ich in einem Haushalt groß geworden, in dem ich eindeutig gespürt habe, dass meine Eltern sich nicht wirklich lieben und nicht glücklich miteinander sind.

Ich war schon immer ein Mensch, der gern Liebe schenkt, und habe auch viel Liebe von meiner Blutsfamilie erfahren. Daher war es für mich besonders schwierig, unglücklich verheiratete Eltern zu erleben. Ich entwickelte das starke Gefühl, ich wäre für das Glück meiner Eltern mitverantwortlich. Ich weiß noch, dass ich aus lauter Verzweiflung meinen Eltern zu Geburtstagen und Weihnachten Gutscheine geschenkt habe, in der Hoffnung, dass sie, wenn sie mal wieder zusammen essen gehen würden, sich wieder etwas lieber haben würden. Hätten die beiden sich getrennt, als ihre Ehe nicht mehr für sie funktionierte, hätte ich vielleicht einfach zwei glückliche, getrennt lebende Elternteile gehabt, so hingegen waren beide unglücklich und abhängig – und ich somit auch. Meine Eltern haben auch vor uns und anderen so getan, als wären sie sehr glücklich, obwohl sie es nicht waren. Ich bin mir sogar sicher, dass sie sich dessen gar nicht bewusst waren oder sich einfach damit abgefunden haben. Diese Ambivalenz hat unter anderem auch dazu geführt, dass ich immer gemischte Gefühle und ein verzerrtes Bild der Realität verspürt habe.

Kinder brauchen nicht eine Mutter und einen Vater, um glücklich zu sein. Kinder brauchen Menschen, die ihnen zuhören, sie bedingungslos lieben, sie nicht parentifizieren oder durch ihre Kinder eigene Wünsche ausleben, sondern bei der individuellen Entfaltung begleiten und ihnen im besten Fall vorleben, wie gesunde Liebe und Beziehung aussehen kann. Das war bei mir leider nicht der Fall, und das hat sich dann auch durch meine Dating-Historie gezogen. Das ging sogar so weit, dass ich die erste Person, die mir nicht das Gefühl von Angst, Spannung und Unsicherheit vermittelt hat, direkt langweilig fand. Irgendwann stellte ich fest: Die vermeintlichen Schmetterlinge in meinem Bauch sind eigentlich Verlustängste und das Gefühl, gemocht werden zu wollen. Ich war gar nicht aufgeregt vor Freude, sondern aus Angst. Das bei sich selbst zu erkennen kann sehr schmerzhaft sein, vor allem wenn man nach und nach erkennt, dass man selbst Anteil daran hat.

Ich kann nicht jedes Mal sagen: »Ich gerate einfach nur an Arschlöcher.« Stattdessen muss ich erkennen, dass ich mich aufgrund eines eigenen Defizits immer wieder in diese Situationen begebe. Was mir hingegen guttut, lehne ich ab. Das ist der Inbegriff der Selbstsabotage. »Was sich liebt, das neckt sich«, ist nur wahr, solange persönliche Grenzen respektiert werden. Man kann natürlich darauf warten, dass sich (in meinem Fall) die Männer verändern. Oder man erkennt dieses Muster bei sich selbst und begibt sich in Gewässer, die man vielleicht noch nicht kennt und die nicht die altbekannte Retter*innenrolle beinhalten.

Die Sicherheit, die du letztendlich in einer Beziehung oder in der Liebe findest, resultiert aus dem Zusammenspiel der involvierten Menschen und unserer eigenen Handlungen sowie der Art und Weise, wie wir kommunizieren. Sie ist jedoch nicht ausschließlich an einen bestimmten Beziehungsstil gebunden. Denn es gibt monogame Ehen und Partner*innenschaften, die nicht funktionieren, genauso wie es natürlich auch polyamore Beziehungen gibt, die enden. Beziehungen scheitern nicht, sie enden. Ein immer gültiges Erfolgsrezept gibt es nicht, aber die Bereitschaft, sich verletzlich und authentisch zu zeigen und klar und deutlich miteinander zu kommunizieren, ist ein guter Wegweiser für alle Formen von Beziehungen.

Die Monogamie ist ein vermeintlich sicherer Pfeiler – doch auch sie ist nur eine Illusion von Sicherheit. Denn wahre Sicherheit kann nicht in einem Konstrukt stecken. Sie kann nur durch die Personen vermittelt werden, die in diesem oder einem anderen Konstrukt leben. In dem Wunsch und Willen, sich jeden Tag gemeinsam entweder für oder gegen etwas zu entscheiden, entsteht Sicherheit. Füreinander und miteinander – immer wieder aufs Neue.

Auf meiner Reise war die allerwichtigste Erkenntnis für mich: Sicherheit finde ich in mir selbst. Denn ich habe mich entschieden, zu vertrauen und neugierig zu sein auf das Leben und das, was noch kommt und wie ich etwas lösen werde. Selbst Disney ist mittlerweile auf den Trichter gekommen, dass Frauen nicht unbedingt einen Mann an ihrer Seite brauchen und sich selbst Heldin genug sein können. Figuren wie Merida, Vaiana oder Mirabel bieten da die besten Vorbilder und bringen nicht nur die lang ersehnten diverseren Bilder ins Disney-Universum, sondern zeigen uns auch, dass es oft nicht unbedingt das System ist, welches uns Sicherheit gibt, sondern das Individuum, der liebende Mensch selbst.

Die Entscheidung, unser eigenes Skript zu schreiben, kann sehr beängstigend sein, da die Bewertungen von außen immens sind und wir am Anfang vor einem leeren Blatt Papier sitzen und nicht wissen, wo wir anfangen sollen. Wir leben in einer Gesellschaft, die uns nur zwei Wege zeigt – den richtigen und den falschen. Das Leben scheint schwarz und weiß. In Filmen und Büchern gibt es den Mann und die Frau, die Mutter und den Vater. Formulare haben nur Spalten für eine*n Ehepartner*in, man bekommt bei Einladungen ein plus Eins, man wird nur als vollständig angesehen, wenn man eine*n Partner*in hat. Dabei ist das Spektrum doch viel breiter! Wir sind Individuen mit ebenso individuellen Emotionen, Erfahrungen und Bedürfnissen. Jede*r hat ein eigenes Päckchen zu tragen und darf sich genauso ein eigenes Bild von Liebe malen. Liebe lässt sich nicht als die eine isolierte Emotion betrachten, sondern vielmehr als Emotionsspektrum. Sie sieht für jeden einzelnen Menschen anders aus, fühlt sich ebenso anders an.

Voller Liebe zu sein und Liebe in allen Facetten zu leben, das bin ich. Mich dafür lieb zu haben und nicht mehr abzulehnen war, wie nach Hause zu kommen. Mein Zuhause ist keine Person, sondern die Sicherheit in mir selbst. Ich war die letzte Person, die sich hätte vorstellen können, sich jemals von dem festgefahrenen Bild von Liebe und Ehe zu lösen, mit dem sie aufgewachsen ist. Und doch passierte es. Auf einmal war ich verliebt und merkte, dass ich zwei Menschen gleichzeitig lieben kann. Im selben Moment musste ich aber auch lernen, dass Liebe allein noch keine funktionierende Beziehung macht. Ich musste mich von dem Bild, was Liebe ist und wie sie funktioniert, komplett lösen.

Heute betrachte ich die Liebe als dynamische und unendliche Ressource. In vielen Beziehungen wird Veränderung als absolutes

No-go betrachtet, weil das Fundament, auf dem die Beziehung gebaut wurde, dadurch wackeln könnte. Dabei sind wir als Individuen doch ständig in Bewegung und entwickeln uns stetig weiter. Wir werden älter, erfahrener und manchmal auch sensibler oder desillusionierter. Aber eine Garantie gibt es im Leben immer: Nichts bleibt, wie es war. Du bist heute nicht mehr derselbe Mensch wie gestern und wirst auch morgen nicht derselbe sein wie heute. Es sind die kleinen, feinen Nuancen, die sich verändern. Wir haben die Chance, uns gemeinsam weiterzuentwickeln oder uns unweigerlich auseinanderzuleben. Wir können uns jeden Tag dafür entscheiden, an uns selbst und mit den Menschen, die wir lieben, zu arbeiten und zu wachsen. Manchmal überschreiten wir dabei jedoch unsere eigenen Grenzen, weil wir Angst haben, einen Menschen zu verlieren. Ich habe meine eigenen Grenzen oft überschritten, um anderen zu gefallen, um gemocht zu werden. Weil ich dachte, nur wenn ich so bin, bin ich liebenswert. Nur wenn ich etwas leiste, bin ich es wert, geliebt zu werden, so wie ich es brauche. Nur wenn ich mitmache, bin ich nicht langweilig, anstrengend oder uncool. Aber das ist ein Trugschluss. Denn wenn ich dafür geliebt werden möchte, was ich eigentlich nicht bin, werde eigentlich gar nicht ich selbst geliebt. Und das ist – unabhängig davon, ob es sich um eine polyamore oder monogame Beziehung handelt – der Kern des Problems.

Diese Erkenntnis führte mich zu einer tieferen Wahrheit über mich selbst und über die Art und Weise, wie ich Beziehungen führe. Ich habe gelernt, dass es nicht nur darum geht, Liebe zu empfangen, sondern auch darum, Liebe in einer Art und Weise zu geben, die sowohl mir selbst als auch anderen gerecht wird. Es ist ein Tanz zwischen Selbstachtung und Empathie, ein Balanceakt zwischen meinen Bedürfnissen und denen der anderen.

Das Loslassen von traditionellen Vorstellungen hat mir ermöglicht, mehr Authentizität in meinen Beziehungen zu finden. Es ist eine ständige Reise der Selbstentdeckung, wo jeder Schritt, den ich mache, mich sowohl mir selbst als auch den Menschen, die ich liebe, näher bringt. Ich habe gelernt, dass es nicht darum geht, mich zu verbiegen, um in ein bestimmtes Bild zu passen, sondern darum, meine wahre Natur anzunehmen und zu umarmen. Dabei ist es wichtig, Grenzen zu setzen und zu respektieren – sowohl meine eigenen als auch die der anderen. Das erfordert Mut, Ehrlichkeit und manchmal auch die Bereitschaft, unangenehme Wahrheiten auszusprechen. Es bedeutet auch zu akzeptieren, dass nicht jede Beziehung für die Ewigkeit bestimmt ist. Manche Begegnungen sind flüchtig, aber nicht weniger bedeutsam.

Meine Reise durch die Vielschichtigkeit der Liebe hat mich auch gelehrt, dass es in Ordnung ist, allein zu sein. Alleinsein bedeutet nicht Einsamkeit, sondern kann eine kraftvolle Zeit der Selbstreflexion und des persönlichen Wachstums sein. In diesen stillen Momenten habe ich oft die stärksten Verbindungen zu mir selbst gefunden.

Liebe, in all ihren Formen, ist eine Reise, kein Ziel. Es geht darum, jeden Tag bewusst zu leben, Fehler zu machen, Anteile zu erkennen, seine Werte zu kennen und zu vertreten, sich selbst treu zu bleiben und offen für das Unbekannte zu sein. Es ist eine Reise, die sowohl Freude als auch Schmerz mit sich bringt, aber vor allem eine, die unendliches Wachstum ermöglicht.

Lieb mich oder ich lieb dich!

Wir reden ständig über toxische Beziehungen, Co-Abhängigkeiten und wie schwer es ist, eine toxische Beziehung zu erkennen und sich daraus zu befreien. Social Media, Zeitschriften und Artikel sind voll mit diesen Themen. Es geht überall um Warnsignale, sogenannte Red Flags. Aber weißt du, was mir wirklich Angst gemacht hat? Eine gesunde Beziehung! Nachdem ich die Liebe jahrelang durch eine gerissene Linse betrachtet habe, war meine Vorstellung von dem, was ich glaubte, verdient zu haben, entsprechend verzerrt. Das, was ich hingegen eigentlich verdient habe – nämlich eine gesunde Liebe, in der Muster verlernt werden, die wir in der Vergangenheit erlebt und als die Norm abgespeichert haben –, war für mich absurderweise das Gruseligste überhaupt! Ich dachte schlicht und ergreifend: Das existiert überhaupt nicht, zumindest nicht für mich. Doch irgendwann habe ich mich aktiv gefragt: Warum macht mir das eigentlich so eine unfassbare Angst? Warum gehe ich ständig Beziehungen mit Männern ein, die mich gar nicht wirklich lieben (und ich sie in Wirklichkeit auch nicht)?

Wie ich es geschafft habe, diesen Geisterchen weniger zuzuhören und endlich mein eigenes Bild von Liebe zu basteln und mein eigenes Skript zu schreiben? Eigentlich ist die Antwort ziemlich naheliegend: Ich war erschöpft davon, cis Männern zu helfen und sie zu therapieren. Ausschlaggebend dafür war ein Mann, der mich emotional am ausgestreckten Arm verhungern ließ. Auf den ersten Blick war er total einfühlsam und liebevoll, aber er konnte mir weder seine Liebe gestehen noch meine annehmen. Die Intensität der Gefühle, die ich für ihn empfand, machte ihm Angst, obwohl er ebenso für mich fühlte. Ich hatte so ein starkes Bedürfnis nach Liebe, bekam sie aber nicht von ihm. Ich war verliebt in die Hoffnung, was wir sein könnten, statt zu sehen, was wir wirklich waren. Diese Erfahrung erinnerte mich an meinen Vater, und in der Therapie erkannte ich, dass ich immer noch wie ein Kind versuchte, diesen leeren Raum in mir zu füllen, der eine bestimmte Art von Liebe brauchte. Dass ich mir wünschte, ein Mann würde sich um sich selbst kümmern und auch für mich da sein. Ich bettelte regelrecht darum, geliebt zu werden. Schließlich sagte ich besagtem Mann, dass ich so nicht weitermachen konnte, und beendete die ganze Verbindung. Ich wurde oft von außen kritisiert, dass ich Beziehungen schon nach ein paar Monaten beendete und »zu schnell« wechselte. Ich war jedoch nie ein Fan von Push-and-Pull-Dynamiken oder On-off-Beziehungen, weshalb für mich meist schnell klar war, ob etwas passte oder nicht. Zwar habe ich manchmal zu viel geduldet und einigen Menschen zu viele Chancen gegeben, doch sobald es leidvoll wurde und nur meine Energie verschwendete, bin ich gegangen. Sogar oft ohne jeglichen Groll.

> **PUSH-AND-PULL-DYNAMIK:** Beschreibt das Wechselspiel zwischen dem Wunsch nach Nähe und dem Bedürfnis nach Distanz in Beziehungen.

Nach meinem Schlussstrich stand er vor meiner Tür und gestand mir seine Liebe. In diesem Moment fiel es mir wie Schuppen von den Augen: Ich steckte seit meiner Kindheit im selben Muster fest. Ich wünschte mir nichts sehnlicher, als geliebt zu werden, und ließ mich dadurch immer wieder auf Männer ein, die emotional gar nicht wirklich verfügbar waren. Seitdem habe ich mir fest vorgenommen, diese ungesunden Muster zu durchbrechen und nicht mehr Menschen hinterherzurennen, die meine Liebe in der Form nicht erwidern können. Ich habe oft geglaubt – und ich denke, es geht vielen so –, dass ich genauso geliebt werden kann, wie ich es mir wünsche, wenn ich nur die Menschen um mich herum »in Ordnung bringen« kann. Dieser Versuch ist aber nur eine Anpassung, ein Muster, das wir uns in der Kindheit angeeignet haben, wenn unsere Bedürfnisse nicht erfüllt wurden. Das Problem mit dem Reparieren ist, dass es nicht unsere Rolle als erwachsene Person ist, für das Leben anderer verantwortlich zu sein. In diesem Prozess verlieren und vernachlässigen wir uns selbst. Das ist der Grund, warum ich in der Vergangenheit so viel Frust empfunden habe. Ich habe mich Dingen angenommen, die eigentlich nicht meine Sache waren, wollte anderen den Weg weisen, weil ich dachte, dass in ihnen »so viel mehr steckt«. Der Wunsch, etwas für einen anderen Menschen zu erreichen, damit es dieser Person besser geht, sie neue Gewohnheiten annimmt oder anders, besser für sich sorgt, treibt Menschen mit ähnlichen Mustern ständig um. Selbst wenn die Person in denselben Mustern verharrt, versuche ich es immer wieder. Es ist wichtig zu verstehen, dass der Körper das Vertraute sucht, selbst wenn dieses Vertraute unglücklich macht. Echte Veränderung erfordert tägliches Engagement, und das sind nicht alle Menschen bereit oder in der Lage zu leisten. Jede Person hat die Wahl, ihr Leben so zu gestalten, wie sie es möchte. Das ist nicht meine Verantwortung. Mein ADHS-Gehirn beispielsweise mag Veränderung, Herausforderung und Lösungen. Es strebt nach Konfrontation und Verständnis, will hinter die Dinge blicken und wachsen, selbst wenn das Wachstumsschmerzen mit sich bringt. Diese Eigenschaften bewerte ich nicht als gut oder schlecht, sondern habe mich für radikale Akzeptanz, Grenzen und Reife entschieden und verstanden, dass dies nicht jeder Mensch möchte. Es war wichtig für mich zu erkennen, dass es in gesunden Beziehungen nicht darum geht, den anderen Menschen zu reparieren.

Dabei hätte ich das eigentlich schon viel früher checken können, denn mir ist Folgendes aufgefallen: Bei eigentlich fast allen Männern war nicht der erste Impuls »Uff, ich mag ihn«, sondern »Uff, ich will, dass er mich mag« – eine kleine, aber feine Nuance in der Wahrnehmung. Die Aufmerksamkeit und Anerkennung von Männern war das, was mich erfüllt hat. Es ging also weniger um den Mann selbst als um die Anerkennung. Bei Frauen und nicht binären Menschen begann und beginnt es ganz im Gegensatz dazu immer – egal, wie diese mich finden – mit: »Uff, wer bist du denn? Ich mag dich!«

Wie viel Schmerz und Verwirrung hätte ich mir erspart, wenn darüber mal gesprochen worden wäre? Über etwas anderes als Anziehung zu Männern? Ich habe mir insgeheim immer wieder Männer im gleichen Muster als Partner gesucht, weil ich eigentlich nie wirklich auf diese Männer stand – sondern überwiegend auf deren Anerkennung. Mit zwei wunderbaren Ausnahmen (worunter auch mein Ex-Mann fällt). Ich hatte kaum eine andere Wahl, als es immer wieder zu versuchen und zu hoffen, dass ich den einen aus gefühlt 5000 finde, mit dem meine Werte und emotionale Tiefe kompatibel sind – denn das Patriarchat gab es mir genauso vor.

PATRIARCHAT: Beschreibt ein System von sozialen Beziehungen, maßgebenden Werten, Normen und Verhaltensmustern, das von Vätern und Männern geprägt, kontrolliert und repräsentiert wird.

Die gesellschaftliche Botschaft, dass Beziehungen uns vervollständigen, ist ein deutliches Zeichen dafür, dass sich viele von uns unvollständig, unwürdig oder ungeliebt fühlen, bis wir einen Menschen finden, der uns vermeintlich »komplettiert«. Mit diesem Menschen entsteht oft die Illusion, endlich gesehen, gehört und bedingungslos geliebt zu werden. Wenn sich diese Illusion, die natürlich nie zur Gänze erfüllt werden kann, auflöst, wächst der Frust. Es entsteht der Druck, an der Beziehung zu arbeiten, was häufig noch mehr Druck erzeugt, die Bedürfnisse des anderen zu erfüllen und sich selbst aufzuopfern, um ein vermeintliches »Scheitern« der Beziehung zu verhindern. Dabei wird oft übersehen, dass an einer Beziehung zu arbeiten bedeutet, vorrangig an der Beziehung zu sich selbst zu arbeiten. Ich glaube nicht daran, dass man sich erst selbst lieben muss, um geliebt zu werden. Viele Dinge können wir durch gemeinsame, korrigierende Erfahrungen überwinden – und ja, auch Menschen mit Selbstliebe kämpfen mit dem Gefühl, nicht liebenswert zu sein. Der Punkt ist aber, dass sich mit einer Beziehung oder Person nicht plötzlich die inneren Dämonen verflüchtigen oder die Beziehung zu sich selbst aufgearbeitet wird. Meine Erfahrung zeigt: Je weniger die Menschen mit sich selbst verbunden sind, desto größer ist die Frustration, die sie erwarten können. Wenn man nicht in der Lage ist, die eigenen Wünsche, Bedürfnisse oder Werte zu erkennen oder mitzuteilen, kann man dies auch nicht voll und ganz mit gesunden Grenzen für andere tun. Für eine gesunde Beziehung ist es notwendig, unsere Emotionen zu regulieren, uns selbst zu beruhigen und offen zu kommunizieren – um uns gemeinsam zu stärken. Ohne dies wird eine Beziehung oft zu einem Schuldzuweisungsspiel ohne Gewinner*in. Generell glaube ich nicht an die Schuldfrage in Beziehungen, außer natürlich bei Übergriffen.

Erst nach meiner Scheidung 2023 begann ich, mich mit dem Konzept von »Comphet« auseinanderzusetzen. Das ist die Abkürzung für Compulsory Heterosexuality, was so viel bedeutet wie Zwangsheterosexualität, also eine Heterosexualität, die von der Gesellschaft angenommen und den Menschen ganz ohne Hinterfragung auferlegt wird.

Ich erkannte, dass meine heteronormative Sichtweise – die Vorstellung, dass es meine Aufgabe sei, cis Männern zu gefallen, kombiniert mit Mustern aus meiner Kindheit, in denen ich cis Männer retten wollte und ihre Anerkennung suchte – zu einem »Projekt« geworden war. Ich war lange in meiner Rolle als Helfer*in gefangen, und es hat viel Zeit und Mühe gekostet, mich aus dieser Box zu befreien. Dennoch: Für eine lange Zeit glaubte ich, dass es normal sei, mehr noch: dass es meine Aufgabe sei, Männern Verletzlichkeit beizubringen, ihnen zu zeigen, dass sie auch mal schwach sein dürfen.

Heute weiß ich, dass ich als Individuum das Recht habe, in einer Beziehung inspiriert, erfüllt und glücklich zu sein, ohne die Mutterrolle einzunehmen. Ich sollte nicht die Person sein, die ständig versucht, andere zu »erziehen«. Mal abgesehen davon, dass das auch schlichtweg übergriffig ist, denn ich nehme Menschen damit die Chance, Selbstvertrauen, Selbstwirksamkeit und Selbstliebe zu lernen. Die Entscheidung zur Veränderung kann immer nur intrinsisch entstehen. Mein liebevoller Akt ist, diese Erkenntnisse zu begleiten und zu empowern. Schon in meiner Jugend war ich im Grunde genommen nur ein Rettungsanker für Männer, um mein Helfersyndrom zu lindern. Meist stand ich gar nicht auf diese Männer, ich stand auf ihre Anerkennung und das Gefühl, gebraucht zu werden. Und genau darum habe ich mir auch immer die gleiche Art von Mann gesucht. Das zu erkennen war lebensverändernd.

Damit will ich natürlich nicht sagen, dass jede*r mit einem

Helfersyndrom zwangsläufig queer ist. Aber vielleicht lohnt es sich, noch einmal genauer nach den Ursachen zu forschen: Kann es sein, dass du auf einen bestimmten Typ Mensch anspringst, den du eigentlich gar nicht willst, sondern den du nur an deiner Seite siehst, weil du es nicht anders kennst und dich daran gewöhnt hast, dich um so eine Art von Mensch zu kümmern und dadurch Erfüllung zu erfahren? Viele Frauen geben sich oft mit dem absoluten Minimum zufrieden. Aufgrund vieler Erfahrungen, teilweise abwesender Väter – und natürlich spielt am Ende auch das fest verankerte Patriarchat eine große Rolle –, sind viele Frauen mit Männern zusammen, die Defizite im Bereich Selbstfürsorge, Empathie und Kommunikation aufweisen. Viele Männer nutzen das aus, und so suhlen sich beide im eigenen ungesunden Verhalten. Diese zum Teil daraus resultierenden destruktiven Dynamiken zu erkennen und zwischen Muster und Selbstfürsorge zu unterscheiden ist immens wichtig.

Nun kann man nicht einfach sagen: »Du musst deinen Selbstwert erkennen, dann wird alles besser.« Es beginnt eher mit der Frage: »Warum lasse ich mich immer wieder darauf ein? Und was kann ich aktiv anders machen?« Was ist, wenn du gar nicht immer wieder an den Falschen gerätst, sondern unbewusst Drama, Schmerz und Dysfunktion so gewohnt für dich sind, dass du dies mit Liebe und einem Gefühl von zu Hause verwechselst?

Das Problem ist, dass wir in einer Gesellschaft leben, in der uns kaum Optionen von Männlichkeit vorgelebt werden – im Sinne von: Du darfst deine Männlichkeit selbst erschaffen und kreieren. Du entscheidest, was Männlichkeit bedeutet. Stattdessen bekommen wir in der Regel einen Rahmen vorgegeben: Das ist männlich, und wenn du anders bist, bist du kein richtiger Mann.

Ich höre oft von Menschen den Wunsch: »Ich möchte einen sensiblen Mann, der Emotionen zeigt.« Doch wenn er Depressionen hat oder diese Emotionen zu Zeitpunkten zeigt, zu denen sie gerade nicht gebraucht werden, dann geht das gar nicht. Auch zu viel Weinen kommt nicht gut an. Dass diesen Aussagen eine tiefe Verwurzelung in toxischer Männlichkeit zugrunde liegt, ist vielen gar nicht bewusst.

So ist es kaum verwunderlich, dass kaum einer meiner Ex-Freunde aussprechen konnte, dass er unter Depressionen litt. Die Symptome waren einigermaßen eindeutig, aber wehe, man hat sie benannt! Sie konnten auch durchaus Sachen sagen wie: »Ich will dich nicht verlieren« – die viel ehrlichere Aussage »Ich habe Angst, dich zu verlieren« war hingegen viel schwieriger zu formulieren. Begriffe oder Sätze wie »Angst«, »Depression« oder »Ich möchte keinen Sex« – all das also, was oft als »unmännlich« gewertet wird, kam ihnen nur schwer und mit viel Hilfe über die Lippen. Genauso war es ihnen oft nicht bewusst oder sie wollten nicht wahrhaben, dass auch sie sich problematisch und übergriffig verhalten haben.

Einige meiner Ex-Freunde habe ich nach der Beziehung versucht zu kontaktieren, um sie damit zu konfrontieren, wie sie mit mir umgegangen sind. Doch sie haben mich fast alle abgewimmelt und beteuert, dass sie nie gewalttätig oder misogyn waren. Paradoxerweise haben sie mich in der Beziehung immer vor anderen Männern gewarnt. Tatsächlich hat jeder dieser Männer mal den Satz gesagt: »Ich vertraue dir, aber den anderen Männern nicht.« Das heißt, tief in sich drinnen wussten sie um das Problem der Übergriffigkeit vieler Männer, wollten es bei sich selbst und ihren Freunden jedoch nicht anerkennen – und nach vielen Versuchen und dem Gefühl, nicht ernst genommen zu werden, habe ich das einfach hingenommen.

Ich glaube, das liegt daran, dass von Frauen und weiblich gelesenen Personen erwartet wird, bestimmte Verhaltensweisen an den Tag zu legen und problematisches Verhalten von Männern zu dulden. Frauen und weiblich gelesene Personen überprüfen und hinterfragen ihr eigenes Verhalten also immer wieder, das der Männer aber nicht. Klassische Täter-Opfer-Umkehr. Wir legen den Fokus auf die gemobbte Person, auf den Auslöser also, statt den ausübenden Part anzusehen. Frauen haben historisch so viel Unterdrückung und Benachteiligung erlebt, dass viele von ihnen niedrige Erwartungen gegenüber Männern entwickelt haben. Bei mir persönlich hat das dazu geführt, dass ich mich oft in das Potenzial eines Mannes verliebt habe, nicht aber in den Mann selbst. Sich in das Potenzial einer Person zu verlieben oder im Potenzial einer Freund*innenschaft zu schweben hat für mich einen engen Bezug zu Mustern aus der Kindheit und Jugend. Wenn ein Elternteil oder eine Bezugsperson emotional oder zeitlich inkonstant erreichbar ist, vielleicht mit Suchtproblemen kämpft oder sein Kind weder ernst nimmt noch in dem, was es braucht, sieht, kann das beim Kind die Hoffnung auslösen, dass sich alles irgendwann zum Guten verändern wird. Hoffnung ist oft ein Zeichen der Abhängigkeit von Umständen, die wir nicht kontrollieren können. Eine Eltern- oder Bezugsperson, die wie hier beschrieben agiert, schenkt seinem Kind gerade genug Aufmerksamkeit und Zuneigung, um diese Hoffnung am Leben zu halten. Für ein Kind hat dieser Kreislauf eine wichtige Funktion: Denn Hoffnung verleiht Sicherheit.

Wenn wir als Erwachsene jedoch weiterhin nach elterlicher Liebe in Beziehungen suchen, laufen wir oft gegen innere Wände. Denn wir sind kein hilfloses Kind mehr. Sondern erwachsen. Wir sind jetzt auf Augenhöhe. Wir können entscheiden. Es ist durchaus normal, dass wir alte Muster in unsere Liebesbeziehungen und Freund*innenschaften tragen. Hier zeigen sich oft unbewusste Teile unseres Selbst, die noch nicht ins Bewusstsein gerückt sind. Mache dir bewusst, dass du kein verletzlich ausgeliefertes Kind mehr bist, und frage dich: Wer ist dieser Mensch ohne dein Zutun? Wie kompatibel seid ihr? Magst du dich in der Gegenwart dieser Person? Bist du neugierig, soft, frei und entspannt? Oder angespannt, unsicher und einfach nur am Funktionieren?

Das Muster, immer helfen und reparieren zu müssen, zieht sich durch meine komplette heterosexuelle Dating-Historie mit cis Männern. Dies führte oft dazu, dass ich vielen Männern gewaltvolle Verhaltensweisen gar nicht zutraute, weil ich so großes Potenzial in ihnen sah und ihnen immer wieder glaubte, wenn sie meinten, dass sie sich ändern würden.

Und damit wären wir auch schon beim großen Thema »toxische Männlichkeit«, oder wie ich mittlerweile lieber sage, »fragile Männlichkeit« angelangt. Mein Gerechtigkeitssinn hat es kaum ausgehalten, wenn meine Partner nichts gesagt haben, wenn ihre Kumpels sich abwertend und gewaltvoll verhalten haben. Oder ignorierten, dass Männer Frauen und weiblich gelesene Personen auf Partys abfüllen wollen, während die Kumpels es geschehen lassen oder es sogar lustig finden. Komischerweise sehen sie die Schuld aber immer bei den anderen, wenn man sie darauf anspricht – auch wenn sie tatenlos danebenstehen. Und dennoch hatten meine Ex-Freunde Angst, dass mir so etwas auf Partys widerfährt. »Ich vertraue dir, aber den Männern nicht« – was für ein paradoxer Satz in diesem Zusammenhang, oder?

Diese destruktiven und gewaltvollen Muster sind das Resultat des Patriarchats. Wir alle tragen verinnerlichte Misogynie in uns, doch können wir diese immer und zu jeder Zeit aktiv bemerken und entlernen. Ich finde es durchaus fragwürdig, wie in den deutschen Medien mit dem Thema umgegangen wird. Sobald ein cis Mann nicht dem traditionellen deutschen Männlichkeitsbild entspricht, wird er sofort als Experte für feministische Themen und toxische Männlichkeit herangezogen und nimmt in Talkshows und anderen Medien wieder mal einer FLINTA* den Platz weg. Verstehe mich nicht falsch, ich finde es immens wichtig, dass cis Männer über Gefühle, Männlichkeit und Verantwortung sprechen – doch braucht es auch, dass cis Männer den marginalisierten Menschen Gehör verschaffen. Denn nur weil ein Typ lackierte Fingernägel hat und einen Hängeohrring trägt, bedeutet das schließlich nicht, dass er seine sexistischen Ansichten reflektiert hat.

> **MISOGYNIE:** Bezeichnung für Frauenfeindlichkeit und Hass auf Weiblichkeit bzw. Femininität.

FLINTA*: steht für Frauen, Lesben, inter, nicht binäre, trans und agender Personen. Das Sternchen soll zusätzlich weitere Variationen der Geschlechtervielfalt miteinbeziehen.

Aber warum ist das so? Warum zollen wir diesen Menschen diese Extraportion Respekt? Loben wir sie etwa dafür, dass sie Frauen, queer gelesene Menschen oder weiblich gelesene nicht missachten? Nur weil da ein Mensch nicht nur Schweinshaxe essen und Fußball schauen will, denken alle sofort, dass er ein besonders progressiver Mann sein muss. Mir ist es aber völlig egal, ob ein Mensch statt Bier einen Espresso Martini trinkt. Denn nach dem fünften Espresso Martini kann auch der Typ übergriffig werden.

Das gilt genauso für Männer in polyamoren Beziehungen. Diese sind nicht automatisch woke, nur weil sie eine progressive Form der Beziehung führen. Fragile Männlichkeit bezieht sich nicht nur auf cis Männer, sondern generell auf maskuline Repräsentation. Vor dieser ist auch die queere Community nicht gefeit, und gerade trans* Männer können sich dadurch unter Druck gesetzt fühlen, ein bestimmtes Bild von Männlichkeit erfüllen zu müssen, um »Mann genug« zu sein. Viele versuchen dann zum Beispiel, schnellstmöglich ein »cis Passing« zu erreichen (was valide ist), sie vergleichen online Ergebnisse von angleichenden Operationen und geben sich »stereotyper«, als sie eigentlich wollen. Diese Tendenz zu überkompensieren und extrem maskuline Verhaltensweisen anzunehmen, kann eine Reaktion auf die ständige Angst sein, nicht als Mann anerkannt oder akzeptiert zu werden. Es zeigt, wie tief die Vorstellungen von Geschlechterrollen in unserer Gesellschaft verankert sind und wie viel Druck sie auf Individuen ausüben können. Natürlich ist cis Passing ein höchst individueller Vorgang, jede*r hat andere Beweggründe für die Maßnahmen und das Tempo, in welchem diese umgesetzt werden und ob diese überhaupt vorgenommen werden wollen, dennoch spielt transfeindliches Verhalten und das Fehlen von Austausch und Schutzräumen sehr oft eine Rolle.

WOKE: Engl. für erwacht. Bezeichnet ein Bewusstsein für soziale Ungerechtigkeiten und Diskriminierungen. Dieser afroamerikanische Ausdruck entstand in den 30er-Jahren.
CIS PASSING: Cis Passing bedeutet, dass Personen von außen eine trans* Person als das Geschlecht erkennen, welches ihrer Identität entspricht. Die Person wird also nicht mehr als trans erkannt, sondern von außen als cis Mensch gelesen.

Das Patriarchat steckt in uns allen, und es schadet allen Geschlechtern. Das erfahre ich selbst täglich, vor allem die sozialen Medien bieten dafür natürlich eine wunderbare Plattform. Meine Beziehung zu meinem Freund wird deutlich ernster genommen als meine Beziehung zu Lui – ganz einfach, weil mein Freund ein cis passender trans* Mann ist und Lui nicht binär weiblich gelesen. Immer wieder werde ich mit der Frage konfrontiert, wer von Lui und mir denn nun den dominanten männlichen Part einnimmt, bei meinem Freund stellt sich die Frage offensichtlich niemand. Wenn beide mir einen Adventskalender machen, dann bekomme ich unglaublich viele Reaktionen, wie süß und lieb das doch von meinem Freund ist. Bei Lui oder auch mir scheinen Aufmerksamkeiten dieser Art selbstverständlich zu sein – typisch »Frau« halt. Wohlwollende Wertschätzung ist immens wichtig – doch dann bitte bei allen. Die Mühen und der Invest bei Männern um mich herum werden romantisiert. Es wird damit anders umgegangen wenn Frauen oder weiblich gelesene Menschen dasselbe tun. So wie mir häufig suggeriert wird, dass es klar ist, dass ich auch eine Beziehung zu einem Mann führe, weil ich eine starke Schulter zum Anlehnen brauche. Es ist so tief verwurzelt, davon auszugehen, dass wir weiblich gelesenen Personen einen männlichen Part brauchen – was auch immer das sein soll –, damit eine Beziehung funktionieren kann. Doch so läuft es nicht. Ich bin die starke Schulter. Die von meinem Freund ist es. Und die von Lui auch. Es ist wichtig, solche Mechanismen zu erkennen und einander zu spiegeln, wenn es sein muss. Erkenne deinen Wert.

Unter dem Deckmantel der Liebe

Ich stehe in der Küche und höre den Schlüssel in der Tür. Gänsehaut. Übelkeit. Herzrasen. In Gedanken gehe ich durch: Habe ich heute mit einem Arbeitskollegen gesprochen? Ich bin heute nicht an mein Handy gegangen, als er versucht hat, mich zu erreichen – was wird das für Konsequenzen haben? Habe ich ihm das Gefühl gegeben, keine Kontrolle über mich zu haben? Verdammt, ich bin heute geschminkt. Er wird sicher denken, dass ich das gemacht habe, um einem anderen Menschen zu gefallen. Wird er heute wieder Gegenstände nach mir werfen? Wird er vor Wut gegen die Tür schlagen und mich danach mit Ignoranz strafen? Aber ich bin wahrscheinlich selbst schuld … Er sagt so oft, dass ich übertreibe und keiner mich mehr ernst nehmen kann. Eigentlich weiß ich, dass ich mir das nicht gefallen lassen sollte. Eine Chance gebe ich ihm noch. Er wird sich ändern. Hoffentlich.

Ich bin in seine Falle getappt. Wie eine Fliege im Netz einer Spinne gefangen. Mit Zuneigung, Lovebombing, Nähe und übertriebenen Versprechen hat er mich angelockt. Doch war das wirklich Liebe? Oder nicht viel eher krankhafte Abhängigkeit, um mich an sich zu binden. Nicht aus Liebe. Sondern aus Angst. Nach den Versprechungen kamen Lügen, Demütigungen, die Verweigerung jeglicher Kommunikation, das ständige Überschreiten meiner Grenzen, die Entwertung meiner Gefühle, Einschüchterungen, krankhafte Eifersucht, Kontrollzwang, passive Aggressionen und offene Wut. Und das alles von einem Mann, der mir paradoxerweise sagt, dass er mich liebt und nur das Beste für mich will. Ich habe Angst um mein eigenes und sogar um sein Leben, weil er, wenn nichts mehr hilft, mit Suizid droht. Aber ich will leben und nicht mehr überleben. Mit jeder seiner Lügen steigen die Beklemmung und die Angst um mich.

LOVEBOMBING: Lovebombing beschreibt eine Manipulationstechnik, welche gerade zu Beginn von Liebesbeziehungen vorkommt. Durch starke Zuwendung in Form von übertriebenen Liebesbekundungen, Geschenken und Schmeicheleien fühlt sich die andere Person bewundert, geliebt und bestätigt. Dabei schüttet der Körper das Glückshormon Dopamin aus, welches für ein starkes Wohlgefühl sorgt. Auf Lovebombing folgt immer irgendwann eine Ernüchterung. Die schöne Zeit des Anfangs verfliegt, wenn die Opfer sich nicht so verhalten, wie von den Lovebombern gewünscht.

Schnürt es dir den Hals zu, wenn du das liest? Nimmt es dir die Luft zum Atmen? Dann weißt du jetzt, wie ich mich schon mal in einer Beziehung gefühlt habe. Ich habe mich nicht nur hilflos gefühlt, sondern auch unheimlich allein. Aus Scham traute ich mich nicht, anderen Menschen davon zu erzählen. Ich wurde in einem Ausmaß von meinem damaligen Partner *gegaslightet*, dass ich mir viel zu lange einredete, ich wäre einfach nur empfindlich. Aber lass mich dir eines sagen: Psychische Gewalt beginnt dort, wo du anfängst, darunter zu leiden. Es ist egal, was deine Beziehungsperson oder Family und Friends sagen. Nur du allein entscheidest, ob es für dich eine Qual ist oder nicht.

GASLIGHTING: Bezeichnet die psychologische Manipulation einer Person, wenn jemand bewusst und gezielt die Selbstwahrnehmung eines anderen Menschen durch Lügen, Verdrehungen oder Unterstellungen erschüttert: »War das wirklich so, oder bilde ich mir das nur ein?«

Ich bin, wahrscheinlich genauso wie du auch, damit aufgewachsen, dass Jungs Mädchen ärgern. Ganz nach dem Motto: »Was sich liebt, das neckt sich.« Doch in Wahrheit war das schon die Vorstufe von Gewalt und ein ständiges Überschreiten meiner Grenzen. Wenn ich mich dagegen wehrte, wurde ich als zickig oder dramatisch bezeichnet. Solche Stereotypen hinterfragte ich in den 90er-Jahren nicht.

Aber was mit Neckereien, die maximal unangenehm waren, begann, zog sich durch meine Jugend und wurde Teil meiner ersten Beziehungserfahrungen. Ich hatte Partner, die jedem erzählt haben, wie ich im Intimbereich aussehe, und das war noch vergleichsweise harmlos. Jedes Mal, wenn ich meine Stimme erhob, indem ich etwas infrage gestellt habe oder Verhaltensweisen kritisiert habe, wurde ich dafür ausgelacht, kleingemacht oder bestraft. Die »Neckereien« wurden respektloser, spitzten sich immer mehr zu und mündeten schließlich in einem für mich traumatischen Erlebnis, als ich von einem Mann in einer Turnhalle eingesperrt wurde und dort physische Gewalt zu erwarten hatte. Er fand es witzig, mich so ängstlich zu sehen.

Natürlich ist für jeden Menschen erkennbar, dass das ein gewaltvoller Akt war. Gewalt kann aber auch subtiler stattfinden – ganz besonders emotionale Gewalt. Nimmt deine Beziehungsperson deine Gefühle nicht ernst, wirft sie dir vor zu übertreiben oder behauptet sie, bestimmte Aussagen niemals getroffen zu haben? Verbietet sie dir, irgendwohin zu gehen, mit der vorgeschobenen Ausrede, dass es nur zu deiner Sicherheit dient? Widerspruch wird mit Liebesentzug bestraft? Du hast Angst, nach Hause zu gehen? Ist deine Reaktion, sofort zu springen, wenn du den Namen auf dem Display siehst? Du hast das Gefühl, dass dein *Nein* oder deine Grenze mit enttäuschtem Gesicht oder Überreden missachtet werden? Es ständig Annahmen über dich gibt statt Fragen? Kontrolle als Liebe angesehen wird? So wie der perfide Ausdruck »Vertrauen ist gut, Kontrolle ist besser?« Auch das ist Missbrauch.

Irgendwann merkte ich, dass ich mich leichter fühlte, wenn mein geliebter Partner nicht in meiner Nähe war. Ich stutzte und suchte automatisch die Schuld bei mir. Da hatte er gute Arbeit geleistet. Denn erst da checkte ich, dass ich in seiner Gegenwart nicht sicher war und litt.

Jede Person kann von emotionalem Missbrauch betroffen sein, egal welches Alter, welches Geschlecht oder wie gefestigt sie bisher durchs Leben ging. Wenn dein Bauchgefühl dir sagt, dass du dich wie in einem goldenen Käfig fühlst, höre auf deinen Bauch, denn emotionaler Missbrauch ist genauso schädigend wie physischer. Häufig denken wir jedoch: besser so als ganz allein. Doch wir können uns selbst oft besser lieben als irgendein anderer Mensch. Liebe muss nicht wehtun. Gewalt ist unglaublich präsent und zeigt sich in vielen Formen, manchmal ist sie sogar gänzlich unsichtbar und damit besonders gefährlich. Menschen leiden oft still. Lange Zeit war mir überhaupt nicht bewusst, dass ich Gewalt erlebte. Ich war es gewohnt, mich durchzubeißen, wollte auf keinen Fall in die Opferrolle fallen. Ich hatte schon immer Ausdauer und tat jede Situation mit: »Ich kann das schon« ab. Bis ich 22 Jahre alt war, gab es immer mindestens einen Ort, an dem ich Gewalt erfahren habe. Von der Grundschule über das erste Gymnasium, den ersten Schulwechsel, den zweiten Schulwechsel bis zum Abi – alles notwendige Wechsel aufgrund von Mobbing. Ich lernte von klein auf, dass ich es nie allen recht machen kann. In der Grundschule wurde ich extrem wegen meines Aussehens gemobbt. Ich war das moppelige und muskulöse Kind. Ich hatte eine Brille und rot gefärbte Haare mit einem hochgegelten Pony und einem Bob. Ich wurde beschimpft, weil ich diese Frisur und auffällige Kleidung trug. Die Kinder nannten mich fett und hässlich und lachten mich aus, vor allem wegen meiner Mutter, die in den Augen der anderen Kinder wie ein Mann aussah. Dies führte dazu, dass ich isoliert wurde. Niemand wollte selbst ins Visier der Mobber*innen geraten, also hielt man sich lieber von mir fern.

Auch meine frühe Entwicklung wurde zum Thema gemacht, nicht zuletzt von Lehrer*innen, die mich vor anderen Schüler*innen als frühreif bezeichneten. Als ich nach der Grundschule auf die weiterführende Schule kam, fühlte ich mich schnell frustriert. Ich hatte früher als die meisten einen erwachsenen Körper, interessierte mich für Dinge, die eher Ältere interessierten, und wurde aufgrund dessen von einigen Mitschüler*innen als Schlampe betitelt. Das Gerücht, ich würde ständig mit irgendwelchen Männern schlafen und womöglich auch Krankheiten mit mir herumtragen und weitergeben, verbreitete sich wie ein Lauffeuer. Weil ich so früh in die Pubertät kam, wurden die anderen Kinder vor mir gewarnt, ich galt als »schlechter Umgang«, obwohl ich gleichzeitig beliebt war. Es hieß, ich sei *asozial* – welch ein problematisches Wort –, weil ich nur in einer Wohnung lebte anstatt in einem großen Haus, wie die meisten meiner Mitschüler*innen. Eine von ihnen hatte innerhalb des Klassengefüges eine äußerst machtvolle Position. Viele Kinder hatten Angst vor ihr, und ihr Ziel schien es zu sein, mich komplett zu isolieren, und sie legte es richtiggehend darauf an, dieses Ziel zu erreichen. Während des Sportunterrichts wurden meine Kleidung zerschnitten, meine Sachen weggenommen, die Reifen meines Fahrrads aufgeschlitzt und Saft in meinen Ranzen gekippt. Meine einzige Freundin in der Unterstufe war Luisa, auch sie wurde gemobbt und schließlich mit einem Burnout und einem Nervenzusammenbruch ins Krankenhaus gebracht. Ohne meine einzige Verbündete wurde die Situation für mich beinahe unerträglich, ich entwickelte eine Gastritis und plagte mich mit täglichen Bauchschmerzen.

Doch nicht nur meine Mitschüler*innen machten mir das Leben schwer, auch von Lehrkräften erhielt ich damals denkbar wenig Rückhalt, und das ist noch harmlos formuliert. Immerhin beschuldigte mich eines Tages – da war ich gerade mal in der 6. Klasse – eine Lehrerin, ich würde die Jungs mit meinen Brüsten und meinem Labello absichtlich ablenken. Sie sagte, ich sei schwierig, würde ständig Widerworte geben und mich nicht anpassen. Meine Hilfsbereitschaft wurde als meine »Masche« bezeichnet. Es folgte der erste Schulwechsel. Erneut fühlte ich mich nicht richtig zugehörig und suchte mir Freund*innen in den höheren Klassenstufen. Dass auch sie mich in Schwierigkeiten bringen würden, merkte ich zu spät. Viele von ihnen nahmen Drogen und waren zum Teil gewalttätig. Trotzdem hatte ich das Gefühl, zum ersten Mal irgendwo dazuzugehören und so akzeptiert zu werden, wie ich war. In dieser Zeit begann ich, an den

Wochenenden Alkohol zu trinken und zu rauchen. Ich traf mich ein paarmal mit einem Jungen, bevor ich herausfand, dass er eine Freundin hatte. Wieder wurde mir die Schuld gegeben, nicht etwa dem Typen, der mich genauso belogen hatte wie seine Freundin. Die Rache folgte auf dem Fuße, als meine vermeintlichen Freund*innen das Gerücht verbreiteten, dass ich Drogen dealen würde. Passend dazu fand man in meinem Ranzen ein Tütchen, welches nicht meines war, sowie eine sogenannte »Drogenliste«, die ich nie geschrieben hatte. Ohne die Chance, mich zu verteidigen, wurde ich zur Schulleitung geschickt und allein in einem Raum zur Rede gestellt. Ich musste mich ausziehen und meiner Lehrerin zeigen, ob ich Einstichlöcher an den Armen hatte, offenbar wurde mir unterstellt, Heroin zu spritzen. Am Telefon erzählte man meiner Mutter, dass ich drogenabhängig sei und an der Schule dealen würde.

Mein Widerspruch wurde überhört, niemand glaubte mir, dass ich schon immer immense Angst vor Drogen hatte und sogar als Spaßbremse galt, weil ich nicht konsumierte – abgesehen von ein paar wenigen Ausnahmen, in denen ich einen Joint probiert hatte. Es stimmte einfach alles nicht.

Als meine Mutter schließlich in die Schule kam, stand sie zunächst total enttäuscht im Flur und blickte mich nur an. Kaum hatte ich beteuert, dass ich es nicht war, dass an den Vorwürfen nichts dran war, erkannte ich erleichtert, dass sie mir glaubte. Von diesem Moment an kämpften wir gemeinsam. Denn ein Kampf war nötig: Es hatte sich unter den Lehrkräften herumgesprochen, dass ich ein Problemkind und eine Gefahr für die anderen Schüler*innen sei. Die meisten fanden dies völlig absurd, doch wollten sie selbst nicht zur Zielscheibe werden. Ich wollte die Schule nicht noch mal wechseln, also ging ich jeden Tag hin. Ich verlor so gut wie alle meine Freund*innen, wurde mit Essen und einem Stuhl beworfen, und eine Person versuchte sogar, meine Haare anzuzünden. Während dieser Zeit erlebte ich auch zum ersten Mal sexualisierte Gewalt. Infolgedessen begannen Gerüchte zu zirkulieren, dass ich mit vielen Männern Sex gehabt hätte, obwohl auch das nicht stimmte. Ich fühlte mich unfassbar hilflos. Selbst Lehrer*innen, die mir glaubten, halfen mir nicht, da sie befürchteten, selbst ihr Ansehen im Kollegium zu verlieren. Eines Tages wurde ich zusammen mit meiner Mutter zur Schulleitung gerufen, wo uns mitgeteilt wurde, dass sich die Schule so einen schlechten Ruf nicht leisten könne und wir nun zwei Möglichkeiten hätten: Entweder ich verlasse die Schule freiwillig, oder sie würden mich der Schule verweisen. Ich versuchte alles, um meine Unschuld zu beweisen, aber es stand Aussage gegen Aussage, und ich saß am kürzeren Hebel. Erst Jahre später gaben ein paar meiner ehemaligen Mitschüler*innen zu, dass sie mich nur gemobbt hatten, um nicht selbst Opfer zu werden. Jeden Tag habe ich meine Haltung und Ansichten verteidigt, aber meine Hilfsbereitschaft und meinen Glauben an das Gute trotzdem nicht verloren. Für mein Zeugnis und meine Zukunft wechselte ich schließlich erneut die Schule und betrat damit eine neue Hölle.

Zunächst gestaltete es sich schwer, eine Schule zu finden, die mich überhaupt aufnehmen wollte. Die Schule, die mich schließlich akzeptierte, tat dies nur unter der Bedingung, dass ich die Pausen unter Beobachtung durch einen Vertrauenslehrer verbrachte. Natürlich fragten sich einige, warum er immer in meiner Nähe war, es wurde in meiner Vergangenheit gebohrt, und schließlich wurde man fündig: Als meine angebliche Drogenkarriere ans Licht kam, begann das Mobbing wieder von vorne. Ich flüchtete mich zu Freund*innen, mit denen ich Alkohol trank, lernte Jungs kennen und erhielt prompt erneut den Stempel der *Schlampe*. Das Paradoxe ist, dass Mitschüler*innen sich im Nachhinein bei mir meldeten und äußerten, dass sie immer mit mir befreundet sein wollten, mich cool fanden oder ich das große Vorbild war, sie sich nur nicht getraut haben. Im Nachhinein ist das unbegreiflich für mich. Es freut mich und macht mich gleichzeitig unglaublich traurig.

Damals wurde ich sogar von einem meiner Lehrer aufs Äußerste sexualisiert und belästigt. Als er mich vor der ganzen Klasse fragte, ob ich nicht mal einen roten Badeanzug anziehen könnte, das würde ihm sehr gefallen, stellte ich ihn zur Rede – mit der Konsequenz, mich vor der Schulleitung für mein aufsässiges Verhalten gegenüber einer Autoritätsperson rechtfertigen zu müssen.

Irgendwann gab ich einfach auf. Ich fühlte mich unverstanden und verurteilt, niemand hörte mir wirklich zu. Nur mein unermüdlicher Gerechtigkeitssinn und meine Familie haben mich überleben lassen.

Eine Mitschülerin sagte letztens: »Ich glaube, du warst vielen zu charismatisch. Da spielte Neid eine große Rolle. Du warst zu perfekt. Zu schön. Zu anders und dann noch so nett.« Ihre Worte heilten und trafen mich gleichermaßen. Warum konnte sie mir das nicht früher sagen? So viele haben mir das im Nachhinein gespiegelt, nur eben 16 Jahre zu spät.

Kennst du den Begriff der »Crazy Ex«? Der verrückten Ex-Freundin? Ich leider nur zu gut. Da ich ab der Mittelstufe wechselnde Beziehungen hatte, wurde ich oft so bezeichnet, einfach nur, weil ich erzählt habe, was mir mit einigen Jungs passiert ist, insbesondere dass diese sich mir gegenüber übergriffig verhalten haben. Offenbar war es einfacher, die Schuldfrage wieder einmal umzudrehen: Ich wurde als unglaubwürdig dargestellt – die crazy Ex eben. Übrigens ist diese Methode nicht unüblich, wenn Menschen, die Gewalt ausgeübt haben, spüren, dass sie entlarvt werden. Sie stellen die Person, der sie Gewalt zufügen (dabei ist es egal, ob diese physischer oder psychischer Natur ist), schon im Voraus als unglaubwürdig und dramatisch dar, damit man im Fall der Fälle lieber ihnen glaubt als den Betroffenen.

Wenn ich diese Ereignisse so Revue passieren lasse, fühlt es sich merkwürdig surreal an. Ist das alles wirklich mir passiert? Wie viel Leid passt in eine Jugend? Es ist mir wichtig, dass du verstehst, wie traumatisierend das alles für mich war, auch wenn das hier jetzt vielleicht abgeklärt wirkt. Du darfst nicht vergessen, dass ich jahrelange Therapiearbeit geleistet habe, um das, was mir passiert ist, irgendwie aufzu- und zu verarbeiten. Denn es hörte auch mit der Volljährigkeit nicht auf – im Gegenteil: Ich wurde ungewollt schwanger und fühlte mich damit und mit allen Entscheidungen, die daran hingen, furchtbar allein. Schlimmer noch: Ich hatte sogar Angst, dass der Typ davon erfahren könnte! Denn ich befürchtete, dass er mich nicht gehen lassen, mich verfolgen, vielleicht sogar gewalttätig werden würde, sollte ich mich gegen das Kind entscheiden. Ich habe all das allein durchgemacht und mich niemandem anvertraut, da ich nicht wollte, dass schon wieder ein neues Gerücht über mich in Umlauf gerät.

Auch was Freund*innenschaft anging, wurde ich zu dieser Zeit erneut enttäuscht. Eine damalige Freundin sagte mir irgendwann, dass sie es nicht mehr aushalten könne, mit mir befreundet zu sein, weil ich immer alle Aufmerksamkeit auf mich ziehen würde. Sie war eine unfassbar machtvolle Person, die schon einige vor mir ins Kreuzfeuer genommen hatte. Ich begann, ihr aus dem Weg zu gehen, und eröffnete damit, ohne es zu wollen, einen äußerst einseitigen Krieg. Besagte »Freundin« erzählte meinem früheren Freund, dass ich ihn mit sechs Personen betrogen hätte. Daraufhin blockte er mich. Sie erstellte online eine Gruppe gegen mich, eine regelrechte Hetzgruppe, streute bewusst Informationen, die ich ihr im Vertrauen erzählt hatte, vieles davon völlig verdreht und verfremdet. Die Konsequenz war, dass ich nicht mehr eingeladen und komplett isoliert wurde. Ich fühlte mich nie sicher und wusste nie, was gerade über mich erzählt wurde.

Zu den Problemen mit meinen Mitschüler*innen kamen auch immer mehr Konflikte mit Lehrer*innen hinzu. Der besagte Lehrer, der mich gern in einem Badeanzug gesehen hätte, wollte mir null Punkte geben, damit ich mein Abitur nicht bestehe. Zum Glück setzte sich eine Lehrerin für mich ein – nur dank ihr bin ich durch die Schulzeit und auch irgendwie durchs Leben gekommen. Als ich vor dem gesamten Lehrer*innenkollegium in einem Hörsaal erklären sollte, warum ich es verdiente, mein Abitur zu bekommen, unterstützte sie mich. Es fand eine Diskussion statt, bei der es darum ging, wie bewertbar ich als Mensch sei. Das ist heute kaum vorstellbar, zumal meine sonst so guten Noten gar nicht thematisiert wurden. Schließlich durfte ich zur Prüfung antreten, die Nachprüfung habe ich mit 13 Punkten bestanden.

Tja was soll ich sagen – meine Schulzeit ist nichts, an was ich gern zurückdenke, nicht der Ort, an dem ich Freund*innenschaften fürs Leben schloss und Selbstvertrauen fand und ausbildete. Natürlich machte ich zwischendurch auch schöne Erfahrungen, verliebte mich, fand meine Freude an Tanz und Bewegung, doch häufig war es einfach nur schwer. Zu schwer für ein Kind oder eine Teenagerin. Aus heutiger Sicht ist es wohl wenig verwunderlich, dass mir in der 11. Klasse eine generalisierte Angststörung diagnostiziert wurde, ich litt unter Panikattacken und Derealisationserleben, Dinge, über die damals nicht gesprochen wurde. Doch mein Leben war jeden Tag eine Exposition. Jeder Schulweg, jede Busfahrt war von Angst geprägt.

DEREALISATION: Die Welt erscheint fremd und unwirklich, man fühlt sich, als würde man hinter einer Glasscheibe stehen oder sich in dichtem Nebel befinden. Auch der eigene Körper fühlt sich anders an – fremdgesteuert, wie ein Roboter.

Vielleicht erkennst du dich in einigem wieder, was ich hier beschrieben habe? Wenn Menschen über dich reden und dich das manchmal hilflos fühlen lässt – mag ich dir eine Perspektive geben, die ich internalisiert habe. Erstens tue ich damit im Grunde etwas Gutes. Ich füttere das Ego anderer – sie fühlen sich mir überlegen und spüren im besten Fall, dass dieses giftige Gefühl in ihnen und nicht in mir entsteht. Zweitens sind all meine Handlungen größer und wichtiger als alle Aussagen und Unwahrheiten, die jemals über mich gemacht werden könnten.

Die Hilflosigkeit, die du vielleicht fühlst – wenn andere über dich reden –, liegt oft daran, dass du keine Kontrolle darüber hast, wie andere Menschen dich sehen. Doch das wird immer so bleiben, es wird immer Hunderte Versionen von dir geben – in den

Köpfen und Herzen anderer. Vergiss daher niemals: Kein Wort eines anderen Menschen ist mächtiger oder wahrhaftiger als dein eigenes Verhalten und dein Sein. Wie andere dich wahrnehmen wollen, ist deren Problem.

Mein Körper wurde ständig kommentiert. Mal war ich zu dünn, mal zu muskulös, zu kurvig, zu feminin oder zu maskulin. Wenn ich ein Kleid und hohe Schuhe trug, dann bitte für ihn und nicht für die Straße. Es waren Männer, die teilweise deutlich älter waren – weil ich ja »so reif für mein Alter war« –, aber niemand kam darauf, dass das daran lag, dass ich schon früh im Leben viel Verantwortung für andere übernehmen musste, weil ich schon als Kind das Gefühl hatte, für das Wohlbefinden meines Umfelds verantwortlich zu sein. Erst mit Anfang 20 habe ich realisiert, wie häufig und intensiv ich in meinem Leben solche Gewalt erfahren musste, besonders von eigenen Partnern. Ich hatte aber auch schon im Sport- und Berufsleben Trainer und Chefs, die mich mit übergriffigem Verhalten und Mobbing durch die Hölle gejagt haben. Bauchschmerzen, Angstattacken und schlimme Gefühle waren mein Alltag. Ich war nicht formbar, obwohl ich versuchte, mich anzupassen, und das machte mich in diesem System zur Zielscheibe. Doch auch ich bin für meine Fehler eingestanden, habe mich entschuldigt oder das Risiko von Ablehnung in Kauf genommen. Zum Beispiel als ich selbst betrogen habe. Es geht mir nicht um Perfektion – ich bin nicht perfekt. Es geht um bewusstes Einsetzen von Manipulation, Gewalt und Isolation. Gerade erst sprach ich mich mit einer früheren Mitschülerin aus, und ihr O-Ton war: Das war kein Mobbing. Das war der systematische Versuch, deine Person zu zerstören.

Es gibt so viele Betroffene und Mittäter*innen, die das Verhalten ihrer Beziehungspersonen, Vorgesetzten, Kolleg*innen oder Freund*innen lieber entschuldigen oder ignorieren. Ich glaube, viele Menschen – egal welchen Geschlechts – möchten einfach nicht akzeptieren, dass sie selbst auch Täter*innen sein könnten. Doch das Einzige, was hilft, ist genau das: hinschauen, reden, immer wieder aufstehen und für andere einstehen, solange man die Kraft dazu hat. Und allen Betroffenen möchte ich nur sagen: Nein, du musst das nicht aushalten. Ich habe es selbst erlebt und bin fast daran zerbrochen. Dennoch habe ich vergeben. Habe mich für Wohlwollen und Liebe für diese Menschen entschieden, die selbst verwundet waren, als sie so gehandelt haben. Ohne das Verhalten rechtfertigen oder tolerieren zu müssen. Ich habe so viel gelernt und schätze mich und meine Erfahrungen heute so sehr, dass diese Menschen mir nichts mehr können. Ich kenne meine Stärken und meine Schwächen. Sie dürfen koexistieren, und dafür habe ich mich lieb. Ich habe lieb, dass ich viel fühle. Ich bin über mich hinausgewachsen und stärker aus diesen Situationen herausgekommen, als ich es jemals geglaubt hätte. Ich empfinde nun so viel Mitgefühl und Liebe für mich selbst in all diesen Situationen. Es war harte Arbeit, an diesen Punkt zu kommen. Das kann mir kein Mensch mehr nehmen. Du bist nicht allein und darfst und sollst dich wehren! Du verdienst gesunde und wohlwollende Liebe. Bei all den Stimmen um dich herum höre der zu, die am lautesten schreit: deiner eigenen.

If you wanna be my Lover

Das vorletzte Jahr hat meinen Blick auf die Dating-Welt total verändert. Damals war ich seit zwei Jahren polyamor, lebte mit Marcin und Lui zusammen, und wir entschieden uns, das mit der Öffnung anzugehen. Ich bin als Dating-Newbie rein ins Getümmel, ohne mir groß Gedanken zu machen. Queer, poly und dann auch noch als Person des öffentlichen Lebens – irgendwie kam ich gar nicht auf die Idee, dass das holprig werden könnte. Aber ich kann dir sagen: Da haben Herausforderungen auf mich gewartet, mit denen ich niemals gerechnet hätte.

Seit ich polyamor und offen queer lebe, ist einfach alles anders. Früher, als ich noch ausschließlich cis Heteromänner gedatet habe, war Dating selten eine smoothe Erfahrung für mich, sondern eher eine mit vielen Fragezeichen. Der Großteil der Männer, die ich traf, war es nicht gewöhnt, Grenzen gesetzt zu bekommen oder emotionale Tiefe zu erfahren. Außerdem hatte ich so selten empathisches und korrigierendes Verhalten bei Männern erlebt, dass die geringste Abweichung davon sich anfühlte, als hätte ich einen Goldschatz gefunden. Und so sah im Grunde mein ganzes Dating-Leben mit cis Männern aus. Wenn mal einer verständnisvoller reagierte als die anderen, dachte ich gleich: »Wow, was für ein großartiger Dude!« Ich war so daran gewöhnt, dass Männer sich keine Mühe geben, dass sie unangenehm werden, Dinge für selbstverständlich ansehen, aktive Wertschätzung nur für eigene Zwecke eingesetzt wird, dass sie sich betrunken total danebenbenehmen und problematische Sachen sagen, dass ich das Gesagte meist mit der Zeit einfach so hinnahm.

Ich habe erst mit 28 Jahren zum ersten Mal eine Dating-App installiert, also erst nach dem Öffnen meiner Beziehung mit Lui und meinem ehemaligen Mann Marcin. Zuvor war es tatsächlich so, dass immer irgendwie der nächste Partner vor der Tür stand, wenn eine Beziehung geendet hatte. Ich habe das natürlich nicht hinterfragt, schließlich war Alleinsein ein unerträglicher Zustand für mich. Ich brauchte ständig die männliche Validierung für mein Handeln und Sein und verstand zu diesem Zeitpunkt noch überhaupt nicht, dass ich auf der Suche nach einer Liebe war, die ich mir vorerst nur selbst geben konnte. Rückblickend muss ich mir wohl eingestehen, dass ich nie wirklich verliebt in die meisten dieser Männer war. Eher in die Idee von dem, was wir für eine schöne Zukunft haben könnten. Das ging sogar so weit, dass ich mehr für den Mann empfunden habe, wenn während des Dates Musik lief, die mir gefiel. Sobald die Musik ausging, ließen auch meine Gefühle nach. Ganz einfach, weil diese Musik meine Emotionen verstärkt und sich die Situation so romantischer angefühlt hat. Mit ihr konnte ich mich in die romantische Szene eines Films versetzen – glatter Selbstbetrug! Die meiste Zeit befand ich mich nicht im Hier und Jetzt, sondern war ganz in meinem Kopf und malte mir aus, was wäre, wenn wir dieses oder jenes zusammen erleben würden. Doch irgendwann war jeder Song vorbei, und die harte Realität kam zum Vorschein. Seit ich polyamor lebe, hat sich in der Hinsicht vieles grundlegend geändert. Ich habe mich selbst und meine Bedürfnisse besser kennengelernt und projiziere meine Vorstellungen nicht mehr auf die Personen, die ich date. Gerade im Dating-Kontext versuchen viele Menschen ja auch einfach nur zu gefallen, das ging mir früher nicht anders, und auch ich habe dadurch Menschen verletzt. Ihnen ein Bild gegeben, welches ich im Nachhinein aufbrechen musste. Gerade deshalb fällt es mir heute in zwischenmenschlichen Beziehungen besonders schwer, Maskierung und Fassaden auszuhalten. Denn diese führen zu einer inneren Distanz sowohl zu sich selbst als auch zum Gegenüber. Es kann Einsamkeit innerhalb einer Beziehung fördern, wenn Menschen sich aufgrund von Schuld und Scham nicht öffnen. So entsteht Heimlichkeit, die mit einem »Alles okay« verdrängt statt geheilt wird. Das ist meiner Ansicht nach ein Grund für sehr viele Beziehungsprobleme. Mein polyamores Leben hat das Daten für mich aber auch auf einer anderen Ebene verändert: Es kommt recht häufig vor, dass Menschen, die mich kennenlernen und erfahren, dass ich in einer offenen, polyamoren Beziehung lebe, denken, sie könnten mal schnell einen One-Night-Stand abgreifen. Häufig sagen sie dann Dinge, die ihrer Meinung nach meinen Ansichten entsprechen, um schneller an ihr erklärtes Ziel zu gelangen. Ich verstehe durchaus, woher das kommt. Immer wieder begegnen mir Menschen, die Polyamorie als Ausrede benutzen, um keine richtige Beziehung und kein Commitment eingehen zu müssen. Meist sind das Menschen, die sich noch nie ernsthaft damit auseinandergesetzt haben, was Polyamorie oder die Öffnung einer Beziehung eigentlich bedeuten, sondern einfach Lust auf wechselnde lockere Sexualpartner*innen haben oder die Vorzüge einer sogenannten Situationship abgreifen wollen, ohne die Beziehungsarbeit zu leisten, die vor allem eine nicht monogame Beziehung erfordert. Wenn Menschen seriell daten oder offene Beziehungen führen, um sexuelle Wünsche auszuleben, ist das legitim und nicht beschämend. Entscheidend ist die ehrliche und offene Kommunikation. Ohne sie gleicht es Betrug. Offene Beziehungen entstehen aus dem gemeinsamen Konsens aller Beteiligten, nicht aus dem eigenmächtigen Handeln einer Person. Andernfalls hinterlässt dies verbrannte Erde auf allen Ebenen und widerspricht dem Prinzip der ethischen Nicht-Monogamie (ENM).

> **SITUATIONSHIP:** Eine Beziehungsdynamik, die Elemente von Freund:innenschaft und romantischer Verbundenheit beinhaltet, jedoch ohne klare Verpflichtungen oder Definitionen einer festen Beziehung.

Der Begriff der Nicht-Monogamie ist ein Schirmbegriff. Unter diesem Begriff versammeln sich viele verschiedene Beziehungsstile, Liebesformen und Konzepte. Ich halte es für wichtig, sich mit diesen unterschiedlichen Formen auseinanderzusetzen, um selbst zu entscheiden, welche Art zu lieben zu einem passt und Menschen gemeinsam Erwartungen, Grenzen, Commitment und Treue definieren. Nichts, egal in welcher Beziehungsform, sollte als selbstverständlich angesehen werden. Schließlich gibt es unglaublich viele Aspekte, die es zu berücksichtigen gilt, und auch Wünsche und Grenzen, die jedes Paar für sich selbst aufstellt.

Klassisches Fremdgehen gibt es in allen Beziehungsformen, auch in offenen und polyamoren Beziehungen. Viele Menschen können sich das nicht vorstellen, wenn es um eine offene Beziehung geht. Es ist interessant, dass viele denken: »Wie kann man in einer offenen Beziehung fremdgehen, wenn man doch einen Freifahrtschein hat?« Als wäre dieser »Freifahrtschein« eine Erlaubnis, alles ohne Absprache machen zu können und dies auch so zu wollen. In meinen Instagram-Nachrichten und Workshops treffe ich hauptsächlich auf Frauen und nicht binäre Menschen. Einige von ihnen haben den Wunsch, die Beziehung zu öffnen, wissen aber nicht, wie sie dies deren Partner*in mitteilen sollen. Viele Menschen empfinden eine so immense Scham und Schuldgefühle allein bei dem Gedanken an den Wunsch nach emotionaler Öffnung, dass sie andere nicht in ihre inneren Prozesse einbeziehen. So entstehen Heimlichkeiten. Diese Art von Heimlichkeiten, die aus Schuld und Scham resultieren, haben mich selbst fast meine Beziehung gekostet. Ich habe mich für meine Fantasien und Bedürfnisse geschämt und hatte Angst, Menschen zu verletzen. Dadurch habe ich es versäumt, meine Beziehungspersonen rechtzeitig miteinzubeziehen. Am Ende habe ich auch aus diesem Fehler gelernt und darf durch all diese Erkenntnisse immer weiter wachsen. Es ist als Paar enorm wichtig zu kommunizieren, wie man sich eine Öffnung und Dating vorstellt, und auch, dass man die Grenzen der Beziehungsperson respektiert. Man muss seine Beziehungsperson von Anfang an involvieren und informieren, damit alles möglichst rücksichtsvoll und sanft passieren kann. Diese inneren Prozesse erfordern zunächst Ehrlichkeit - auch sich selbst gegenüber.

Wenn Menschen mich nach Tipps für offene oder polyamore Beziehungen fragen, biete ich ihnen eine andere Perspektive: Unabhängig von Tipps oder Rat zu nicht monogamen Beziehungen wird nichts fruchten, wenn du von deiner Beziehungsperson nicht respektvoll behandelt wirst oder die Basis eurer Beziehung nicht stimmt. Diese Basis entsteht, indem ihr regelmäßig eincheckt und reflektiert, wo ihr als Paar und Einzelperson vor der Öffnung steht. Fragt euch, ob die auftretenden Probleme solche sind, an denen ihr beide arbeiten könnt und wollt, oder ob sie Anzeichen dafür sind, dass eure Beziehung neu bewertet oder definiert werden muss. Fragt euch: wie sieht diese Arbeit konkret aus?

Wenn ich konkrete Tipps oder Erkenntnisse zu offenen Beziehungen oder Polyamorie teile, gehe ich meist davon aus, dass die meisten Menschen in gesunden Beziehungen leben, in denen alle Beteiligten das Beste für ein harmonisches Miteinander und die

Unterstützung individueller Wünsche geben, ohne eigene Grenzen zu überschreiten. Natürlich wird kein Tipp oder keine Erkenntnis Menschen helfen, die in ungesunden, nicht kommunikativen Beziehungen leben, mit Partner*innen, die emotional nicht verfügbar sind oder verletzend wirken. Kein Rat wird in emotional missbräuchlichen Beziehungen helfen, die sich nicht darum kümmern, dass die Beziehung für beide Seiten erfüllend ist, oder die Kontrolle und Abhängigkeit über den Wunsch des Zusammenseins stellen.

Manchmal geht es nicht darum, immer mehr innere Arbeit zu leisten, um ein Problem zu lösen. Manchmal sind wir einfach in Beziehungen mit Personen, die nicht gut und kompatibel für uns sind, und in denen wir zu lange bleiben, verloren in Einbahnstraßen der Selbstarbeit. Polyamorie und offene Beziehungen erfordern Investitionen von allen Seiten und eine Basis, die sich glücklich anfühlt – eine Bereicherung und Ergänzung, kein Stopfen von Leere.

Lui, Marcin und ich haben immer alles gemeinsam besprochen und uns nach Anfangsschwierigkeiten zusammengefunden. Wir haben die Entstehung der neuen Beziehung und was sie mit uns macht, auch bei den jeweils anderen beiden miterlebt. Wir haben regelmäßig eingecheckt, über alles gesprochen und geschaut, dass es wirklich für jede*n Beteiligte*n, so wie es ist, passt – das ist schon beim Dating wichtig für eine vertrauensvolle und stabile Basis. Doch auch wir hatten Schwierigkeiten. Denn die Person, welche die Öffnung anstößt, hat meist ein viel schnelleres Tempo. In meinem Fall war ich die Person, die die Öffnung initiiert hat, und rückblickend muss ich zugeben, dass mein Tempo bei den anderen beiden stellenweise zu Überforderung und Desorientierung geführt hat. Eben weil ich die beiden nicht vorher schon bei meinen Denkprozessen mitgenommen habe. Heute weiß ich, wie ungeheuer wichtig es ist, ein Zusammenspiel aus Rücksicht und Anpassung zu finden. Und unangenehme Gefühle wie Trauer, Eifersucht, Wut oder Angst (und damit meine ich nicht, daraus impulsiv handeln) meiner Beziehungsperson auszuhalten, ohne diese direkt »in Ordnung bringen zu wollen«. Gefühle dürfen da sein – als Reaktion, ohne dass dies ein Appell zur Verhaltensveränderung sein soll. Alle Gefühle sind okay – doch nicht jedes Verhalten ist es. Es geht beim polyamoren Dating eben nicht ausschließlich darum, neue Sexualpartner*innen zu finden. Oder ständig auf der Suche zu sein. Denn auch in einer geschlossenen Beziehung mit »nur« einer Beziehungsperson kann ein Mensch polyamor sein. Es geht eher um eine Einstellung zur Liebe und die Flexibilität, an dem zu arbeiten, was das Leben bringt. Mir begegnet oft das Vorurteil, dass meine Art zu lieben lediglich eine »Freundschaft plus«, also eine Freund*innenschaft mit regelmäßiger körperlicher Intimität oder Sex, bedeutet. Dies scheint darauf zurückzuführen zu sein, dass viele Menschen Polyamorie als unverbindlich ansehen, was meiner Meinung nach auch durch eine übersexualisierte Gesellschaft beeinflusst wird.

Ich sehe es generell kritisch, wie die Mehrheitsgesellschaft den Fokus auf Körper und Körperlichkeiten legt. Als ob der einzige Grund für eine nicht monogame Beziehung der Wunsch nach wechselnden Sexualpartner:innen ist. Das ist eines von vielen validen Argumenten, eine Beziehung zu öffnen, kann jedoch kaum abbilden, welche Verantwortung es mit sich bringt, mehrere Liebesbeziehungen mit ihren Höhen und Tiefen zu führen.

Diese körperliche und auf Genitalien fokussierte Betrachtungsweise begegnet mir auf vielen Ebenen. Mein Freund ist ein trans* Mann. Ich kann dir versichern, dass die erste Frage, die Leute oft stellen, wenn sie von seiner Transition erfahren, die nach seinem »Untenrum« ist und wie ich das empfinde. Die Gesellschaft ist schlichtweg von Körperlichkeiten und Geschlechtsorganen besessen. Das beginnt schon, wenn ein Mensch schwanger ist und alle unbedingt wissen möchten, »was es denn wird«. Es werden Gender Reveal Partys gefeiert, und überall gibt es Deko in Blau (für Jungs) und Rosa (für Mädchen) zu kaufen. Paradoxerweise ist dies sozial konstruiert. Früher war Blau die Farbe der Jungfrau

Maria und galt als fein und elegant. Sie war ausschließlich Mädchen vorbehalten. Jungs hingegen waren über Jahrhunderte gerne in Rosa gesehen. Die Signalfarbe Rot galt in vielen Kulturen als die Farbe der Stärke und »das kleine Rot« Rosa galt als Jungsfarbe. Der Wandel kam erst im 20. Jahrhundert, die Theorien dazu sind verschieden. Der Punkt ist – diese Veränderung ist menschgemacht, also sozial konstruiert, wie so vieles innerhalb unserer Gesellschaft, was meist ohne jegliches Hinterfragen angenommen und reproduziert wird. Ein Geschlecht wird durch dessen binär eingeteiltes Genital zugeschrieben, ohne zu berücksichtigen, dass es unzählige Kombinationen aus Chromosomen und Hormonen gibt. Diese Obsession setzt sich fort, wenn wir an die Polyamorie oder Nicht-Monogamie denken, indem angenommen wird, dass Betrug nur körperlicher Natur ist und das Einzige, worauf Treue und Sicherheit gebaut sind, körperliche Exklusivität ist. Deswegen wird von vielen die Polyamorie eben auch nur als eine euphemistische Umschreibung fürs Fremdgehen angesehen. Aber was, wenn Betrug für mich bedeutet, dass eine Person jeden Abend neben mir einschläft, sich jedoch eigentlich nach einem anderem Menschen sehnt? Was ist, wenn Betrug für mich ist, nicht zu den eigenen Aussagen zu stehen oder getroffene Absprachen zu brechen? Es ist wirklich absurd, dass Sex, dieser stumpfe Akt, so viel Aufmerksamkeit erhält und als entscheidendes Kriterium in einer Liebesbeziehung gesehen wird. Sex kann eine *love language* sein und ist für mich auch durchaus wichtig, um mich zu verbinden, doch er ist bei Weitem nicht der Grund, warum ich polyamor liebe und lebe. Ich bin der festen Überzeugung, dass sich Dinge fluide und dynamisch entwickeln können. Schließlich verändern wir uns alle mit dem Alter und durch unser individuelles Wachstum und unsere Erfahrungen. Die Kunst besteht darin, sich gemeinsam zu entwickeln – in stetiger Nähe und Distanz –, ein Balanceakt ganz unabhängig von der Beziehungsform. Denn Veränderung ist unausweichlich. Es wird niemals alles genau so bleiben, wie es war, da wir ständig von äußeren Einflüssen geprägt werden. Wir werden uns weiterentwickeln, ob wir wollen oder nicht.

Gelingt dies nicht, entwickelt sich ein Paar in unterschiedliche Richtungen und verliert den gemeinsamen Fokus, dann kann es zu dem Phänomen kommen, welches ich oben schon einmal erwähnt habe: Die Polyamorie wird missbraucht. Eigentlich hat man keinen Bock mehr auf die Beziehung, ist unterbewusst schon auf der Suche nach einem Ersatz, flüchtet sich aber erst mal in die Polyamorie, weil Scham und Bequemlichkeit zu groß sind, um einen klaren Schlussstrich zu ziehen. Es wird die Sicherheit und das Abenteuer gleichzeitig gesucht, ohne das Risiko von Verlust eingehen zu wollen. Entweder du nimmst es in Kauf, deine Wahrheit auszusprechen, mit allen angenehmen und unangenehmen Gefühlen, und riskierst, dass eine Mauer zwischen euch entsteht – oder du schluckst es Tag für Tag wieder herunter. Und nimmst dich hinter deiner Mauer selbst gefangen.

Wenn du mit dem Gedanken spielst, eine polyamore Beziehung einzugehen oder generell Liebe als nicht begrenzte Ressource anzusehen – so wie wir es bei Friends und auch Familienmitgliedern handhaben –, stell dir bitte folgende Fragen: Bin ich in meiner Beziehung so erfüllt und verletzlich, dass ich jetzt Platz habe für neue Erfahrungen? Oder bin ich so unerfüllt oder gelangweilt, dass ich flüchten und mich ablenken will?

Die Polyamorie sollte nicht einer rein egoistischen Bedürfnisbefriedigung dienen. Wenn deine Beziehung dich nicht erfüllt, ist eine polyamore Beziehung definitiv der Holzweg. Denn damit zweckentfremdest du sie, und es endet nicht selten im Chaos für alle Beteiligten – meist für mehr als zwei Personen. Wir haben auch für Verbindungen, die wir im Außen eingehen, eine Art Verantwortung, wohlwollend und offen mit unseren Ressourcen umzugehen. Die Beziehung durch eine weitere Person zu retten geht meiner Erfahrung nach meist nach hinten los. Außerdem werden dadurch die Begrifflichkeiten verwässert. Polyamorie, offene Beziehungen und all die anderen bunten Konzepte haben eigentlich klare Grenzen und vor allem eine Abgrenzung zum nicht ethischen Betrügen, doch wenn diese verschwimmen, verlieren auch die Worte ihren Sinn.

Nun dazu, was der Begriff der Polyamorie tatsächlich meint: Wenn man sich entscheidet, eine polyamore Beziehung zu führen, zeigt man die Bereitschaft, romantische Verbindungen zu mehreren Personen zu pflegen. Gleichzeitig suggeriert man mit dem Label Polyamorie, dass man fähig dazu ist, mehrere Menschen auf romantische Art zu lieben und auch das Commitment, mit mehreren Beziehungen (oder romantischen Verbindungen) zu leben, eingehen möchte. Damit trägt man eine weit größere Verantwortung als bei einem One-Night-Stand. Wenn man nun eigentlich von Anfang an weiß, dass die eigene Beziehung keine solide Basis hat, instabil ist und es an gesunder und tiefer Kommunikation mangelt, läuft man Gefahr, andere Menschen in diese dysfunktionale Beziehung zu integrieren – man riskiert also ganz bewusst, dass diese womöglich eine erste unangenehme Erfahrung mit der Polyamorie machen. Da kannst du noch so viel kommunizieren – wenn kein Verständnis vorhanden ist, hast du ein Problem. Der Wille, deinen Beziehungsmenschen zu verstehen und ihm mit Empathie für die Situation zu begegnen, ist eine Grundvoraussetzung. Mir persönlich hat es geholfen, keinen endgültigen Zustand erreichen zu wollen. Das gibt es im Leben meiner Meinung nach sowieso nicht. Geht es nicht immer um die Koexistenz von Gefühlen? Ich kann meine Beziehungsperson verstehen und signalisieren, dass ich sie höre und sehe, und dabei gleichzeitig verletzt und enttäuscht davon sein. »Ich verstehe deinen Wunsch und fühle mich durch deine Ehrlichkeit abgeholt, gleichzeitig löst das gerade Unsicherheiten und Eifersucht bei mir aus. Können wir in ein paar Tagen wieder darüber sprechen?« Den Anspruch, mit allem cool zu sein, oder auch alles komplett zu dämonisieren, halte ich für nicht hilfreich.

Vorerst müssen wir Raum für offene Kommunikation schaffen. Menschen werden sich tendenziell weniger öffnen, wenn sie das

Gefühl haben, dass sie nicht ernst genommen werden oder eine Äußerung von Wünschen sofort in völligem Streit ausartet. Folgende Sätze zeigen Offenheit und die Bereitschaft, sich mit den Wünschen des anderen auseinanderzusetzen: »Ich verstehe dich und erkenne, woher deine Unsicherheit rührt. Ich nehme dich emotional wahr, und du wirst verstanden. Ich gebe dir auch den Raum, dich sicher zu fühlen und dich authentisch zu zeigen. Es kann sein, dass deine Worte etwas mit mir machen, das ist okay. Ich sage dir, wie ich mich fühle und warum ich verletzt bin. Ich brauche gerade keine Lösung oder eine Verhaltensänderung von dir, sondern nur, dass du da bist.« – Ebenso wenn es um das eigene Erleben geht. Etwas, was für mich schlimm ist, muss nicht für meine Beziehungsperson schlimm sein. Das heißt, wir müssen aufhören, Emotionen herunterzuspielen und zu gaslighten. Die Emotion ist da, und das ist okay. Weinen ist eine natürliche Regulation für unser Nervensystem. Und Angst wird nicht auf einmal in Luft aufgelöst, nur weil wir es sagen. Stattdessen können wir sagen: »Ich kann mir vorstellen, dass das beängstigend ist. Hast du eine Idee, was dir gerade guttun würde?« Oder »Ich verstehe, dass das gerade überfordernd ist, und bleibe trotzdem bei meiner Grenze«.

Eine Person wird nur weiterhin offen kommunizieren, wenn sie das Gefühl hat, sich äußern zu können, ohne dafür bestraft oder verurteilt zu werden. Andersrum ist es genauso. Wenn du dich sicher fühlst, wirst auch du weiterhin ehrlich kommunizieren. Aber das geht nur, wenn du Verständnis entgegengebracht bekommst. Dies lässt die Scham langsam zu Staub verfallen. Ich habe früher oft nicht kommuniziert, weil ich meinem Gegenüber kein schlechtes Gefühl geben und nicht verletzen wollte. Dabei führt genau dieses Verhalten unweigerlich zu Verletzungen. Denn wenn wir uns frei zeigen, wie wir sind, bleiben Enttäuschungen oder Verletzungen nicht aus. Nicht aus unserem Verhalten heraus, sondern weil wir vielleicht Wünsche, Ängste oder Ideen äußern, die die andere Person nicht hören möchte. Doch wenn ich mich zeige, wie ich bin, wenn ich bei mir bleibe und kommuniziere, dann tue ich das, weil mir die andere Person und unsere Liebe wichtig sind.

Als kleinen Beziehungshack habe ich mir zum Beispiel angewöhnt, wenn ich etwas kritisiere oder mir etwas fehlt, zu sagen: »Ich sage dir das, weil mir unsere Beziehung wichtig ist und ich dich sehr liebe. Ich bringe solche Dinge zur Sprache, *weil* sie mir wichtig sind. Wäre mir die Beziehung gleichgültig, würde ich sie nicht ansprechen. Ich möchte die Beziehung aktiv gestalten, was bedeutet, dass ich weiterhin in einer sein will.« So zeigt man seiner Beziehungsperson, dass sie wertgeschätzt und geliebt wird, und lässt sich selbst nicht stehen. Mit meinem *Nein* gebe ich dir Raum, auch *Nein* zu sagen. Wenn du *Nein* sagst, dann vertraue ich deinem *Nein*. Wenn du *Nein* sagst, dann vertraue ich dir darin, dass du auf dich selbst achtest, und du gibst mir Raum, auch auf mich zu achten. Ebenso vermeide ich Aussagen, die die Worte »immer« oder »nie« beinhalten – auch wenn es natürlich nur menschlich ist, wenn sie doch mal wieder entweichen. Denn einiges ist in diesem Moment eben genau so. Auch wenn es um Gefühle oder Ideen geht.

Ich halte es für sehr wichtig, meine Beziehungsperson bei meinem Denkprozess mitzunehmen. Kein Mensch wird gern vor vollendete Tatsachen gestellt, also tue dir und deiner Beziehung den Gefallen und lass deinen Lieblingsmenschen von Anfang an an deinen Gedanken teilhaben. Eine Öffnung ist ein Prozess. Ein gemeinsamer.

Vielleicht bedeutet das auch, dass du zugibst, manchmal den Gedanken zu haben, dass du deine*n Partner*in für dich allein haben willst. Wichtig ist, dass du dabei auch hinterfragst, ob du das wirklich willst. Die Kontrolle über eine Person zu fordern ist schlichtweg übergriffig, der bloße Gedanke und das Gefühl an sich allerdings okay. Bei mir ist es so, dass mein Verstand auf der Sachebene durchaus weiß, dass das manchmal gar nicht stimmt, aber auf der Gefühlsebene mein Herz manchmal noch etwas hinterherhinkt. Wenn ich merke, dass mein Herz und mein Verstand mal wieder in unterschiedliche Richtungen laufen, helfen mir Sätze wie: »Ich weiß das rational, aber ich spüre das noch nicht emotional. Ich weiß, dass ich will, dass du auf Dates gehst. Rational bin ich mir dessen sicher, aber emotional bekomme ich das noch nicht hin.« Gelange ich an diesen Punkt, versuche ich mich auf unsere Ebene zu fokussieren. Es ist verlockend, eine Art Verbot auszusprechen, um kurzfristig Sicherheit zu erlangen. Doch was ist das wert, wenn ich weiß, dass Menschen, die ich liebe, leiden? Was ist es wert, wenn ich meine liebevollen Werte über Bord werfe und eine dritte Person kontrollieren will? Wie kann ich mich mit meiner Beziehungsperson sicher fühlen? Wann haben wir Quality Time? Welche neuen ersten Male haben wir? Wie können wir aus unseren Routinen ausbrechen?

Tatsächlich gibt es relativ viele Menschen, die schon seit zwei oder drei Jahren theoretisch in einer offenen oder polyamoren Beziehung stecken, sich aber immer noch nicht bereit für das erste Date fühlen und so in der Theorie bleiben. Vielleicht werden sich diese Menschen auch nie »bereit« fühlen. Denn oft ist es doch so: Man kann jedes Szenario 50 000-mal im Kopf durchspielen, am Ende weiß man nie, wie es wirklich sein wird, wie es sich wirklich anfühlen wird, wenn man es nicht ausprobiert. Ich zum Beispiel dachte, das erste Date von Lui mit einer anderen Person wird schrecklich, aber es ging mir überraschend gut damit. Schwierig wurde es teilweise, als zum Beispiel Urlaube an denselben Orten stattfanden, an denen wir schon gemeinsam als Paar waren, oder ich das Gefühl hatte, Lui nach Dates nicht *greifen* zu können. Das erste Date war entspannt – doch das fünfte war furchtbar. Das hängt einfach von so vielen Faktoren ab, etwa von den Personen selbst und den Gefühlen, die sie vermitteln. Es kann zum großen Problem werden, wenn man einer Beziehungsperson plötzlich die gesamte Aufmerksamkeit entzieht und sich nur noch der neuen Person widmet. Da ist es quasi vorprogrammiert, dass man sich ersetzt fühlt. Es erfordert viel Disziplin und Mitgefühl, besonders in der Honeymoon-Phase, der Beziehungsperson, die man schon länger kennt und die durch den Hormonrausch vielleicht gerade weniger aufregend erscheint, weiterhin Aufmerksamkeit und Zuneigung zu schenken und sie zu fragen: »Was brauchst du? Fühlst du dich unsicher? Was möchtest du wissen? Hast du Lust, mit mir heute Abend auf ein Date zu gehen?«

Es ist nicht nur emotionale Beziehungsarbeit, sondern erfordert auch viel Arbeit am eigenen Ego. Dazu ist aber nicht jeder Mensch bereit und fähig. Auch mit der Person, die du frisch datest, solltest du von Anfang an offen kommunizieren und konkrete Fragen stellen. »Willst du eine offene Beziehung? Was hast du aus früheren Verbindungen gelernt? Wie magst du berührt werden? Gibt es etwas, was dich an der Polyamorie verunsichert? Was heißt Commitment/Liebe oder Betrügen für dich? Willst du gar keine Beziehung? Brauchst du ein Sprungbrett, oder bist du wirklich interessiert an mir als Mensch? Fühlst du dich unwohl und merkst, unsere Verbindung ist nicht die richtige?« Diese sehr offene Art der Kommunikation waren viele Menschen, die ich getroffen habe, überhaupt nicht gewohnt. Ich selbst wäre vor meinem polyamoren Leben vielleicht auch erst mal überfordert davon gewesen. Doch mittlerweile ist diese Art der Kommunikation für mich Alltag, um mit mir und anderen einzuchecken und aktive Wertschätzung an den Tag zu legen.

In zwischenmenschlichen Beziehungen ist es nicht zielführend zu denken: »Was ich brauche, muss auch für dich gelten.« Oder: »Die Art, wie ich Liebe empfinde und zeige, muss genauso sein, wie du sie empfindest und zeigst.« Es ist problematisch anzunehmen, dass das, was dich verängstigt oder verletzt, bei einer anderen Person genau die gleiche Wirkung hat.

Wenn ein Mensch zum Beispiel Angst vor Hunden hat, ein anderer aber sagt: »Ach, mach dir keine Sorgen, der Hund ist lieb«, hilft das der ängstlichen Person nicht. Ihre Angst ist real, auch wenn sie für andere nicht nachvollziehbar ist. Es geht nicht darum, dass jeder die gleichen Ängste oder Gefühle erleben muss, sondern darum, die Emotionen des anderen zu respektieren und verstehen zu wollen. Es geht darum, verbindende Elemente zu schaffen, um die Emotionen und nicht unbedingt den Grund nachvollziehen zu können. Der Grundsatz »Wenn du so wärst wie ich, dann wärst du richtig« ist nicht nur verletzend und ignorant, sondern verhindert auch echte Verbindung und Teamwork. Auch hier liegt das Grundproblem wie so häufig in der fehlenden Kommunikation und der Idee, dass nur der eigene Weg der richtige für mein Gegenüber ist. Was ist, wenn das aus der Idee stammt, Harmonie erschaffen zu wollen? Was ist, wenn diese Harmonie durch das Vermeiden von Konfrontation nur eine Illusion ist? Und was ist, wenn Konflikt nicht nur destruktiv, sondern auch wichtig ist? Was ist, wenn der Konflikt, in welchem du stehst, weil du es allen recht machen willst, bereits lange anhält, und zwar mit dir selbst? Wie soll ich für mich und meine Beziehungsperson da sein, wenn ich nur Annahmen in meinem Kopf in etlichen Strudeln weiterspinne? Woher soll ich wissen, was du brauchst und wie du dich fühlst, wenn du es mir nicht sagst und ich nicht frage?

Die eine wahre große Liebe

»Saskia, gibt es den einen Menschen fürs Leben?« Vor wenigen Jahren hätte ich dir diese Frage ganz eindeutig mit einem überzeugten »Ja!« beantwortet.

Und heute? Heute sitze ich hier und bin mit meinen 31 Jahren geschieden. Ja, du hast richtig gelesen. Verliebt, verlobt, verheiratet, geschieden. Also bin ich gescheitert, oder? Ich selbst war bis vor ein paar Jahren noch voll in dieser Einstellung verankert und hätte mit Sicherheit nicht nur meine Ehe, sondern auch mein Leben als gescheitert bezeichnet. Ich hätte gedacht, dass ich *versagt* habe und mich nur lang genug hätte aufopfern müssen. Heute weiß ich: Beziehungen scheitern nicht – sie enden. Ich bin nämlich tatsächlich ein sehr romantischer Mensch und war damals,

als ich Marcin kennenlernte, in vollem Fokus auf der – wie ich sie nenne – monogamen Leiter. Damit meine ich die klassische Reihenfolge von vermeintlichen gesellschaftlichen Meilensteinen einer Beziehung: Wir lernen uns kennen, wir werden ein Paar, wir ziehen zusammen, wir verloben uns, wir heiraten, wir bekommen Kinder. Immer das nächste Ziel vor Augen. Das war auch bei Marcin, meinem heutigen Ex-Mann, so. Von Beginn an wusste ich: Ich möchte diesen Mann heiraten. Um ehrlich zu sein, führte ich mit ihm meine erste gesunde Beziehung überhaupt, er war meine erste große Liebe.

Ich lernte Marcin Ende 2015 kennen, als er mich fast täglich in dem Laden, in dem ich damals arbeitete, besuchen kam. Wir verliebten uns Hals über Kopf, und ich wusste von Anfang an, dass das mit ihm etwas Besonderes ist. Wir zogen schon nach wenigen Monaten zusammen, und nur ein halbes Jahr später machte er mir einen Heiratsantrag. Ich hätte nicht glücklicher sein können, schließlich war genau das schon immer mein Herzenswunsch. Ich wollte früh heiraten und Mutter werden. Marcin und ich haben uns wirklich perfekt ergänzt. Unsere Herzen schlugen im selben Takt. Nur anderthalb Jahre später gaben wir uns das Ja-Wort. Ich betrachte unsere Ehe dennoch nicht als überstürzt – auch wenn es sich heute so liest.

Aber rückblickend muss ich doch zugeben, dass es mich vor allem glücklich machte, stets den nächsten Meilenstein im Auge zu haben und den nächsten Punkt auf der Checkliste abhaken zu können. Ich hatte nie zuvor gelernt, in einer Beziehung einfach glücklich zu sein, Beziehungsarbeit zu pflegen und die Verbindung zu gestalten – und das alles ohne den ständigen Drang nach Validierung oder einem weiteren »Beweis«. Diese Denkweise war so tief in mir verwurzelt, dass ich mit 17 Jahren sagte, ich will mit 20 Mutter werden. Mit 22 Jahren verschob ich diesen Wunsch auf 25, mit 25 auf 27. Jetzt, mit 31, fühle ich das immer noch nicht. Jedes Mal, wenn der Moment näher rückte, zögerte ich dann doch und verschob die Entscheidung weitere zwei Jahre nach hinten.

Ich war mehr von der Vorstellung von dem vermeintlichen Meilenstein überzeugt als von der Sache, Mutter werden zu wollen, an sich. Ich war gern die *chosen Mom*. Für meine Tänzer*innen. Für Kinder in AGs, die sich nicht zugehörig gefühlt haben. Doch ob ich das komplette Paket wollte, da war ich mir plötzlich nicht mehr so sicher. Die Wahrheit ist wohl: Ich wollte den Haken auf der Checkliste und sorgte mich, dass es irgendwann zu spät werden würde. Um das Kind ging es dabei im Grunde gar nicht. Nicht jetzt. Und ganz vielleicht gab es auch nicht nur *die eine* große Liebe für mich.

CHOSEN MOM: Engl. für »Mutter der Wahl«. Bezeichnet eine symbolische Mutterfigur.

Obwohl ständig von dieser großen Liebe die Rede ist, wird selten erwähnt, dass es bei fast acht Milliarden Menschen auf der Welt ziemlich unwahrscheinlich ist, dass jeder Mensch nur eine einzige große Liebe hat. Es gibt vielleicht eine Beziehung, die uns besonders im Herzen bleibt. Und trotzdem kann ich danach eine für diesen Abschnitt meines Lebens große passende intime Liebe kennenlernen. Immerhin gibt es wohl ziemlich genauso viele verschiedene Definitionen von Liebe, wie es Menschen gibt. Wir sollten unsere persönliche Vorstellung von Liebe nicht anderen aufzwingen, nur weil wir eine andere Erfahrung gemacht haben oder etwas anderes suchen. Als ich begriffen habe, dass ich mein eigenes Skript von Liebe schreiben muss, hat mir das erst mal richtig viel Angst gemacht. Zu erkennen, dass Normen nur soziale Konstrukte sind und dass ich mich gegen diese werde wehren müssen, war erst mal keine angenehme Einsicht. Denn meine Erfahrung war, dass ich für mein Hinterfragen und meinen Wunsch, eigene Wege zu gehen, entweder verurteilt werde oder es mir immens schwer gemacht wird.

Bedeutet das nun, dass jeder Mensch sich unbedingt mit dem Gedanken an die Polyamorie auseinandersetzen muss, um glücklich zu werden? Nein, natürlich nicht. Kannst du theoretisch mehrere Menschen gleichzeitig lieben? Ja, bestimmt. Musst du dem Gedanken zwingend nachgehen? Nein! Hat jeder Mensch die Kapazitäten dafür? Nein! Hat jeder Mensch das Bedürfnis, diese Arbeit einzubringen, sich selbst und die gesamte Vergangenheit an Mustern aufzuarbeiten? Nein!

Was sagt uns das? Zuerst einmal, dass die Polyamorie nicht für jeden Menschen der richtige Weg ist. Ich kenne viele Menschen, denen das – aus verschiedenen Gründen – zu viel ist. Lebensumstände und äußere Faktoren spielen dabei eine nicht zu unterschätzende Rolle. Es stellt sich immer die Frage: Was ist mir wichtiger? Möchte ich in meiner Selbstverwirklichung leben und sagen, ich nehme alles, wie es kommt, und baue mir dennoch ein sicheres Nest? Oder ist es mir wichtiger zu sagen, ich möchte die Reize, die ich möglicherweise von außen bekomme, kontrollieren und begrenzen? Natürlich ist das eine sehr individuelle Entscheidung. Ich persönlich glaube, dass eine polyamore Lebensweise theoretisch für die meisten Menschen möglich ist, auch wenn es praktisch oft anders aussieht.

Leider gibt es keine Parallelwelt, in der wir kurz mal nachsehen können, wie unser Leben aussehen würde, wenn wir anders geprägt wären. Fest steht, dass unsere Sozialisation, die Gesellschaft, unsere Familiengeschichte und Erziehung eine große Rolle dabei spielen, für welche Beziehungsform wir uns später entscheiden und ob wir überhaupt zu der Selbsterkenntnis gelangen, an uns innerhalb von Beziehungen arbeiten zu wollen. Auch in monogamen Beziehungen. Hinzu kommt, dass natürlich auch die Bereitschaft vorhanden sein muss, sich selbst zu hinterfragen. Da Menschen aber von Natur aus eher bequem sind und Veränderungen tendenziell nicht so gern mögen, ist es verständlich, dass nicht so viele die konstante Arbeit oder auch Flexibilität, die eine polyamore Beziehung erfordert, in Kauf nehmen wollen. Außerdem geht es hier auch um emotionale und zeitliche Kapazitäten. Ein Mensch kann in mehrere Menschen verliebt sein und gleichzeitig keine emotionale und zeitliche Kapazität haben, entsprechend auch mehrere Beziehungen zu führen. Manchmal sind wir so sehr darauf konzentriert, allen unseren Beziehungspersonen eine liebende Beziehungsperson zu sein, dass wir vergessen, uns selbst eine gute Beziehungsperson zu sein. Achte darauf, dass du für dich selbst da bist. Die meisten Verbindungen erfordern ein gewisses Maß an Investitionen und sich selbst auch mal zurückzustellen, doch du kannst nur dann eine wirklich begleitende und emotional erreichbare Beziehungsperson für andere sein, wenn du das auch für dich selbst bist. Sich für eine Beziehung aufzuopfern ist nicht nur nicht nachhaltig, sondern auch ungesund. Frage dich genau jetzt: Wie kann ich die Beziehung zu mir selbst verbessern?

Dieses Kapitel hat dir hoffentlich gezeigt, wie vielseitig Liebe sein kann und dass sich die Polyamorie in ihren Grundzügen gar nicht so sehr von einer monogamen Beziehung unterscheidet. Nicht alles ist nur locker-flockig, Friede, Freude, Eierkuchen, alle springen gemeinsam über die Wiese. Auch solche Momente kann es tatsächlich geben – ja, die Polyamorie bietet superviele Vorteile, und das Gefühl von *Compersion* oder einem emotionalen Supportsystem oder persönlichem Wachstum und Selbstverwirklichung ist wunderschön, aber all die alten Denkweisen zu entlernen und Beziehungen komplett neu für sich zu definieren ist nicht leicht und erfordert die Bereitschaft, vergangene Wunden und all den inneren Ballast zu bearbeiten. Für mich war das Loslassen, um zuzulassen, wichtig. Mir selbst das Herz zu brechen, um zu erkennen, dass viele Annahmen über die Gesellschaft, Liebe, Normen, vermeintliche Sicherheit, Fairness, 100 Prozent Vertrauen zu jedem einzelnen Punkt im Leben gar nicht wahr sind. Und trotzdem kann ich romantisch sein. Du triffst auf verschiedene Menschen mit unterschiedlichen Vergangenheiten und Einstellungen. Das ist ein großes Learning und ein immer neuer Spiegel deiner Selbst.

COMPERSION: Ein Gefühl der Freude oder des Glücks, das man erlebt, wenn man sieht, dass die Beziehungsperson in einer anderen Beziehung mit einer anderen Person glücklich ist.

Ich persönlich habe mit der Polyamorie die für mich passende Beziehungsform und Liebesphilosophie gefunden. Und trotzdem darf diese sich verändern. Ich bleibe in meiner Ansicht, was Liebe und Beziehungen angeht, auch dann polyamor, wenn ich für eine Zeit entscheide, wieder monogam oder nur sexuell offen zu leben. Polyamorie ist kein starrer Zustand. Wir können immer nur unser Bestes versprechen. Doch können wir keinem Menschen, egal in welcher Beziehungsform, unser zukünftiges Ich versprechen. Ein Date, deine Beziehungsperson oder dein Friend kann keine absoluten Versprechungen für die Zukunft machen. Sie können dir nicht garantieren, dass sich die Beziehung nie ändern wird, dass sie sich selbst nie verändern oder dass ihre Gefühle konstant bleiben. Und das kannst auch du ihnen nicht versprechen. Das klingt vielleicht erst mal hart, aber es ist eine liebevolle und sanfte Erkenntnis. Menschen ändern sich, Gefühle wandeln sich, Bedürfnisse entwickeln sich weiter. Das gilt auch für uns. Wir verändern uns, unsere Gefühle ändern sich, unsere Bedürfnisse entwickeln sich. Manchmal können unsere Beziehungen diese Veränderungen überstehen, manchmal aber auch nicht. Es geht darum, gemeinsam zu wachsen, sich immer wieder neu zu finden und sich füreinander zu entscheiden. Wenn wir zu starr daran festhalten, dass Menschen und ihre Gefühle immer gleichbleiben oder dass sich unsere Beziehungen nie ändern, wird es schwieriger, die Veränderungen zu akzeptieren, wenn sie eintreten. Ich bin neugierig geworden, neue Beziehungsphasen zu erleben und dabei mich selbst neu zu entdecken. Es gibt Raum für gemeinsames und individuelles Wachstum. Wir können die Zeit nicht überholen, indem wir versuchen, einen Menschen in eine Box zu zwängen, die ihm nicht mehr passt.

Bereitet dir der Gedanke, dass du oder deine Beziehungsperson sich verändern könnten, Angst oder Unbehagen? Dann hinterfrage, warum das so ist. Warum muss Veränderung etwas Negatives sein? Was kannst du tun, um Veränderung auch als Chance zu sehen? Als Lui und ich heirateten, haben wir uns versprochen, immer unser Bestes zu tun, um an uns selbst und an unserer Beziehung zu arbeiten und uns zu respektieren und wertzuschätzen. Denn es ist unser Wunsch, für immer zusammen zu sein und unser Leben gemeinsam zu meistern – nicht etwas, was selbstverständlich ist. Ich möchte immer die Wahl sein, kein Muss. Die Polyamorie hat mich näher zu mir selbst und zu einer gesunden, wertschätzenden Liebe gebracht.

Ich stehe viel stärker in Verbindung mit mir selbst und bin achtsamer, seit ich polyamor lebe. Was brauche ich? Was möchte ich? Was kann ich geben? Was ist gut für mich? Wie geht es meinen Mitmenschen? Ich traue Menschen mehr zu und kommuniziere das, ohne anderen meine persönlichen Lösungswege aufzuzwingen. (Was immer noch unheimlich schwer ist: nicht direkt einen Katalog an Lösungen für Probleme darzulegen). Ich habe einen gesünderen Umgang mit Eifersucht. Genieße Zeit allein. Und sehe Besitz auf keinen Fall als Liebesbeweis an. Das sind Fragen, die man sich nicht immer stellt, aber in einer polyamoren Beziehung muss man das tun. Es ist nicht nur schwer – sondern manchmal auch ganz leicht. Doch die internalisierte Mononormativität zu entlernen ist ein langer und oft unangenehmer Weg. Man muss bereit sein, einen großen Teil seines Egos beiseitezulegen, und sich selbst ehrlich eingestehen, welche toxischen Gedanken und Verhaltensmuster man in sich trägt. Wann hat es was mit eigenen Grenzen zu tun, und wann möchte ich diese Grenzen nur einsetzen, um zu kontrollieren, in der Hoffnung dadurch ein Gefühl von Sicherheit zu erlangen? Dies ist menschlich, und doch kann dieses Verhalten unfassbar leidvoll für alle Beteiligten sein. Es geht nicht nur darum, andere zu verstehen, sondern auch, das eigene Innere zu erkunden und zu akzeptieren, dass nicht alles, was wir denken oder fühlen, konstruktiv oder gesund ist. Trotzdem sollten wir unsere Gefühle nicht kleinreden oder übergehen – sie wollen uns beschützen, auch wenn wir sie manchmal überinterpretieren. Und das ist in Ordnung. Wenn ich mich in Vergleichen verfange, mache ich mir bewusst: Ich fühle mich gerade nicht gesehen und habe das Gefühl, nicht genug zu sein oder ersetzt zu werden. Wenn ich mich dabei ertappe, meine Beziehung mit denen meiner Beziehungspersonen zu anderen zu vergleichen, erinnere ich mich an die einzigartige Art, wie sie mich lieben. Was wir gemeinsam haben und wie wir unsere Beziehung und unsere Momente gestalten. Ich weiß, wer ich bin und dass ich unersetzbar bin – wie jeder Mensch. Vergleiche sind menschlich, also warum sollte ich mich dafür verurteilen, menschlich zu sein? Wichtig ist, dass wir Werkzeuge entwickeln, um damit umzugehen. Ich erinnere mich an meine eigenen Stärken und spreche mit meiner Beziehungsperson über meine Unsicherheiten – nicht fordernd, sondern auf Augenhöhe: Was können wir an Sicherheiten, Unternehmungen, Quality Time, Leidenschaft oder verbindenden Elementen nach einem Streit fokussieren? Es ist kein Wettbewerb, die Person zu sein, die unsere Beziehungspersonen am »meisten mögen«. Das ist internalisierter Kapitalismus: »Es kann nur einen geben.« Wie gehst du mit Vergleichen um? Und was hilft dir in diesen Momenten? Was tut dir gut, um die Vergleiche aus dem Kopf zu bekommen?

HETERONORMATIVITÄT: Die Annahme, dass Heterosexualität und Cisgeschlechtlichkeit die Norm sind, was oft zur Marginalisierung anderer sexueller Orientierungen, Geschlechter und Lebensformen führt.
MONONORMATIVITÄT: Eine gesellschaftliche Struktur, bei der nur monogame Beziehungen als richtige, valide und anzustrebende Beziehungen gelten.

Wenn wir in einer polyamoren Beziehung Fehler machen oder unseren eigenen Ansprüchen nicht gerecht werden, können wir beginnen zu denken, dass wir für die Nicht-Monogamie nicht geeignet sind. Was auch immer das bedeuten mag: Erinnere dich daran, dass du kein Chaos bist, sondern ein Werk in Entwicklung. Stelle dir deine nicht monogame Reise wie eine Baustelle deines inneren Hauses vor. Baustellen wirken unordentlich, überall liegen Materialien und Werkzeuge herum, doch genau diese brauchen wir für ein Selbstwerthaus. Es ist manchmal schwer zu erkennen, wie aus diesem Chaos ein ruhiges eigenes Zuhause entstehen soll. Egal bei welcher Baustelle im Leben – es gibt Rückschläge, viele Änderungen und die Notwendigkeit, flexibel zu sein – das ist bei nicht monogamen Prozessen nicht anders. Es braucht jedoch mit der Zeit bewohnbare Räume, wo sich alle sicher fühlen können. Es ist kein Scheitern, Fehler zu machen, sich zu verlaufen, alles zu geben oder länger zu brauchen als geplant – solange eine Baustelle nicht zum Dauerzustand wird.

Vielleicht hast du Schwierigkeiten, deine Eifersucht oder Emotionen zu regulieren, oder das Bedürfnis, dich als »Priorität« zu fühlen. Du bist ein Mensch, der in sich selbst etwas Neues aufbaut. Habe Mitgefühl. Baue Resilienz auf. Halte Grenzen ein, auch wenn es schwer ist. Erkenne, was in deiner Kontrolle liegt, ohne den anderen zu kontrollieren. Wie kannst du dich selbst beruhigen und regulieren? Wie könnt ihr gemeinsam regulieren? Beides muss meiner Erfahrung nach erlernt werden und kann dann reifen. Jede Person für sich und zusammen.

RESILIENZ: Die psychische Widerstandskraft; Fähigkeit, schwierige Lebenssituationen ohne anhaltende Beeinträchtigung zu überstehen.

Kapitel 2

Die Liebe als Spektrum

Die Erfahrung der Liebe folgt keiner festen Norm, sondern eröffnet ein Spektrum an Gefühlen und Handlungsweisen. Der kanadische Soziologe John Alan Lee, ein Pionier auf dem Gebiet der Beziehungsforschung, hat schon im Jahre 1973 die Farbkreis-Theorie der Liebe aufgestellt.* Auf der Basis von philosophischen und literarischen Werken sowie Umfragen leitete er sechs Liebesstile her, die vergleichbar sind mit Farben, die man mischen kann. Diese Stile der Liebe treten üblicherweise nicht isoliert, sondern in verschiedenen Kombinationen auf. Genau wie ein Farbspektrum unzählige Nuancen und Schattierungen enthält, so ist auch die Liebe in meinen Augen vielfältig und facettenreich. Sie ist nicht eindimensional, sondern komplex und dynamisch. In diesem Spektrum gibt es Platz für romantische Liebe, platonische Liebe, die Liebe zu Freund*innen, Familie, chosen Family, Beziehungspersonen, Community und sogar die Liebe zu sich selbst.

Jede Form der Liebe trägt zu deinem bunten Leben bei und hat ihren eigenen Stellenwert. Die Vielfalt der Liebe zu erkennen, bedeutet auch, sich von starren Vorstellungen zu lösen und die Einzigartigkeit jeder Beziehung zu schätzen. Die Pfeiler meines inneren Hauses – Vertrauen, Mitgefühl, Respekt, Wertschätzung,

---

* Lee, John Alan: *Colours of love: An exploration of the ways of loving*, New Press, 1973.

Reflexion, Wahrhaftigkeit, Verletzlichkeit, Verständnis, klare Kommunikation und Empathie – sind es, die meine Fähigkeit, Liebe zu spüren und zu schenken, stärken. Diese galten lange Zeit nur im Umgang mit anderen Menschen. Doch heute gelten diese Pfeiler auch mir selbst gegenüber. So schenke ich Liebe, ohne mich selbst dabei zu übergehen – was im Umkehrschluss oft zu Beziehungsproblemen bei mir geführt hat. Diese Pfeiler sind meiner Meinung nach die Grundlage dafür, dass in jedem Menschen jede Form der Liebe entstehen kann. In einem solchen sicheren Haus ist es möglich, verschiedenste Arten der Liebe zu erleben und mit Angst vor Verlusten oder Zurückweisung umzugehen. Angst zu haben ist menschlich, sie versucht, uns zu beschützen, und darf da sein. Sie darf nur mein Leben nicht mehr kontrollieren. In vielen Situationen muss ich nämlich gar nicht mehr beschützt werden. Es geht darum, ein Gleichgewicht zwischen dem Ich und dem Wir zu finden, in dem jede Liebe ihren Platz hat und wertgeschätzt wird. Liebe ist für mich nicht mehr das, was meine Eltern mir vorgelebt haben. Liebe ist für mich wie ein Farbspektrum. Ich kann auf ganz viele verschiedene Arten Liebe empfinden und diesem Gefühl diverse Bedeutungen zuschreiben, ohne dass diese in Konkurrenz zueinander stehen. Ich empfinde und empfange Liebe nicht mehr in vorgegebenen Mustern.

Das heißt, das Gefühl von Sicherheit ist nicht an einen Liebesstil gekoppelt – sondern daran, welche Herzen involviert sind und wie diese handeln. Monogame Beziehungen sind nicht immer leicht. Polyamore und offene Beziehungen sind nicht immer leicht. Es kommt nicht auf die Liebesform an, sondern darauf, was die involvierten Menschen daraus machen. Mein inneres Haus ist voller Wärme und Sicherheit für mich selbst und für die Menschen, die in meinem Herzen wohnen. Ich bin auf verschiedene Zustände wie Höhen und Tiefen vorbereitet und doch neugierig, wie ich Unbekanntes lösen werde. Es kommt auf die Pfeiler an, die das Haus stützen – denn sie halten es zusammen oder bringen es zum Wanken.

Liebe ist kein Besitz

»Er gehört zu mir wie mein Name an der Tür. Und ich weiß, er bleibt hier …« – Schon wieder ein Lied zum Einstieg, diesmal von Marianne Rosenberg aus den Siebzigern. Wie du siehst, liebe ich Musik. Aber auch hier haben wir mal wieder ein Paradebeispiel, wie popkulturelle Referenzen unser Bild von Liebe formen. Er (dein Partner) gehört also für immer zu dir, wie dein (also sein) Name an der Tür.

Vielleicht hast auch du schon die Erfahrung gemacht, dass so eine Beziehung auf Dauer nicht funktioniert. Denn Liebe hat nichts mit Besitz zu tun. Liebe ist das gegenseitige Begleiten der individuellen Bedürfnisse und der Versuch, dabei die eigenen Grenzen zu wahren. Liebe ist Freiheit in der Sicherheit. Dass in unserer Gesellschaft Liebe oft mit Besitz gleichgesetzt wird, kommt auch in unserer Sprache zum Ausdruck, wenn wir zum Beispiel Dinge sagen wie »Ich möchte dich nicht teilen« oder »Du gehörst mir« – dabei kann man die Emotion, das Gefühl der Liebe nicht in prozentuale Eigentumsanteile aufspalten wie bei einem Mehrfamilienhaus. Bei keiner anderen Emotion machen wir das so. Weder bei Freude noch bei Trauer oder Wut sprechen wir jemals von Besitz. Dies geschieht ausschließlich im Kontext der romantischen Liebe. Dass wir hingegen unterschiedliche Freund*innenschaften zu mehreren Menschen pflegen und alle auf ihre Weise schätzen, ist bereits Kindern im Kindergartenalter vollkommen klar. Verschiedene Menschen bringen, neben unseren beständigen Grundwerten, verschiedene Anteile von uns zum Vorschein.

Uns ist bewusst, dass wir unsere Freund*innen auf unterschiedliche Weise lieben und dass wir unterschiedliche Bedürfnisse haben, die unterschiedlich gestillt werden. Mit der einen Person feiert man vielleicht gern, während man mit einer anderen bevorzugt Sport treibt oder ins Kino geht. Wichtig ist mir klarzustellen, dass hier keineswegs Menschen für Bedürfnisse genutzt werden, sondern Liebe eher erweitert wird. Meine Beziehungspersonen sind sich in vielem sehr ähnlich und gleichzeitig eben auch unterschiedlich. Dieselben Aktivitäten mit verschiedenen Personen schreiben ganz individuelle Erinnerungen, ohne in Konkurrenz zueinander zu stehen. Das stellt bei Freund*innenschaften kein Mensch infrage, aber wenn es um Liebesbeziehungen geht, erscheint die Option unmöglich.

Das ist auch sehr erhellend, wenn zum Beispiel monogame Paare oder sehr konservative Menschen feindselig auf meine Art, Beziehungen zu führen, reagieren und ihre Monogamie über meine Polyamorie stellen. Wenn Menschen mich durch meine bloße polyamore Existenz als Bedrohung ansehen, dann stelle ich ihnen gern eine Frage, deren Antwort sehr wehtun kann: »Was wäre das Schlimmste, was in eurer Beziehung passieren könnte?« Meist kommt als Antwort, dass die andere Person mit einem anderen Menschen knutscht oder schläft. Und wenn ich dann nachfrage, was euch als Paar besonders macht, und die Antwort lediglich »Ja, dass wir uns haben« lautet, denke ich mir immer: Wenn die einzigen tragenden Pfeiler eurer Beziehung der vermeintliche Besitz und die sexuelle Exklusivität sind, und alles darüber hinaus verurteilt wird, dann tut mir das wirklich leid für euch. Ich war auch einst von dem Gedanken besessen, dass mir mein Freund gehören muss und ich im Gegenzug auch ihm. Ich unterscheide hier nicht zwischen Monogamie und Polyamorie – sondern eher zwischen gesunder und ungesunder Beziehung. Denn gesunde und ungesunde Verbindungen gibt es in jeder Liebesform. Diese Feindseligkeit und ein solches *Polyshaming* kommen meist von Menschen, denen das Konzept der Polyamorie unfassbar Angst macht. Doch auch in der Monogamie ist es völlig *normal*, auch mal Zweifel zu haben oder andere Menschen attraktiv zu finden. Wir besitzen weder Gedanken noch das Herz anderer Menschen. Kontrolle und schnelle Sicherheit erlangen zu wollen, wie zum Beispiel durch Verbote oder Sätze wie »ich möchte nicht, dass du XY machst«, bringen zwar kurzfristig Beruhigung bei ansteigender Angstkurve, doch langfristig führt es zu ungleichen Machtverhältnissen.

Einige Ex-Freunde später weiß ich: Ich hätte mir mindestens die Hälfte von ihnen sparen können. Ich dachte, es sei normal, dass mein Partner mir vorschreiben kann, was ich trage, wie ich auszusehen habe und mit wem ich unterwegs bin. Einer meiner Ex-Freunde ging sogar so weit, dass er mir im Fitnessstudio, auf Konzerten oder bei Gesprächen nachgestellt hat, um ständig kontrollieren zu können, wo ich gerade bin und wo eine Gefahr für ihn lauert. Ins Handy der Beziehungsperson zu schauen war normal, und haben wir nicht alle von klein auf mit einem zwinkernden Auge gehört »Vertrauen ist gut, Kontrolle ist besser«? Na, da ist er wieder, dieser unglaublich toxische Satz. Uns muss bewusst sein, dass dieses Verhalten außerhalb von konsensualen und selbstbestimmten BDSM-Spielereien nicht gesund ist und für die Person, die kontrolliert wird, sehr traumatisch sein kann.

Aber woher stammt dieser Wunsch nach Besitz und Kontrolle? Ich würde sagen, der Ursprung ist wie so oft die Angst. Resultierend aus Vergangenheit, möglichem Trauma und verzerrtem Selbstbild. Jahrelang versuchte ich, unerfüllte Bedürfnisse aus meiner Kindheit und Jugend im Außen zu stillen, indem ich verzweifelt nach einer Art elterlicher Liebe in anderen Menschen suchte. Ohne mir darüber bewusst zu sein. Diese Verlustangst und die Sorge, hintergangen zu werden, entstehen eigentlich aus dem Wunsch nach Sicherheit. Wie viele Menschen bleiben in ungesunden Beziehungen, einfach aus Angst, allein zu sein? Man klammert sich an Versprechungen fest, die einem vorgaukeln, dass man einander gehört und sich somit nie allein lässt. Aber das ist gefährlich. Denn kein Mensch darf davon ausgehen, dass du das Eigentum einer anderen Person bist. Du gehörst nur dir selbst – alles andere sollte dich bereichern und dazu beitragen, gemeinsam in eine gesunde und liebevolle Richtung zu wachsen. Zweimal *Du*, aus dem einmal *Wir* entsteht.

Ich bin ein sehr ängstlicher Mensch gewesen und dachte, das würde sich niemals ändern. Ich habe zum Beispiel eine ausgeprägte Angst vor dem Tod, die durch bestimmte Erlebnisse in meiner Jugend noch verstärkt wurde. Ich musste schmerzvoll erfahren, dass mein Körper völlig außer Kontrolle geraten kann, was wiederum eine tiefe Angst vor Kontrollverlust in mir auslöste. Ich fühlte mich, als ob mein Körper die Konsequenzen für das trug, was ich an Gefühlen jahrelang unterdrückte. Fast wie ein Schrei. Diese Angst dehnte sich immer weiter aus, bis ich fast alles fürchtete, was ich nicht kontrollieren konnte. Ich hatte Angst vor dem Fliegen, vor der Gefahr durch Terror, vor dem Verlust von Menschen durch Tod, vor Krankheit und vor der eigenen Sterblichkeit. Am schlimmsten war die Angst vor Krankheiten, die Herzschlag für Herzschlag durch meinen Körper pumpen. Angst, dass mein Herz aufhört zu schlagen. Ich hatte sogar panische Angst davor, mir selbst etwas anzutun, obwohl ich gleichzeitig ganz genau wusste, dass das nie passieren würde. Zu erfahren, dass ich damit nicht allein bin, erleichterte mich. Heute ist die Angst teilweise noch da, ich habe sie aber mittlerweile gut unter Kontrolle. Sie schränkt mein Leben nicht mehr ein, und ein Teil von mir liebt es, mich meinen Ängsten immer wieder zu stellen. Die Angst gehört zu mir, wie zu jedem Menschen. Und wenn sie einmal ausbrechen will, nehme ich sie an die Leine.

Irgendwann realisierte ich, dass alles, was für mich unkontrollierbar erschien, im Grunde ein Mangel an Vertrauen in mich selbst und die Welt war. Jetzt habe ich Vertrauen ins Leben gefunden, auch Unerwartetes wie das Ende meiner Ehe kann mich nicht mehr umhauen. Ich vertraue darauf, dass ich mit allem umgehen kann. Ich fühle mich gestärkt und habe viel Gedankenarbeit geleistet. Mir ist bewusst geworden, dass ich einen Großteil meines Lebens in Sorge um Dinge verbracht habe, die nie eingetreten sind.

Und selbst wenn etwas Unerwartetes geschah, konnte ich es letztendlich bewältigen. Durch meine Erfahrung mit der Polyamorie habe ich gelernt, mich selbst und auch meine Schattenseiten mehr zu akzeptieren. In den letzten drei Jahren habe ich zum Beispiel den Kontakt zu Teilen meiner Blutsfamilie abgebrochen, neue Freund*innenschaften geschlossen und alte losgelassen. Noch nie habe ich mich selbst so akzeptiert und so frei gefühlt. Denn jetzt lebe ich in einem Umfeld, das mich blühen statt verwelken lässt. Ich bin mir selbst ein Zuhause geworden.

Selbstsabotage: Ich bin lieb und brav

Ich bin als Mädchen groß geworden. Das bedeutet, dass ich ziemlich schnell lernte, dass die Welt ein bewertender und grausamer Ort ist und nichts leichter wird, wenn ich eine Meinung habe. Nicht eine, die ich haben soll oder die von mir erwartet wird, sondern meine eigene. Mein eigenes Bild von Menschen, Dingen, der Welt und auch der Liebe.

Ich glaube, dass es das größte Geschenk ist, wenn man wahrhaftig zu sich selbst und anderen gegenüber ist. In der Polyamorie und generell in allen zwischenmenschlichen Beziehungen ist Wahrhaftigkeit entscheidend. Die zentrale Frage dabei ist: Möchte ich für etwas geliebt werden, das ich nicht bin? Denn in diesem Fall werde ich nicht wirklich geliebt und gewollt. Es ist vielleicht meine Performance, die geschätzt wird, aber nicht ich. Dies zu erkennen ist hart, aber notwendig.

Besonders bei meinen Freundinnen, Frauen, die mir Nachrichten schreiben, oder queeren Menschen, die ich kenne, sehe ich häufig, dass sie in Beziehungen Rollen übernehmen und bestimmte Seiten verbergen, um nicht als anstrengend, *zu viel* oder *needy* abgestempelt zu werden. Doch das geht nach hinten los. Dieses Anpassen ist oft ein Resultat aus gesellschaftlichen Anforderungen an Frauen oder queere Identitäten und geschieht selten aus einer bewussten Entscheidung heraus. Schon als Kind wurde ich dafür belohnt, lieb und brav zu sein. Es gab gar keinen Raum, die eigenen Bedürfnisse überhaupt zu erkennen, sie unterlagen ständiger Bewertung. Wenn ich doch mal etwas gemacht habe, was gesellschaftlich als ungehorsam angesehen wurde, wurde ich für dieses Verhalten als komisch oder nicht passend beschämt. Ich wurde gerügt, nicht nur von meiner Familie, sondern auch beim Sport und in der Schule; Magazine und Medien untermauerten deren Ansichten noch weiter.

Als ich erkannte, dass die Scham, die ich empfunden habe, nicht von mir selbst ausging, konnte ich anfangen, mich von diesem Gefühl zu distanzieren. Ich bin ohne Scham geboren worden, sie wurde mir von außen auferlegt. Scham hat eine Funktion, und sich selbst zu hinterfragen ist durchaus sinnvoll, so funktioniert Gesellschaft. Doch es ist wichtig zu verstehen, dass soziale Normen ganz menschliche Dinge zu Tabuthemen machen können. Da ich Regeln, die für mich keinen Sinn ergaben, schon im Kindesalter laut hinterfragte, eckte ich oft an. Scham und Adultismus zwangen mich wieder zurück in die Anpassung. Seitdem ich mich von dieser fremdauferlegten Scham gelöst habe, kann ich offener mit meinen Wünschen und Bedürfnissen umgehen. Das führte zu einer Art Kausalkette, in der ich gesündere Entscheidungen treffen konnte. Ich entscheide mich bewusst gegen Situationen, die mich auslaugen, und ich habe gelernt, Menschen, die mir nicht guttun, schneller zu erkennen und mich von ihnen zu distanzieren.

Doch bis dahin war es ein weiter Weg. In der Vergangenheit habe ich mich oft versteckt und war in vielen Beziehungen, in denen ich nicht für mein Selbst geliebt wurde, sondern nur die Bedürfnisse einer anderen Person erfüllen sollte. Ich war ein Spiegelbild dessen, was meine Beziehungsperson (damals waren das noch ausschließlich cis Männer) sehen wollte. Ich hatte das Gefühl, ich musste einem bestimmten Ideal entsprechen, je nachdem, was dieser Mann schön fand. Dabei habe ich oft Dinge getan oder über mich ergehen lassen, die ich eigentlich nicht wollte. Doch ich machte mit. Ich zeigte Menschen das, was sie wollten, um gemocht zu werden.

Diese toxischen Muster zu erkennen und zu durchbrechen ist entscheidend, um die wahrhaftigste Version seiner selbst und gleichzeitig offen für weitere Entwicklungen zu sein. Meine Selbstsabotage hatte Phasen – aber so richtig fing sie an zu bröckeln, als ich eine extrem traumatische Erfahrung durchleben musste. Was bei Selbstbetrug oft am meisten schmerzt, ist die eigene Beteiligung daran. Es ist schmerzhaft, sich den eigenen Handlungen zu stellen, und so sehr wir die Verantwortung auch auf andere abwälzen wollen, letztendlich müssen wir uns der Wahrheit stellen. In toxischen Beziehungen können wir die eigene Verantwortung immer wieder auf die andere Person abwälzen und uns über dieses Verhalten beschweren oder uns darüber streiten. In gesunden Beziehungen müssen wir uns unweigerlich mit uns selbst auseinandersetzen. Jede Person spiegelt uns selbst. Oft kommen dann ebenso eigene toxische Anteile und Muster zum Vorschein.

Eine Nahtoderfahrung war einer der Auslöser für meine lösungsorientierte Denkweise. Es war kein klassischer Wendepunkt, sondern eher ein Prozess und eine Erfahrung, die mich daran erinnerte, keine Zustände mehr aushalten zu müssen. Ich fing an, statt »ich kann nicht mehr« »ich will nicht mehr« zu sagen. Ab diesem Moment wollte ich meine Zeit nicht mehr verschwenden, da ich einfach müde von vielem war. Danach drehte ich zwar noch ein paar Runden in alten Mustern, doch dieses Ereignis brachte vieles Verdrängte an die Oberfläche.

Aber von vorne: Ich war gerade 17 geworden, als ich eine medizinisch notwendige Nasennebenhöhlen-Operation durchführen lassen musste. In der Schule wurde natürlich getuschelt, ich ließe mir die Nase nur »machen«, weil ich mich nicht schön genug fühlte und noch mehr Aufmerksamkeit brauchte, doch das war es nicht, was mir Unbehagen bereitete. Ich kann heute gar nicht mehr so genau sagen, warum, aber als ich in diesem Krankenhausbett lag, sagte ich zu meiner Mutter, dass ich mich nicht wohlfühlte, dass ich das Gefühl hatte, dass irgendwas Schlimmes passieren würde.

Das Gefühl, dass ich den Eingriff eigentlich gar nicht durchführen lassen wollte, verließ mich auch nicht, als ich zum OP gebracht wurde. Ich bekam Valium gegen die aufsteigende Panik, die noch größer wurde, als ich mich von meiner Mutter verabschieden musste. In ihrer Gegenwart fühlte ich mich sicher. Doch ich wusste, dass diese OP notwendig war, also kämpfte ich gegen den Drang abzubrechen an. Einatmen. Aushalten. Alles wird gut werden. Ich war gut in diesen Mantras, schließlich hatte ich damals ständig das Gefühl, Dinge zu tun, die ich eigentlich gar nicht wollte.

Tja, und dann passierte das Undenkbare, und meine allergrößte Angst wurde wahr: eine Nahtoderfahrung, ausgelöst durch eine Narkose. Aber wie du siehst oder jetzt gerade liest, ich bin immer noch hier. Glücklicherweise überstand ich das alles, zumindest ohne körperliche Schäden. An dieser Stelle wird meine Erinnerung bruchstückhaft. Besonders präsent ist mir die Hektik und Panik im Raum, die um mich herum herrschte, während ich mich in einem undefinierbaren Zwischenzustand befand. Es fühlte sich an, als wäre ich völlig losgelöst von der Welt und vom Leben. Ich empfand Freiheit und Wärme, während mir mein Zeitgefühl völlig abhandenkam.

Als ich aufwachte, war das Erste, was ich zu meiner Mutter sagte: »Mama, alles ist komisch, ich nehme meine Umgebung ganz anders wahr. Alles fühlt sich plötzlich anders an.« Ich wollte, dass die Pflegefachkraft, die mich betreute, zu mir kam und mich die ganze Zeit umarmte. Überhaupt alle mussten bei mir sein, niemand durfte mich verlassen. Ich fühlte mich völlig ausgeliefert, zurückversetzt in meine frühe Kindheit, und es hörte nicht auf. Wochenlang sagte ich immer wieder, dass alles anders aussehen würde, ich nahm meine Umgebung wie aus Pappe wahr und fühlte mich wie unter einer Glasglocke. Mein eigener Körper wurde mir fremd. Ich hatte starke Angstzustände und enorme Verlustängste. Ich fürchtete, dass mir draußen Schlimmes widerfahren könnte, etwa dass ich überfallen werde. Plötzlich brachen alle meine fest verankerten Traumata auf, und all die negativen Annahmen, die ich über die Welt hatte, wie »Die Welt ist unsicher« oder »Ich kann niemandem vertrauen«, kamen hoch.

Es war, als hätte sich bei diesem Narkosetrauma ein Stöpsel gelöst und alles wäre schlagartig an die Oberfläche gespült worden. Es ist wirklich mit keinem Wort zu beschreiben, wie schrecklich das war. Ich litt stark unter Derealisations- und Depersonalisationserleben. Als würde ich einen Film sehen, als wäre ich nicht Teil der Realität. Die Depersonalisation zeigte sich so, dass ich in den Spiegel schaute und mich nicht als den Menschen erkannte, der ich war. Genauso ging es mir, wenn ich meine Hände betrachtete: Alles sah fremd und seltsam aus, als wäre ich eine Marionette, die gesteuert wird. Es wurde so schlimm, dass ich das Haus nicht mehr verlassen wollte, dabei stand ich kurz vor dem Abitur und hätte mich wirklich mit anderen Sachen beschäftigen müssen.

Zum Glück hatte ich meine Mutter, die zu mir sagte: »Ich glaube, wir sollten mal zu einer Therapeutin gehen.« Dafür bin ich ihr bis heute dankbar, denn allein hätte ich nicht gewusst, was zu tun ist. Die Therapeutin gab meinem Zustand einen Namen und diagnostizierte eine generalisierte Angst- und Panikstörung. Mit 17 nahm ich zum ersten Mal Antidepressiva.

Heute bin ich froh über diese Erfahrung, weil ich dadurch eine ganz andere Achtsamkeit entwickeln und alles besser begreifen konnte. Aber ich muss sagen: Es war sehr viel auf einmal. Und nicht zuletzt bekam auch noch die ganze Schule, die mich sowieso schon gemobbt hatte, mit, dass ich jetzt zur Therapie ging und zeitweise den Unterricht verlassen musste, wenn die nächste Panikattacke an die Tür klopfte. Trotz meiner Erkrankung ging ich so gut wie jeden Tag zur Schule, hatte einen Nebenjob und versuchte zu funktionieren.

Mental Health war damals ein Tabuthema, und man wurde einfach als nicht zurechnungsfähig abgestempelt. Und so war ich natürlich wieder die, die Aufmerksamkeit suchte. Ich sah ja auch nach außen hin gar nicht so aus, als hätte ich ein Problem oder wäre ernsthaft krank. Ich hatte doch alles: Ich war erfolgreich, war normschön, meine Eltern waren noch zusammen und für mich da. Ich hatte gar keinen Grund für eine Angststörung, es musste also nur Aufmerksamkeitssuche sein. Doch wie sieht ein Mensch mit mentaler Erkrankung aus? Richtig: immer verschieden. Schwierige und leichtere Tage wechseln sich in Phasen ab. Mentale Erkrankungen sind unsichtbar und trotzdem immens leidvoll und einschränkend.

Ich wurde wirklich mit jedem erdenklichen Klischee konfrontiert. Doch diese Erfahrung war für mich ein großer Wendepunkt, auch wenn ich das so richtig erst im Nachhinein begriff: Ich beschloss, meine Tage nicht mehr damit zu verschwenden, anderen zu gefallen. Denn genau das hatte mich in all diese Gefühle getrieben. Meine Angststörung ist heute nicht mehr dauerhaft präsent oder besser gesagt, sie schränkt mich nicht mehr so ein wie damals. Ich achte auf meine Trigger und Signale und kenne jeden Angstgedanken so in- und auswendig, dass ich meist nur noch über seine Irrationalität schmunzeln kann.

Ein Teil von mir ist gut mit meiner Angst befreundet, denn ich liebe es, mutig zu sein. Und um mutig sein zu können, muss ich erst mal ängstlich sein. Mutig zu sein heißt für mich, dass meine Neugierde, wie ich etwas lösen werde und was mich noch erwartet, größer ist als meine Angst. Panik und Angst waren lange genug meine größten Feinde, heute zeigen sie ihr Gesicht nur noch in Situationen, die mit Reizüberflutung zu tun haben. In Menschenmassen, engen Räumen, nachts allein auf der Straße. Dann rede ich mit der Angst, höre ihr zu. Denn je mehr ich gegen sie ankämpfte und sie dämonisierte, desto mehr kämpfte sie für ihre Daseinsberechtigung. Deshalb darf sie da sein. Da ich schon seit über zehn Jahren mit ihr lebe, habe ich viel Übung im Umgang mit der Angst.

Ich weiß, dass sie mich beschützen will, damit die schlimmen Dinge, die ich erlebt habe, sich nicht wiederholen. Ein Leben im

Überlebensmodus. Zwischen Abliefern, Leisten, leichten Momenten und absoluter Bedrohung. Aber wenn es gerade nicht nötig ist, sage ich: »Danke, du brauchst mich gerade nicht beschützen. Ich kann das allein. Ich bin in Sicherheit.« Das funktioniert für mich, genauso wie andere Skills, die ich mir angeeignet habe. So habe ich zum Beispiel immer Pfefferminzbonbons in der Tasche. Einen neuen Reiz zu setzen, wenn es zu unangenehm wird, hilft mir persönlich sehr. Oder ich spreche es laut aus: »Ich habe gerade Angst, und das ist okay.« Dadurch verliert das Gefühl an Macht.

Auch die Polyamorie hat mir geholfen, Ängste zu überwinden. Sie hat mich dazu gebracht, gesellschaftliche Normen und Skripte zu hinterfragen, was wiederum alles in meinem Leben verändert hat. Die Polyamorie hat unter der Oberfläche liegende Unsicherheiten und Ängste sichtbar gemacht. In der Monogamie könnte ich diese ignorieren, in der Polyamorie gibt es keinen Weg drum herum. Ich lernte diese Gefühle und Gedanken kennen. Durch die Polyamorie habe ich gelernt, klarere Grenzen bei meinen Freund*innenschaften zu setzen und offene Gespräche mit Familienmitgliedern zu führen, um Dinge anzusprechen, die ich zuvor nie thematisiert hätte. Es war, als würde ich mich selbst und meine Werte immer klarer vor mir sehen.

Meine polyamore Reise lehrte mich auch, anderen Menschen mit Empathie zu begegnen und gleichzeitig Verständnis für mein Empfinden und meine Sicht zu haben. Dies hat sich auf alle Bereiche meines Lebens, einschließlich meiner mentalen Gesundheit, ausgewirkt.

Ich begann, mutige Gespräche über tiefgehende Themen wie Gefühle, Trauer oder Schmerz zu führen, ohne andere Menschen zu verurteilen. Es war und ist mein Wunsch, mich authentisch zu zeigen und offen für Neues zu sein. Wenn du dich selbst noch nicht gut kennst, dann musst du nicht das Gegenteil behaupten. Gib anderen kein starres, unflexibles Bild von dir, um es später komplett aufzulösen. Sage Menschen stattdessen, dass du auf der Reise bist, und erkenne an, dass nur du für dein Selbst verantwortlich bist. Halte es aus, dass du Menschen enttäuschen wirst – das ist okay. Halte unangenehme Gefühle aus, statt zu lügen. Sei sanft zu dir, dann kannst du es auch zu anderen sein. Sprich mit dir wie mit einem Menschen, den du lieb hast. Übernehme Verantwortung für dich und schaue hin. Nur so kannst du verantwortungsvolle Beziehungen führen. Sage »Das kann ich noch nicht so gut, aber ich arbeite daran, indem ich XY tue«, statt aus Scham über dich selbst Dinge, die du über dich denkst, auf andere zu projizieren. Arbeite an deiner Scham. Denn Scham befeuert Lügen, Heimlichkeit und Unaufrichtigkeit. Weder du selbst noch andere verdienen es, für das eigene Denken oder Fühlen beschämt zu werden. Auch nicht von sich selbst. Wenn wir etwas an uns oder anderen ablehnen, ist es nahezu unmöglich, dieses sofort zu lieben. Deshalb erlaube ich mir vorerst Neutralität. So ist es auch in schwierigen Phasen innerhalb des polyamoren Lebens. Es ist okay. Diese Momente werden immer wiederkommen, doch mit jedem Mal werde ich besser damit umgehen können.

Bedingungslose Liebe bedeutet für mich nicht, dass wir die Person immer in unserem Leben zulassen müssen. Manchmal bedeutet es, sie aus der Ferne zu lieben. Viele Menschen verwechseln bedingungslose Liebe mit bedingungsloser Akzeptanz des Verhaltens. Doch auch wenn wir jedes Gefühl akzeptieren können müssen wir nicht jeden Auslöser oder Ursprung dessen akzeptieren. Das ist nicht, was Liebe für mich ist!

Und vergiss nie: Unterdrückung macht uns krank. Sie vergiftet von innen und entfernt uns immer mehr von uns selbst. Darum – wenn du etwas sagen willst, dann sage es. Du hast vielleicht Angst vor lauten Stimmen von außen, aber bei jedem heruntergeschluckten Wort ignorierst du die lauteste Stimme: deine eigene.

> **PEOPLE PLEASING:** Eine Person, die sich stark darauf konzentriert, die Bedürfnisse und Wünsche anderer zu erfüllen, oft auf Kosten der eigenen Bedürfnisse und Grenzen.

People Pleasing, egal in welcher zwischenmenschlichen Beziehung, entsteht oft aus Angst vor Ablehnung, dem tiefen Wunsch nach Bestätigung und großer Scheu vor Konflikten. Doch das Bedürfnis nach Harmonie ist eine Illusion, denn wenn das, wofür du gemocht wirst, nur eine Fassade ist, wirst du nicht für das geliebt, was du wirklich bist. Konflikte zu scheuen führt nicht dazu, dass es keine Reibung oder Konfrontation gibt. Offenbar stehst du nämlich bereits in einem Konflikt, nämlich mit dir selbst. Und diesen Konflikt vernachlässigst du. Du behandelst ihn so, als wäre er weniger wichtig als die Wünsche und Bedürfnisse anderer. Vielleicht verbringst du Zeit mit Menschen, bei denen du dir erhoffst, sie seien anders, und übergehst dabei dich selbst, nur um gebraucht zu werden.

Doch echte Harmonie mit anderen kannst du nur erschaffen, wenn du als das gesehen, verstanden, gehört und respektiert wirst, was du bist und wie du dich entwickelst – und umgekehrt. Wir sind dazu bestimmt, uns vollständig auszudrücken. Das ist ein Lernprozess, eine niemals endende Reise. Doch dieser harte Invest in mich selbst hat mir wirkliche Erfüllung beschert und im Umkehrschluss weniger Leid.

Wir müssen lernen, unser »Nein«, »Ich fühle mich nicht wohl« oder »In dieser Situation fühlte ich mich … und ich wünsche mir …« nach außen zu tragen. Es ist wichtig, gehört zu werden, und dafür muss gesprochen werden. Wir selbst müssen den Raum schaffen, damit andere Menschen ausdrücken können, was sie zu sagen haben. Für uns selbst einzustehen wird nicht immer angenehm sein und kann sogar egoistisch erscheinen. Als ich den Kontakt zu Teilen meiner Blutsfamilie abgebrochen habe, überkam mich eine Flut an Schuldgefühlen. Kaum auszuhalten. Es war wie ein Suchtimpuls, immer wieder in den alten Kreislauf einzusteigen.

Doch genau hier begann die Veränderung. Denn Schuld zeigt oft, dass wir eine Erwartung brechen oder vorgegebene Regeln nicht befolgen. Wenn diese Regeln toxisch sind und dazu dienten, falsche Machtverhältnisse aufrechtzuerhalten oder *Gaslighting* zu normalisieren, kommen diese Schuldgefühle ebenso hoch. In meinem Fall waren sie kein Zeichen dafür, dass ich etwas falsch gemacht habe oder falsch entscheide. Sie sind vielmehr ein Resultat davon, dass ich die »Regeln« breche und das erste Mal meine eigenen Bedürfnisse und Grenzen gestalte.

Noch heute begegne ich manchmal diesen Schuldgefühlen, doch ich weiß, ich habe mich für einen Weg voller kurzer, schmerzvoller Momente entschieden, statt dauerhaft in einer Dynamik zu leben, in der mein Schmerz keine Heilung findet. Und ich möchte selbst ein Umfeld bieten, in dem Menschen blühen statt verwelken. Ich habe alle Register gezogen und alles versucht: Dieses Aufgeben war Selbstliebe. Die Vergebung zu priorisieren, nachdem ich meine Gefühle ausgefühlt habe, war unfassbar heilend. Ich sehe die Gründe für die Verletzungen, die mir zugefügt wurden, ohne sie zu relativieren. Ich vergebe für mich. Denn mein Herz soll kein Ort voller Groll und Hass sein – diese Macht möchte ich Menschen nicht geben. Ich fühle und heile aus – und dann vergebe ich. Doch auch wenn ich manchmal ins Vermissen komme, bin ich trotzdem froh, dass viele Personen nicht mehr aktiver Teil meines Lebens sind.

Es ist wichtig zu beachten, dass mit wirklicher Heilung von Mustern und früherem Schmerz unser Umfeld dynamisch und flexibel bleibt und neu kennenzulernen ist. Das kann immense Angst vor dem Heilungsprozess auslösen, da das Risiko besteht, dass Menschen, die einem einst nahestanden, keine gemeinsame Entwicklung sehen und einen für das neue Sein ablehnen. Meine Erfahrung ist, dass gerade die Menschen, die von meinen destruktiven Mustern und dem Fehlen meiner Grenzen am meisten profitiert haben, jetzt Schwierigkeiten mit meinem gewachsenen Selbstwertgefühl haben. Ich versuche zu inspirieren, aber bin nicht mehr kontrollier- oder formbar. Das entlarvt Wahrhaftigkeit oder ungesunde Beziehungen. Wer sich nicht mit mir für mein Wachstum freut, hat meist zuvor von meiner Selbstlosigkeit profitiert.

Öfter habe ich unangenehme Gefühle und meinen rebellierenden Selbstwert ignoriert und mit »ist schon okay« abgetan, denn meine Meinung zu äußern oder Dinge zu hinterfragen brachte mir in der Vergangenheit oft Schwierigkeiten.

Hierzu ein Reminder: Nur weil Menschen in einer autoritären Position sind, wie Eltern, Großeltern, Lehrkräfte oder Menschen, die uns gegenüber in einem Machtverhältnis stehen, haben sie nicht automatisch alle Freiheiten im Umgang mit Menschen. Kinder und Jugendliche haben eine Stimme, und diese muss gehört werden.

Also sprich es aus. Entschuldige dich nicht für deine Tränen oder Sensibilität. Höre in dich hinein. Sag es mit Respekt. Denn unser Körper zahlt den Preis, wenn wir unsere Worte unterdrücken und uns selbst nicht richtig zuhören.

Zwischen Selbsterfahrung und Rücksicht

Wer bin ich? Wie bin ich? Was will ich? Will ich das für immer? All diese Fragen begegnen uns, wenn wir uns mit unserem Selbst beschäftigen.

Wir leben in einer Welt, in der wir täglich neuen Reizen ausgesetzt sind, älter werden und Erfahrungen sammeln. Wir verändern uns ständig, und auch wenn wir vielleicht im Kern immer ein Stück weit dieselben bleiben oder ähnliche Wertesysteme beibehalten, müssen wir, um glücklich und vor allem zufrieden zu sein, unseren Rahmen lockern. Das betrifft sowohl unser aktuelles Selbstbild als auch unsere Vorstellungen davon, wer wir in der Zukunft sein können. Mit Veränderung meine ich nicht, dass wir über Nacht zu einer völlig anderen Person werden. Vielmehr geht es darum, dass wir, wenn wir immer davon ausgehen, wir könnten etwas nicht oder seien nicht in der Lage dazu, es gar nicht erst versuchen. Damit geben wir uns den Glaubenssätzen hin, die viele von uns von klein auf vermittelt bekommen haben: »So und so hast du auszusehen. Das macht man nicht. So macht man das.

Dieses passt nicht zu dir. Jenes hier passt besser zu dir.« Wir sind damit aufgewachsen, unser Selbstbild auf den Meinungen anderer zu gründen, anstatt selbst zu entdecken, wer wir wirklich sind und sein wollen.

Ich hatte immer das Gefühl, dass ich, egal was ich tat, nicht wirklich dazugehören konnte. Mein Innenleben war oft so anders als das anderer, dass ich mich nicht verstanden fühlte. Dennoch hatte ich den Wunsch, Teil der Gruppe zu sein, und versuchte mich irgendwie anzupassen. Die Diskrepanz in meinem Leben war beträchtlich: Im Tanzen erzielte ich Erfolge und wurde gelobt, während ich in der Schule gemobbt wurde.

Es war auffällig, dass ich in Bereichen, die mich leidenschaftlich interessierten, sehr gut war, während ich in anderen Bereichen, die mich nicht interessierten, nicht gut abschnitt. Ich wusste jedoch, dass ich diese Dinge nie in meinem Leben brauchen würde. Ich brauchte eine Art Sinnhaftigkeit. Ich kannte nur zwei Reaktionen: Entweder wurde ich nicht ernst genommen, ich bin ja noch ein Kind, oder meine Familie glorifizierte mich und lobte mich für meine Ausdrucksfähigkeit und Reife. Es wurde oft lobend über mich gesprochen, ein Bild, das ich mir in der Realität von anderen gewünscht hätte. Trotzdem bin ich in einer überwiegend misogyn geprägten Umgebung aufgewachsen. Meine Mutter hat mich in allem unterstützt und mir und meinem Bruder zur Seite gestanden. Dennoch würde ich sagen, dass sie teilweise ihre eigenen Wunschvorstellungen durch uns Kinder gelebt hat.

Meine Mutter stand immer an meiner Seite, wie meine beste Freundin, und gleichzeitig war es für mich als erwachsene Person schwer, mich von ihr abzunabeln und eigene Entscheidungen zu treffen. Da meine Familie »so viel mit mir durchmachen musste« und sie immer nur hofften, dass ich irgendwann meinen Weg finden und nicht mehr kämpfen müssen würde, wollte ich sie schützen. Sie nannten mich oft unser »Sorgenkind«, was ich schlimm fand. Auch wenn ich es meist erst mal mit einem Lächeln wegsteckte. Ich war das Sorgenkind, weil ich es schwer hatte, weil ich nicht den Weg gegangen bin, der *leichter* für mich gewesen wäre. Ich sollte laut Teilen der Verwandtschaft etwas *Vernünftiges* machen. Was auch immer das heißen mag. Mir wurde subtil mitgegeben, dass ich immer Umwege in Kauf nehme, weil ich einfach nicht bereit war, alles hinzunehmen, was man mir versuchte aufzudrücken. Mir wurde auch zum Vorwurf gemacht, dass ich schon wieder einen neuen Freund hatte, dass ich so ein breites Spektrum an Emotionen hatte, dass Menschen mich einfach nicht verstehen würden. Nichts davon war böse gemeint – im Gegenteil. Doch jeder dieser Sätze trieb mich weiter in eine Position, in der ich mich als Belastung fühlte. Bis heute fällt es mir manchmal schwer, Raum einzunehmen, ohne beschwichtigen zu wollen.

Mein Vater sagte zwar, er sei stolz auf mich, konnte mir aber nie sagen, worauf. Wenn ich nachfragte, blieb er still oder sagte »für alles«, es war eine Floskel, die man seinen Kindern eben mal so sagt. Ich hatte das Gefühl, für ihn bedeutete Unterstützung, mir finanziell Dinge zu ermöglichen und hart zu arbeiten, dafür bin ich auch dankbar, aber das war nie das, was ich wirklich brauchte. Ich hatte immer das Gefühl, als hätte er keine eigene Meinung und sei sehr darauf bedacht, was andere denken. Er wollte nicht negativ auffallen, und es schien, als wären ihm die Meinungen seiner Kumpels wichtiger als meine – selbst wenn diese erwachsenen Männer unangebrachte Witze oder Bemerkungen über mich, meinen Körper und mein Verhalten machten. Er war das genaue Gegenteil meiner Mutter, wodurch ich mit zwei sehr unterschiedlichen Extremen aufwuchs. Es war wie in einem Umfeld voller ambivalenter Signale. Viel Liebe, Verständnis und Wohlwollen, aber auch Abwesenheit, Schweigen, Lügen und Parentifizierung.

PARENTIFIZIERUNG: Parentifizierung meint eine Rollenumkehr zwischen Eltern und Kind. Das Kind übernimmt in überzogenem Maße »Eltern-Funktionen« und Verantwortung.

Das Resultat war eine gewisse Desorientierung, mit meinen Bedürfnissen fühlte ich mich oft als Last. Dies wirkte sich anschließend auch auf meine Bindung in Beziehungen aus. Manchmal bin ich in emotionaler Distanz, bin ängstlich und brauche viel Zuspruch und Liebe, dann, bei zu viel Fokus, schwenkt das um, und ich benötige plötzlich ganz viel Autonomie. Das erkläre ich mir damit, dass ich mir die Nähe und das Interesse für mein Leben und mich von meinem Vater gewünscht und die Autonomie bei meiner Mutter gesucht habe.

Um dir ein umfassenderes Bild davon zu geben, was für widersprüchlichen Gefühlen ich zu Hause ausgesetzt war, möchte ich hier ein paar Beispiele geben. So kam es vor, dass eine Person der Familie Trost bei eigenen Freunden suchte und erzählte, sie schäme sich manchmal für mich und dass es nicht leicht sei, wie die Leute über mich redeten. Es wurde außerdem behauptet, dass ich meine Freunde wie Unterwäsche wechseln und mich wie eine Schlampe verhalten würde. Ich wurde also von Teilen meiner eigenen Familie *geslutshamed*, und das als jugendliche Person. Das Schlimmste an all dem war vielleicht, dass ich von diesen »Sorgen« an einem Familiengeburtstag erfuhr, als betrunkene Freunde mich aus heiterem Himmel damit konfrontierten, dass es für Teile der Familie schon schwer sei, sich ständig wegen meiner Partnerwechsel zu rechtfertigen. Ironischerweise waren es genau diese Freunde, die mir gern mal einen Klaps auf den Po gaben, mich auf Geburtstagen betrunken bedrängten oder mir sagten, wie hübsch ich doch wieder aussehe, obwohl sie mich schon seit meiner Kindheit kannten. Als ich dieser Person davon erzählte, stimmte sie mir zwar zu, dass das nicht in Ordnung sei, kam aber nie auf die Idee, die Freunde mal darauf anzusprechen oder sie einfach nicht mehr in meine Nähe zu lassen – schon gar nicht alkoholisiert. Ich hatte das Gefühl, es sollte kein Konflikt riskiert werden und dafür einfach überall weiter der People Pleaser gespielt werden. In meiner Wahrnehmung waren Risiko- und Konfliktbereitschaft generell etwas, was in Teilen der Familie vermieden wurde. Es kam mir so vor, als wären Konflikte besonders schlimm für einige Personen in meiner Blutsfamilie. Erst meine Mutter, die »aneckte«, und nun kam auch noch ich hinzu, über die geredet wurde. Jedes Mal, wenn oben beschriebene Dinge passierten, wurde sich entschuldigt. Ich antwortete dann völlig automatisiert: »Ich brauche keine Entschuldigung, ich brauche, dass du dein Verhalten änderst!« – aber es schien so, als wäre es diesen Personen wichtiger, wie sie von anderen gesehen wurden, und nicht meine eigenen Gefühle und Grenzen.

> **SLUTSHAMING:** Engl. für »Schlampen-Beschämung«. Abwertung vor allem weiblich gelesener Personen hinsichtlich ihrer Sexualität. Wer Freude an Sex hat, eventuell auch mit wechselnden Partner*innen, offen über Sexualität spricht oder Haut zeigt, wird als Schlampe abgestempelt.

Natürlich hat mich das geprägt. Ich hatte konstant das Gefühl, eine Last oder der Grund für absoluten Stolz zu sein, dabei standen jedoch nicht meine Bedürfnisse im Vordergrund, sondern immer die der anderen. Meine Mutter war bei jeder Tanzstunde, jeder Meisterschaft und jedem Elternabend dabei. Mein Vater ging mit mir schwimmen, auf den Spielplatz und Schlitten fahren. Doch in 14 Jahren war er nur einmal bei einer Tanzmeisterschaft von mir und meinem Bruder. Als mein Bruder anfing, Fußball zu spielen, war der Spielbesuch plötzlich Routine. Mich beschlich das Gefühl, dass es meinem Vater weniger darum ging, mich bei dem, was ich liebte, zu unterstützen, sondern viel mehr darum, womit er etwas anfangen konnte. Gleichzeitig hatte ich Angst meinen Vater, der schon mehrmals aus gesundheitlichen Gründen in Lebensgefahr geschwebt hatte, zu verlieren und wollte ihn mit allem beschützen, was ich hatte. Ich persönlich hatte nicht das Gefühl, dass er sich kontinuierlich um sich selbst kümmern konnte, was meiner Sorge natürlich keineswegs half. Ich sprach immer wieder mit meiner Mutter darüber und auch mit ihm selbst, in der Hoffnung, dass wir ihn gemeinsam dazu bringen könnten, gesünder zu leben und sich neben der Arbeit selbst zu priorisieren. Nach jeder starken und von mir harschen Diskussion mit ihm plagten mich Schuldgefühle, dass er jetzt meinetwegen ins Krankenhaus muss. Ebenso war ich öfter »Partner in crime« mit meiner Mom – z. B. wenn etwas Aufwühlendes in meinem Leben passiert ist, ihn zu verschonen. Meine Mutter habe ich versucht zu motivieren, mehr für sich selbst zu tun und unabhängiger zu werden, während ich gleichzeitig damit beschäftigt war, meinen kleinen Bruder, meine große Liebe, von allem fernzuhalten. Selbst noch ein Kind, war ich quasi rund um die Uhr damit beschäftigt, meine Familie zusammenzuhalten und alle gesund und glücklich zu machen. Nach außen hin wirkten wir wie die perfekte Familie, von allen bewundert, liebevoll im Umgang miteinander. Zu großen Teilen stimmte das auch. Leider war meine Familie gleichzeitig jedoch besonders gut darin, Dinge unter den Teppich zu kehren oder mit dem Finger auf andere zu zeigen, um von eigenen Missständen abzulenken.

Ich bin also mit einer Menge Doppelmoral aufgewachsen, die mich durcheinanderbrachte und in eine Rolle steckte, die eigentlich nicht meine war. Als ich mich von Teilen der Blutsfamilie löste, brach ich mir nicht nur selbst das Herz, ich musste auch ein völlig neues Bild von Familie erlernen. Das, welches ich davor hatte, war von anderen Menschen gezeichnet worden. Zu verstehen, dass die Scham, die ich all die Jahre verspürt hatte, gar nicht meine eigene war, tat weh, doch schließlich gelang es mir, einen neuen Zugang zu mir zu finden, mich so zu nehmen, wie ich wirklich war. Meine Wahrnehmung und meine Emotionen waren intensiver, kreativer und sensibler, weil ich es mir endlich erlaubte. Ich tanzte immer und überall. Ich fühlte Freude und Intuition viel stärker, doch ebenso Leidenschaft und Ungerechtigkeit. Das alles geschah nicht unbedingt bewusst, sondern unterbewusst. Was sind wirklich meine Zweifel, und welche kommen eigentlich von außen? Wenn ich diese Fremdzweifel aussortiert hätte, dann wäre gar nicht mehr so viel von meinen eigenen Wahrnehmungen übrig geblieben. Endlich war ich im Prozess der Selbstfindung.

Dass viele Menschen nach Antworten suchen, ist offensichtlich. Es zeigt sich an unseren Bestsellerlisten, die voll sind mit Büchern über Selbstliebe, Psychologie, das Setzen von Grenzen und wie man lernt, es zu akzeptieren, nicht gemocht zu werden. Ich habe einmal auf Instagram gefragt: »Erinnerst du dich, wer du warst, bevor dir die Leute gesagt haben, wie du zu sein hast?« Oft lautet die Antwort darauf »Nein«. Und darum sind so viele von uns auf der Suche nach sich selbst. Dieser Prozess umfasst verschiedene Säulen, die es zu errichten gilt: Selbstwertgefühl, Selbstbewusstsein, Selbstwirksamkeit, Selbstfürsorge, Selbstakzeptanz und Selbstliebe. Diese Säulen sind nie alle gleich hoch oder gleich stark, dennoch sollten sie stabil genug sein, ein Dach darauf zu balancieren. Es gehört wohl zum Leben, sich immer wieder ein Stück zu verlieren und neu zu finden. Sich zu verlieren bedeutet nämlich nicht nur Negatives; es kann bedeuten, sich von ungesunden Mustern zu befreien, einen Teil zu verlieren, der einem nicht gutgetan hat, und durch neue Wege Neues über sich selbst zu lernen. Mein heutiges Ich setzt sich aus einer Kombination von psychologischen, sozialen und biologischen Aspekten zusammen. Ich bin die Summe meiner Erfahrungen und Erkenntnisse. Wir alle sind geprägt durch äußere Einflüsse, und das ist auch in Ordnung. Aber die entscheidende Frage ist, wie weit ich mich dadurch limitieren lasse. Und damit sind wir wieder beim Thema Konformität.

Konformität neigt dazu, unsere Unterschiede zu minimieren. Diese Angst, nicht konform zu sein, begleitete mich mein Leben lang. Meiner Erfahrung nach entsteht sie oft aus einem tiefen Gefühl der Einsamkeit und der Idee, sich mit etwas, was man gelernt hat, abfinden zu müssen.

Stell dir vor – und das habe ich selbst auch so erlebt –, dass jeder Mensch um dich herum, nicht nur Menschen auf der Straße, sondern auch die Medien, Bücher und Familie, dir ständig suggerieren, dass deine Existenz falsch ist, dass etwas Grundlegendes an dir nicht stimmt, dass du seltsam bist und dass es kein Wunder ist, dass du immer wieder aneckst, weil du bestimmte Dinge einfach mal akzeptieren musst. Dass andere dir suggerieren, dass sie viel besser wissen, wie du dich wirklich fühlst, ist eine ständige Entwertung des eigenen Selbst. Das kann mitunter dramatische Folgen haben. Bis hin zu dem Punkt, wo Menschen darüber nachdenken, das eigene Leben zu beenden. Besonders bei marginalisierten Gruppen, wie zum Beispiel bei trans* und nicht binären Menschen sowie bei Menschen mit einer queeren Sexualität sehen wir eine erschreckend hohe Rate an Suiziden und Suizidversuchen. Das zeigt, dass es hier um weit mehr als nur um Anpassung geht; es ist manchmal wirklich eine Frage des Überlebens.

Die Frage ist, was man dagegen tun kann. Wie viel Kontrolle ist möglich? Ich denke, das beginnt bereits bei der Begleitung von Kindern.

Als Elternteil würde ich zuerst mich selbst hinterfragen: Welche Verbote und Anweisungen haben vielleicht viel mehr mit meinen eigenen Ängsten und Vorstellungen zu tun als mit dem Wohl meines Kindes? Wer meint »mein Junge darf kein Kleid tragen« oder »mein Mädchen soll nicht Fußball spielen«, dem empfehle ich dringend, die eigenen Ängste und Motive hinter diesen Verboten zu hinterfragen. Jedes Kind sollte in erster Linie als eigenständiges menschliches Wesen gesehen werden, dessen Meinungen und Gefühle wichtig und gültig sind. Ein Kind hat eine Stimme verdient, es benötigt liebevolle Begleitung und Sicherheit und muss ernst genommen werden. Wenn ein Kind zu einer Umarmung »Nein« sagt, dann bedeutet das auch »Nein«. Wie sollen Kinder eigene Wünsche, Gefühle und Grenzen wahrnehmen, wenn diese von den eigenen Eltern oder anderen Erziehungsberechtigten ständig überschritten und ignoriert werden? Im schlimmsten Fall kann dieses Übergehen der Wünsche des Kindes dazu führen, dass es selbst diese irgendwann nicht mehr hört. Es ist wohl wenig überraschend, dass queere Menschen in ihren Wünschen, Ansichten und Gefühlen besonders häufig übergangen werden. Viele Eltern scheuen sich offenbar auch heute noch, eine queere Sexualität oder Identität des eigenen Kindes zu akzeptieren, und gehen den vermeintlich einfachen Weg – sie ignorieren dessen Wünsche und Gefühle. Die Folge ist oft, dass die Kinder und Jugendlichen sich lange möglichst angepasst verhalten und vorgeben, zum Beispiel hetero und/oder cisgeschlechtlich zu sein. Wie lange es bis zum inneren Coming out dauert, ist völlig unterschiedlich, das hängt von der individuellen Geschichte ab und natürlich auch davon, wie unterstützend das Umfeld ist, in dem man sich bewegt. Ein Freund zum Beispiel hat schon im Kindergarten gewusst, dass er ein Junge ist, ein anderer hat schon immer gespürt, dass etwas anders war, outete sich jedoch erst im Erwachsenenalter als trans*. Diese unterschiedlichen Erfahrungen, egal in welchem Alter, sind für viele queere Menschen prägend. Eltern oder auch Bezugspersonen können ihren Kindern helfen, indem sie ihre eigenen Wünsche und Vorstellungen nicht über das Wohl des Kindes stellen.

Ein wichtiger Aspekt ist auch, sich selbst die Frage zu stellen: Möchte ich ein Kind, um es in seiner Individualität zu begleiten, oder möchte ich ein Kind formen, das meiner Wunschvorstellung entspricht? Kinder sind nicht dazu da, die eigenen unerfüllten Träume zu verwirklichen. Sie kommen als unbeschriebene Blätter auf die Welt, und wir sind dafür verantwortlich, dass sie das Blatt selbst gestalten können – so bunt, wie sie selbst wollen. Es ist das Schlimmste, wenn die ersten Mobber*innen die eigenen Eltern oder Vertrauten sind. Aber das schönste Geschenk, wenn sie die ersten und lautesten Cheerleader*innen sind.

Es ist völlig in Ordnung, in Stereotypen zu passen und sich darin wohlzufühlen – aber es ist nicht in Ordnung, Menschen in Boxen zu pressen, in denen sie nicht sein wollen.

Nur weil man etwas immer schon so gemacht hat, heißt es nicht, dass es das Richtige war. Wir müssen uns bewusst machen, dass Gegenstände, Stoffe, Düfte, Emotionen oder Verhaltensweisen keinem Geschlecht gehören und nicht bestimmte Anforderungen erfüllen müssen, um valide zu sein. Ein Objekt hat keine Meinung dazu, wer es nutzt oder trägt – das ist eine menschliche Zuschreibung.

Männer sind Menschen. Frauen sind Menschen. Inter* Personen sind Menschen. Nicht binäre Menschen sind Menschen. Wir alle haben individuelle Präferenzen, die sich verändern können. Ein Mann bestimmt seine Männlichkeit selbst, eine Frau ihr Frausein, und nicht binäre Menschen drücken sich auf ihre eigene Weise aus. Zu kommentieren, was »männlich genug« oder »weiblich genug« ist, ist konstruiert und verletzend. Worte und Sprache prägen sich ein, und Unsicherheiten können lange nachwirken.

Menschen sind am schönsten, wenn sie sich in ihrer Individualität ausdrücken können – das macht sie nicht weniger zum Mann, zur Frau oder nicht binär. Du, liebes Herz: Du musst keine Genderrolle erfüllen, um genug zu sein. Jede Anpassung gegen deinen Willen ist das Risiko, dich selbst zu verlieren. Menschen, die dich lieben, sehen dich für das, was du bist.

Ich liebe mich

Ich bin der festen Überzeugung, dass wir alle mit Selbstliebe geboren werden, diese jedoch durch unsere Sozialisation oft wieder verlernen. Liebe und Bestätigung sind in unserer Gesellschaft fast immer in irgendeiner Form an Leistung gekoppelt. Das können sowohl schulische und berufliche als auch emotionale Leistungen sein. Sogar der Weihnachtsmann fragt erst: »Warst du dieses Jahr brav?« Wenn ja, erhältst du Geschenke. Wenn nicht, droht die Rute. Was lernt das Kind? Es gibt nur unter bestimmten Bedingungen, die die Erwachsenen festgelegt haben, eine Belohnung.

Doch was bedeutet es eigentlich, »brav« zu sein? Es bedeutet, möglichst unauffällig und angepasst zu sein und keine »störenden« Emotionen wie Traurigkeit, Wut oder Verzweiflung zu zeigen, sondern immer freundlich und fröhlich zu sein. Belohnungen für das »lieb sein« sind oft materieller Natur, was zusätzlich kapitalistische Werte vermittelt. Leistung wird belohnt. Auch wenn wir dieses Verhalten gar nicht fühlen oder uns verstellen müssen. Wenn wir tun, was von uns erwartet wird, erhalten wir eine Belohnung. »Wenn du brav bist, gibt es Süßigkeiten.«

Ich war von Natur aus sehr wissbegierig und hatte eine recht schnelle Auffassungsgabe. So interessierte ich mich schon mit vier Jahren für sogenannte *erwachsene* Musik, statt für Kinderlieder, wünschte mir anspruchsvollere Rechenaufgaben und versuchte einfach überall, besonders gute Leistungen zu erbringen. Zum einen machte es mir einfach Spaß, da ich mich schnell langweilte und es liebte, jedes Wissen im Detail aufzusaugen. Andererseits nahm mein Drang, mich zu beweisen auch manchmal ungesunde Züge an. Als Elfjährige erzählte ich stolz in einer KIKA-Sendung, dass ich ein maßgeschneidertes Tanzoutfit bekommen hatte und jeden Abend nur Schwarzbrot mit einem Blatt Salat aß, um hineinzupassen. Es sollte schließlich bloß kein Mensch auf die Idee kommen, mich als unförmig oder zu dick für das Outfit zu bewerten – ihr seht, ich hatte selbst solche Ansichten, die ich heute als dick_fettfeindlich erkenne, fest internalisiert. Das Aufwachsen in einer Gesellschaft, die Diäten hypte, und in der Paris Hilton und Kate Moss als Vorbilder fungierten, zeigte Wirkung. Letztendlich will ich nicht wissen, wie sich mehrgewichtige Menschen um mich herum gefühlt haben, wenn ich mit diesem normschönen Körper als »moppelig« beschimpft wurde. Ich genoss *thin privilege*, konnte in jedem Laden Kleidung in meiner Größe finden, musste mich in öffentlichen Verkehrsmitteln nicht unwohl fühlen, weil andere der Meinung waren, dass ich zu viel Raum einnahm, und musste mir auch keine fiesen Kommentare abholen, wenn ich in der Öffentlichkeit aß. Und trotzdem war ich vor Bodyshaming nicht gefeit. Heute bin ich stolz darauf, dass mich die Meinungen anderer nicht mehr kümmern, doch als Kind und jugendlicher Mensch war mein Selbstbild dafür noch nicht genug gefestigt.

Meine heutige Resilienz ist Fluch und Segen zugleich: Sie hilft mir, Bewertungen von anderen leichter wegzustecken und mit Wohlwollen auf die Verletzungen von Menschen zu blicken, welche sich nur durch die Abwertung anderer einen kurzen Moment selbst spüren können. Aber als Kind war die Kombination aus unerkannter ADHS, Frühsexualisierung, Leistungssport und einer extrem frühen Entwicklung eine Herausforderung für mich. Schon in der fünften Klasse war ich körperlich weiter entwickelt als meine Altersgenoss*innen, mit Brustwachstum, Menstruation und Körperbehaarung. Mit elf Jahren sah ich aus wie eine Sechzehnjährige. Mit dreizehn hatte ich meinen ersten fast volljährigen Freund und mit fast neunzehn einen 38-jährigen Partner, was aufgrund meiner scheinbaren Reife niemanden schockierte und nach anfänglicher Skepsis auch als passend empfunden wurde.

Es wird oft behauptet, Mädchen würden sich schneller entwickeln als Jungs. Viele Frauen haben diesen Satz wohl schon so oder ähnlich gehört. Ich spürte, dass daran irgendetwas falsch war, aber weil alle so über mich redeten und hervorhoben, wie reif und intellektuell ich sei, dachte ich, es sei normal. Ich wurde so früh sexualisiert, dass ich dachte, mein einziger Wert liege darin, Männern zu gefallen. Ich musste mir schon etwas »überwerfen«, als andere sich überhaupt noch keine Gedanken über Brüste machten. Zugleich hatte ich das Gefühl, dass ich von anderen Mädchen gehasst wurde, weil wegen meiner »Oberweite« viele Jungs auf mich standen oder dachten, sie könnten mich ins Bett kriegen. Mädchen aus höheren Klassen sprachen von »der Schlampe Saskia«, bevor ich überhaupt irgendeine Form von Intimität erlebt hatte (was generell auch nicht diesen Ausdruck berechtigen würde), Lehrer*innen sagten mir, ich würde Jungs ablenken und solle mich nicht schminken. Mein gesamtes Umfeld machte mich verantwortlich dafür, wie ich gesehen wurde, sogar jegliche Autoritätspersonen. Andere Eltern sahen mich als schlechten Umgang, weil sie nicht wollten, dass ihre Töchter so frühreif wie ich wurden. Als würde das abfärben. In Wahrheit war ich oft genau die, die deren Heimlichkeiten auf die Schultern nahm und sie mit Lügen schützte. Diese Kombination aus ständiger Abwertung meiner Selbst durch andere und Gelobtwerden für das Erbringen von Leistungen haben meinem Selbstwert jedenfalls nicht gutgetan. Ich hielt mich nur für liebenswert, wenn ich etwas dafür leistete.

Es kann uns dadurch unheimlich schwerfallen, sich gegenüber Personen, die wir mögen, abzugrenzen. Einzig und allein aus der Angst heraus, ansonsten nicht mehr geliebt oder akzeptiert zu werden. Ebenso ist es wichtig zu lernen, Grenzen zu respektieren und diese als Selbstoffenbarung statt persönlichen Angriff zu sehen.

Ich muss mich anpassen, um gemocht zu werden und nicht negativ aufzufallen. Wird es im Job schwieriger für mich, wenn ich aus der Reihe tanze? Ja. Wird es in der Familie schwieriger für mich, wenn ich aus der Reihe tanze? Ja. Wird es in der Schule schwieriger für mich, wenn ich aus der Reihe tanze? Ja. Daher lernte ich, sehr konsequent meine persönlichen Grenzen zu ignorieren und das zu tun, was von mir erwartet wird. Und was soll ich sagen? Es klappte nicht. Mein Herz rebellierte. In meinem Grundschulzeugnis steht: »Saskia sollte lernen, sich gegenüber Autoritätspersonen besser anzupassen.« Was so viel heißt wie: »Saskia stellt meine Autorität infrage und macht nicht das, was ich will.« Das hört sich an, als wäre ich unerhört aufmüpfig gewesen. Dabei habe ich einfach nur viele Fragen gestellt. Ebenso steht dort, dass ich hilfsbereit und fröhlich bin und gern an Lösungen arbeite. Meine Neugierde wird vielfach erwähnt, wobei sie von jeder Lehrperson anders beurteilt wurde. Denn Neugierde passt nicht ins formbare Bild. Wie ein Blatt Papier, welches aus einer DIN-Norm fällt. Dabei war ich einfach ein liebenswertes, fröhliches, hilfsbereites, aufgewecktes, kreatives – und eben auch manchmal hinterfragendes – Kind.

Ich bin überzeugt, wenn jeder Mensch die Fähigkeit hätte, sich in einem Moment wahrhaftig zu zeigen und dabei nur eine dünne der unzähligen Schichten, die er über die Jahre aufgebaut hat, abzulegen, könnten wir uns selbst in allen Facetten – den angenehmen wie den unangenehmen – sehen. Wenn wir bereit wären, sowohl kritisch als auch mitfühlend mit uns selbst umzugehen, würde die Akzeptanz und Liebe in uns wachsen. Das hört sich vielleicht pathetisch an, aber genauso habe ich es erlebt. Je weniger ich über mich selbst geurteilt habe, desto weniger habe ich andere verurteilt. Selbstliebe erfordert ständige Übung und eine bewusste Entscheidung. Das bedeutet allerdings nicht, dass wir um jeden Preis unsere Bedürfnisse durchsetzen und uns wie kleine Egoschweinchen durch die Welt bewegen sollten.

Die Koexistenz von gesundem Egoismus und Empathie für andere ist ein schmaler Grat, aber mit ein bisschen Selbstreflexion machbar. Wir haben es aberzogen bekommen, uns selbst zu lieben, und dennoch haben die meisten von uns gelernt, nur an sich selbst zu denken. Dieser egoistische Handlungszwang entspringt eigentlich dem sehnlichen Wunsch nach Selbstliebe. Insofern ist Egoismus im Grunde oft eine Art Selbstschutzmechanismus. Wenn wir uns unsicher oder ängstlich fühlen, kann das Abwerten anderer uns einen kurzen Selbstwert-Boost verpassen. Das ist menschlich. Der wichtige Raum entsteht zwischen dem Auftauchen des Gedankens und der Einordnung. Zwischen dem Gedanken und dem Impuls. Da können wir entscheiden. Du kannst entscheiden, ob du der Mensch sein möchtest, der dem Gedanken nachgibt und eine Person in kurzem Kleid als »gewagt« abstempelt, oder ob du den Gedanken wahrnimmst und denkst: »Wie toll, dass dieser Mensch sich traut.« Gleichzeitig ist das Aufopfern für viele People Pleaser zur Sucht geworden – denn dadurch kann ein Gefühl der Wirksamkeit entstehen: »Ich werde gebraucht, also bin ich etwas wert.« Dies endet meist in der bitteren Erkenntnis, dass die investierte Energie eine Einbahnstraße ist und wir nicht das zurückbekommen, was wir reingeben.

Immer wieder erlitt ich in meinem Leben durch die Scham anderer Verletzungen. Ich erkenne auch meinen eigenen Anteil darin und versuche zu verstehen, dass Menschen oft nicht die

Möglichkeit haben, ehrlich zu sein. Dies liegt häufig daran, dass sie nie gelernt haben, ehrlich zu sich selbst zu sein. Wenn man das nicht schafft, wie sollte man dann ehrlich zu anderen sein? Zu tief sitzt die Angst vor den Konsequenzen für die eigenen Gefühle.

Ich verstehe das. Diese Muster musste ich auch verlernen und habe dadurch in der Vergangenheit durch Beschwichtigungen, Notlügen und Selbstsabotage versucht, mich der Wahrheit nicht stellen zu müssen. Ich weiß, dass ich heute ehrlich und roh sein kann, da ich mir meiner Fehler und Stärken bewusst bin. Das Gefühl von Einsamkeit, das dennoch manchmal – auch nach so vielen Jahren harter Arbeit an mir selbst – in mir hochkommt, rührt daher, dass ich tatsächlich schon mehrfach gehört habe: »Ich kann mich von dir nicht lieben lassen. Ich brauche ein wenig Toxizität. Es ist irgendwie zu gut, um wahr zu sein. Es ist zu herausfordernd, und diese Art der Kommunikation kenne ich nicht.«

Versteh mich nicht falsch – ich möchte nicht, dass ein Mensch mit mir Zeit verbringt oder zusammen ist, der das selbst nicht will. Ich möchte die Wahl sein, kein Muss. Aber es beschlich mich das Gefühl, dass jetzt, wo ich verfügbar und voller Klarheit war, einige Menschen meine Liebe nicht aushalten konnten. Das Bild, das ich von ihnen hatte, wies eine so große Diskrepanz zu deren eigener Wahrnehmung auf, dass mir schlichtweg nicht geglaubt wurde und mein Geben oft zu Abhängigkeit führte. Heute verstehe ich, dass ich Menschen nicht zu einer Veränderung bringen kann. Ich kann nicht verändern, wie sie sich selbst und die Welt sehen. Mein innerer Impuls ist es immer zu helfen – der Weg, auch mir selbst zu helfen, war ein steiniger.

Kapitel 3

Bin ich falsch oder ist es die Welt?

Ich bin mit einer Mutter aufgewachsen, die mit Geschlechterklischees gebrochen hat, besonders durch ihren Look. Mir war als Kind jedoch nicht bewusst, was das bedeutet. Zu Hause konnte ich immer frei entscheiden, wer ich sein wollte. Gleichzeitig wurde ich nicht selten als »süße Püppi« von meiner Familie bezeichnet, die zwar sensibel, aber auch stark ist. In meiner Vergangenheit wurde Sensibilität nicht als Stärke gesehen. Gesellschaftlich bis heute nicht. Heute weiß ich zum Glück, dass Sensibilität eine fucking Superpower ist. Ich passte nie in diese klassische Mädchenrolle, mit der ich groß wurde, auch wenn ich absolut nichts von Geschlechterzuweisungen halte. Auch wenn ich gegen diese Schubladen von Geschlechterstereotypen bin, waren und sind sie überall existent. Obwohl ich manchmal mit Puppen gespielt habe und immer schon gern Rosa trug, fühlte ich mich in der Schule, wenn Jungs gegen Mädchen gespielt haben, oft fehl am Platz. Ich wusste überhaupt nicht, wohin ich wirklich gehöre. Sobald mein Bruder und ich die Wohnung verließen, in der Geschlechterstereotype keinen Platz hatten, wurden wir dafür gemobbt, dass wir nicht so aussahen und uns verhielten, wie es angeblich unseren Geschlechtern entsprach. Kurze Haare wie ein Junge und dazu Glitzer-Kleidung – wer läuft denn so rum? Ein Mädchen sollte lieb, brav, nicht zu dramatisch und schlank sein und immer lächeln. Es sollte gehorchen und dafür sorgen, dass sich alle wohlfühlen, selbst wenn es sich dabei selbst verliert. Meine Mutter hat mir zwar beigebracht, meine Meinung zu sagen, konnte dies aber selbst nicht immer vorleben. Wenn es um mich ging, stand sie wie eine Löwin hinter mir, in Bezug auf sich selbst gab sie jedoch viel zu oft klein bei und tat Dinge, die sie eigentlich nicht wollte. Sie hat ihr Bestes gegeben, sich aber immer wieder einfach hilflos und den Umständen ausgeliefert gefühlt. Ich lernte von ihr, dass man auch mal Dinge gegen seinen Willen macht, weil »das eben so ist«. Doch es fühlte sich oft nicht wirklich richtig an. Ich wollte die Gründe verstehen und konnte nicht begreifen, warum wir Dinge tun sollten, die wir nicht möchten. Dennoch passte ich mich an. Ebenso konnte ich nicht nachvollziehen, warum gerade ältere Menschen oft respektlos und fies zu mir waren. Zugelassen habe ich es dann aber trotzdem, weil »man es eben so macht«. Was sollte ich auch anderes tun? Mir im Wald eine Höhle bauen und nie wieder mit einem Menschen reden? Dafür wollte ich Missstände einfach viel zu wenig akzeptieren und glaubte fest an die Liebe in den Menschen.

Schon früh wurde mir suggeriert, dass ich irgendwie die Schuldige bin, auch wenn ich einfach nur ich selbst war. Bis heute kommt es vor, dass Menschen mir meine optimistische, hilfsbereite und liebevolle Art nicht abnehmen. Gerade im Internet. »Es kann doch nicht sein, dass ein Mensch so ist!« Aber sagt das nicht viel mehr darüber aus, wie normal es für Menschen sein muss, dies selbst nicht empfinden zu können? Ich bleibe ich. Ich verstelle mich nicht mehr.

Mein Bruder und ich haben als Kinder durch unsere Hobbys und unser Auftreten weitgehend außerhalb der klassischen Geschlechterrollen gelebt. Ich mit meinen kurzen Haaren, er mit seiner verletzlichen, weichen Art und seiner rosafarbenen Kleidung. Entsprechend waren die Zuweisungen, die ich als Mädchen erhielt, völlig abstrakt für mich. Ich habe meiner Mama immer gesagt, dass ich mich wie ein Alien fühle, dass ich nicht dazugehöre. Schon im Sportunterricht, als nach Mädchen und Jungs getrennt wurde, hatte ich das Gefühl, fehl am Platz zu sein. Da mir aber ausnahmslos jeder Mensch gesagt hat, ich sei ein Mädchen, dachte ich: »Okay, dann muss ich wohl ein Mädchen sein« und tat, was von mir erwartet wurde – ich passte mich an. Erst mit 29 fing ich an, wirklich bewusst für meine Identität einzustehen. Ich erinnere mich gut daran, dass ich mich früher oft nicht getraut habe, offen zu sagen, was ich wollte, weil andere viel besser zu wissen meinten, was zu mir passte und was nicht. »Ich finde ja eher, dass XY zu dir passt, aber das musst du selbst wissen«, sagte man zu mir. Und genauso ist es: Das muss ich selbst wissen. Von denen, die diesen Satz aussprachen, war dieser Zusatz natürlich nur eine Phrase, obwohl – wie ich erst später begriff – darin die größte Wahrheit steckte.

Meine im Herzen wilde Mama und meine Oma unterstützten mich, redeten mir gut zu, sagten »Lass sie doch« oder »Das muss sie selbst wissen«, wenn ein Mensch ihnen vorhielt, ich würde zu sehr aus der Reihe tanzen. Und doch wusste ich, dass alle durch mein vermeintliches Anderssein Schwierigkeiten hatten. Das wollte ich natürlich auf keinen Fall, und so versuchte ich immer wieder, in der Masse unterzugehen und zu akzeptieren, was ich von außen betrachtet war.

Dadurch erlebte ich kaum Selbstentfaltung, und ich war sicher kein Einzelfall, auch wenn ich mich damals furchtbar allein gefühlt habe. Irgendwann habe ich angefangen, das zu hinterfragen, insbesondere warum ich mich nicht zugehörig fühlte. Ich verstand nicht, warum es eine allgemeingültige Norm geben sollte, wenn wir doch alle so unterschiedliche Wesen sind. Vieles passt einfach nicht für alle. Weil mir die Begrifflichkeiten dafür fehlten, fiel es mir schwer, Worte für das zu finden, was ich empfand. Ich erhielt, so wie die meisten zu dieser Zeit, keine queere, gesellschaftskritische oder feministische Bildung. Leider gab und gibt es auch heute in den Lehrplänen nicht genug Raum für diese wichtigen Themen. Viele Menschen fühlen sich allein gelassen und nicht gesehen, obwohl absolut nichts falsch oder komisch an deren Erleben ist. So wie in meinem Fall. Nicht ahnend, dass ich queer und polyamor bin. Nicht ahnend, dass ich neurodivergent bin. Nicht ahnend, dass ich nicht dauerhaft Erwartungen anderer erfüllen muss, um liebenswert zu sein. Ich fühlte mich nicht einsam, weil ich allein war. Ich fühlte mich einsam, weil ich mich nicht mit anderen Menschen verbunden gefühlt habe. Erst als ich mich intensiver mit diesen Themen auseinandergesetzt hatte, fing ich an zu hinterfragen und fand endlich Antworten auf unzählige Fragen.

Ich finde, wir sollten von Kindesbeinen an lernen, dass es viele verschiedene Optionen gibt, eine Beziehung zu gestalten. Aus diesen Optionen sollten wir wählen können, um herauszufinden, was für uns persönlich passt. Oft müssen wir erst aus traditionellen, monogamen Strukturen ausbrechen, um erkennen zu können, ob diese uns entsprechen oder nicht. Dabei beziehe ich mich nicht nur auf eine romantische und sexuell exklusive monogame Beziehung. Es geht auch darum, die damit verbundenen Denkweisen zu hinterfragen: Ist meine Beziehung nur dann valide, wenn ich Kinder bekomme? Hat meine Beziehung nur dann Gültigkeit, wenn wir gemeinsam in einem Bett schlafen, oder ist es auch in Ordnung, getrennte Schlafzimmer zu haben? Kann ich mit meinen Freund*innen kuscheln oder liebevollen Umgang pflegen, ohne dass dies direkt unterbunden werden soll? *Darf* ich überhaupt andere Menschen attraktiv finden? Ist eine Heirat zwingend notwendig, damit meine Beziehung als gültig angesehen wird? All diese Vorstellungen sind von der Kirche und dem Patriarchat geprägt. Genau hier setzt die Scham an, wenn wir von Normen und Erwartungen abweichen. Selbst wenn du in einer monogamen Beziehung lebst, aber zum Beispiel keine Kinder möchtest, werden du und deine Beziehung häufiger infrage gestellt. Dabei wirst du, wenn du über einen Uterus verfügst, nur auf deine Gebärfähigkeit reduziert, was auf so vielen Ebenen problematisch ist. Ganz davon abgesehen, dass die Frage nach dem Kinderwunsch generell übergriffig ist. Wir wissen nie, welche Geschichte dahintersteht. Vielleicht wird kein Kind gewünscht.

Vielleicht wird es verzweifelt versucht, oder eine Person hatte eine Fehlgeburt. Vielleicht ist die Person gerade ungewollt schwanger. Vielleicht ist der Weg zu einem Kinderwunsch gerade ein steiniger. Keinen außenstehenden Menschen geht das etwas an, außer ein Mensch möchte selbst darüber sprechen.

Die Scham, die wir in zwischenmenschlichen Beziehungen empfinden, basiert oft darauf, was wir im Laufe unseres Lebens internalisiert haben. Das geschieht durch das psychosoziale Umfeld – also das, was unsere Eltern, Betreuer*innen oder Erziehungsberechtigten uns mitgegeben haben, was wir in der Schule gelernt haben, was Medien uns vermitteln, sowie durch die Einflüsse unseres alltäglichen sozialen gesellschaftlichen Umfelds. Diese Normen werden oft als das einzig Richtige angesehen. Wenn ein Mensch sein gesamtes Selbstbild darauf aufbaut, Elternteil zu sein oder eine gute Ehe zu führen, wenn ein Mensch Sicherheit in der Monogamie und Heirat sucht oder sich mit dem bei der Geburt zugewiesenen Geschlecht identifiziert, dann kann es verunsichern oder sogar Angst machen, wenn dieses Bild hinterfragt wird.

Was bedeutet für dich »Frausein«? Definierst du es allein anhand der Tatsache, ob ein Mensch einen Uterus hat? Ist dann eine Frau ohne Uterus keine Frau mehr? Wozu brauchen wir all diese Geschlechterrollen? Wozu befeuern wir Stereotype, wenn wir wissen, dass diese oft Schaden anrichten? Wieso erkennen wir nicht an, dass Menschen besser über ihre eigene Identität Bescheid wissen als andere? Was ist männlich? Warum werden Frisuren, die aus langen Hornfäden bestehen, die aus dem Kopf wachsen, geschlechtsspezifisch zugeordnet? Wieso wird die ganz persönliche Empfindung eines jeden Menschen über sich selbst nicht ernst genommen? Wo liegt die wirkliche Sicherheit in einer Beziehung? Wenn wir heiraten, bedeutet das nicht, dass unsere Beziehung von nun an perfekt und sicher sein wird. Es ist keine Garantie; unsere Beziehungsperson kann sich trotzdem jederzeit trennen. Aber was bedeutet dann echte Sicherheit? Was heißt

Sexualität, und welche Grenzen wollen wir setzen? Wer bin ich überhaupt? All das sind Fragen, die sich jede einzelne Person stellen und ebenso individuell für sich beantworten kann. In Stereotype zu passen ist völlig in Ordnung. Sicherheit in der Monogamie zu suchen auch. Abweichungen davon werden allerdings immer noch als nicht erstrebenswert und anders angesehen. Dadurch ergeben sich Einordnungen in »normal« und »nicht normal«, und das wiederum schafft Ausgrenzung. Deshalb ist es so wichtig, über Sprache nachzudenken. Sprache schafft Realität. Sprache umarmt oder verletzt. Sprache schafft Bildwelten, und diese wiederum prägen sich tief ein – woraus das entsteht, was für uns *normal* erscheint. Jeden Tag sprichst du mit dir selbst, mit anderen und über andere. Welche Wahrheit kreierst du dadurch unbewusst? Wie oft sagt dir deine innere Stimme etwas Negatives über dich? Wie oft urteilst du über andere im Kopf und laut ausgesprochen, obwohl das Urteil mehr mit dir als mit ihnen zu tun hat? Wie oft glaubst du deinen Gedanken, obwohl es nur Gedanken sind? Du kannst alles denken, ohne dass es wahr sein muss. Ein Gedanke ist nur ein Gedanke, das gesprochene Wort weit mehr. Wenn wir über Sprache sprechen, müssen wir uns auch darüber Gedanken machen, was Worte bedeuten, die zu Meilensteinen wurden. So wie das Wort »Ehe«.

Kaum ein anderer Begriff löst so viele konträre Emotionen aus. Viele klammern sich an dieses Wort, laden es mit Bedeutung und Erwartungen auf. Das kann immens viel Frust auslösen. Ebenso die Idee, dass die Hochzeit der glücklichste Tag im Leben einer Frau sein wird. Was soll das heißen – dass die Tage davor kacke waren und es danach auch eher mittelprächtig weitergeht? Dieser eine Tag wird so überhöht, dass darüber ganz vergessen wird, dass die eigentliche Ehe erst danach beginnt. Auch ich habe immer und überall nach Garantien und Sicherheit gesucht. Vor allem Sicherheit durch Fakten fand ich toll. Daher dachte ich auch, dass das Erreichen eines Meilensteins mir Sicherheit verschaffen würde. Dabei kann ein echter Meilenstein in einer Beziehung auch darin bestehen, endlich ein destruktives Verhalten zu durchbrechen, zum ersten Mal gemeinsam eine Angst zu überwinden oder zusammen eine schwierige Entscheidung zu treffen. Und diese Meilensteine immer wieder gemeinsam zu feiern und zu wertschätzen. Viele Menschen denken, dass mit der Ehe alle Probleme gelöst werden und die Liebe fortan für immer besiegelt wird. Fakten und Zahlen in Bezug auf Scheidungsraten werden dabei komplett ignoriert. So war das bei mir auch. Doch nach der Hochzeit stellt man schnell fest: Meine Beziehung ist genauso wie vorher.

Sich von diesem Schritt eine Art Erfüllung auf ewig zu erhoffen, erschafft eine klaffende Wunde wirklicher, wichtiger, immer wieder neu erschaffender Verbindung. Eine bloße Heirat ändert überhaupt nichts daran, wie deine Beziehung ist.

Stell dir vor, du lässt 30 Jahre deines Lebens an dir vorbeiziehen, nur wegen eines einzigen Tages, an dem du deinen vermeintlichen Traumprinzen heiratest. Deine Zeit als Single wird nur als bemitleidenswerter und trauriger Zwischenzustand gewertet. Du verbringst viele Jahre, Sorgen und Mühe damit, diesen Hochzeitstag irgendwie doch noch möglich zu machen und dich im schlimmsten Falle deshalb eben auf die geringste Kompatibilität einzulassen. Was aber passiert, wenn du dann wirklich geheiratet hast? Hörst du dann auf, dich täglich darum zu bemühen, deine Beziehung erfüllend zu gestalten, weil du ja bereits den »schönsten Tag deines Lebens« hattest und euch jetzt nichts mehr außer der Tod scheiden kann? Um ehrlich zu sein, gibt es da so vieles, was einen scheiden kann. Sobald zum Beispiel der Wunsch und der Invest gegenseitiger Unterstützung nur noch einseitig besteht. Ich finde es fatal und grotesk, kleinen Mädchen die Vorstellung zu vermitteln, dass ihr einziges Lebensglück von einem Mann und einer Ehe abhängt. Welch unfassbar veraltete und in großen Teilen überholte, heteronormative Idee, ohne einen Blick nur einen Zentimeter über den Tellerrand hinaus. Abgesehen davon kann es für eine queere Person unglaublich belastend sein, solchen Erwartungen gerecht werden zu müssen, da sie ständig das Gefühl suggeriert bekommt, die eigene Familie oder das Umfeld zu enttäuschen. Ich würde sogar behaupten, dass diese heteronormative, cisnormative und mononormative Welt voller Stereotype für uns alle schädlich ist. Wer sagt zum Beispiel, dass wir einen Anlass brauchen oder einen bestimmten Körper, um ein Laufsteg-Outfit zu tragen? Wer sagt, dass man als Paar zusammenleben muss? Wer sagt, dass man nur eine Beziehungsperson haben oder nur eine Person lieben kann? Wer entscheidet, dass man als Eltern ein Liebespaar sein muss? Wer entscheidet, wie eine Familie aussieht? Wer sagt, dass es Kleidung für Frauen und Männer gibt? Wer legt fest, wer welche Emotionen zeigen darf und für wen es sich ziemt, therapeutische Unterstützung in Anspruch zu nehmen? Wer sagt, dass Jungs nicht traurig sein sollen, sodass es ihnen im Erwachsenenalter schwerfällt zu weinen? Wer bestimmt, dass es nur ein »Entweder – oder« gibt, und nicht vielmehr ein Spektrum individueller Möglichkeiten? Warum neigen wir dazu, Menschen, die ihre Haut zeigen, Tattoos tragen und sich auffällig schminken, als weniger kompetent einzustufen? Wir alle, ob queer oder nicht, profitieren davon, wenn wir uns vollkommen frei entfalten können. Menschen, die sich nicht konform verhalten, demonstrieren diese Freiheit und zeigen auf, dass viele gängige Ideen und Normen über Alltagstauglichkeit oder geschlechtsspezifische Zuschreibungen völliger Unsinn sind.

Immer wieder komme ich an den Punkt, dass das Problem mit Intoleranz und Ablehnung nicht unbedingt immer etwas mit fehlender Aufklärung zu tun hat. Aufklärung ist wichtig und unabdingbar, keine Frage. Doch in erster Linie geht es doch darum, Mitgefühl und Empathie zu empfinden und eine Person so zu akzeptieren, wie sie ist. Wenn ein Mensch zu mir kommt und auf eine gewisse Art angesprochen werden mag, dann muss ich den Grund dafür nicht kennen oder es verstehen, um es zu respektieren. Ehrlich gesagt kann ich das Argument, dass die ganzen Begriffe zu kompliziert geworden sind, nicht mehr hören. Warum ist das so schwierig, wenn man gleichzeitig alle Fußballregeln inklusive Namen aller Spieler auswendig kann? Es liegt oft schlicht und ergreifend an dem fehlenden Interesse. Es ist nicht notwendig, Begrifflichkeiten zu verstehen, um einen Menschen in seiner Menschlichkeit und Identität zu unterstützen, ihm zuzuhören und ihn ernst zu nehmen. Auch ich habe früher vieles nicht gewusst und an einer veralteten Sprache festgehalten – glaubt mir also, ich habe Verständnis für Fehler, wenn Menschen sich mit Themen noch überhaupt nicht auseinandergesetzt haben. Es geht einfach um die Offenheit, dazuzulernen und mitfühlend Stück für Stück Vorurteile selbst zu hinterfragen. Das gilt ebenso für mentale Erkrankungen und jegliche Form der Verletzlichkeit. Wenn ein Mensch kein*e Feminist*in ist, dann ist diese Person entweder sexistisch oder hat den Kern des Feminismus nicht verstanden. Denn es geht im Feminismus um die Gleichstellung aller Geschlechter. Eine solche Gleichstellung bedeutet auch, dass ein Mann nicht die Anforderungen erfüllen muss, stark zu sein, viel Geld zu verdienen und Rollen der Männlichkeit zu erfüllen, sondern diese selbst definieren darf. Auch Männlichkeit ist ein Konstrukt. Emotionen herunterzuschlucken, die irgendwann zu Aggression oder Sucht führen, weil nie gelernt wurde, dass man nicht alles allein schaffen muss, schadet am Ende dem gesamten Umfeld. Es sollte beispielsweise gesellschaftlich anerkannter sein, dass Männer und männlich gelesene Personen über Gefühle genauso offen und selbstverständlich sprechen können wie Frauen und weiblich gelesene Menschen. Wir sollten in der Begleitung von Kindern keine Unterschiede zwischen den Gefühlen und Ausdrucksformen von Mädchen, Jungen und nicht binären Kindern machen. Wir sind alle Menschen, die dann mit diesen Erwartungen und Schubladen beschrieben werden.

Ich betrachte das Patriarchat und die Scham, die viele cis Männer fühlen, tatsächlich als eines der größten Probleme unserer globalen Gesellschaft. Die Statistiken zeigen, dass die Suizidrate bei Männern deutlich höher ist als bei Frauen, obwohl Frauen häufiger mit Depressionen diagnostiziert werden.* Hier unterteile ich binär, da andere Identitäten meist noch nicht inkludiert werden. Die hohe Suizidrate bei Männern könnte darauf zurückzuführen sein, dass viele versuchen, allein mit ihren Problemen klarzukommen, und sich nicht die nötige Hilfe suchen. Sie unterdrücken ihre Gefühle und Bedürfnisse, was im schlimmsten Fall dazu führen kann, dass sie sich selbst und/oder anderen Gewalt antun. Wie befreiend wäre es, wenn Männer und männlich gelesene Personen zu ihren Freund*innen sagen könnten: »Mir geht es seelisch schlecht, darf ich mich bei dir ausweinen, weil ich dir vertraue und dich sehr gern habe?«, ohne dabei Scham zu empfinden oder homofeindliche Bemerkungen erwarten zu müssen? Wenn ich merke, dass die Ablehnung von zum Beispiel schwulen Männern nur darauf basiert, dass sie nicht *zu schwul* sein sollten, wird damit meist *zu weiblich* gemeint. Was wiederum zeigt, wie unglaublich viel Abwertung alles *typisch Weibliche* in unserer Gesellschaft erfährt. Fast schon als wäre es unerträglich, dass Männer freiwillig etwas tun oder anlegen würden, welches als typisch weiblich und damit als schwach angesehen wird. Sobald ein Mann in meinem Umfeld weich erscheint, wird dieser mit schwul sein assoziiert. Dabei kenne ich Schwule, die weich sind, und welche, die keinen einzigen Funken Emotionalität zeigen. Gefühle kennen kein Geschlecht. Sie werden nur oft durch nicht reflektierte Vorurteile bewertet. Sensibel, liebevoll und wohlwollend zu sein ist ein Geschenk, keine Schwäche, ganz egal, welches Geschlecht man vermeintlich hat. Vielleicht ist ein Teil dessen, was die Menschen davon abhält, mehr Liebe zu zeigen, das Gefühl, dass es gefährlich und unvernünftig wäre, dies zu tun. Zu viel

* https://www.destatis.de/DE/Themen/Gesellschaft-Umwelt/Gesundheit/Todesursachen/Tabellen/suizide.html
https://www.rki.de/DE/Content/Gesundheitsmonitoring/Gesundheitsberichterstattung/GBEDownloadsK/2013_2_depression.pdf?__blob=publicationFile

Sensibilität und Zärtlichkeit, zu viel Toleranz und Mitgefühl scheinen die Feinde eines rationalen erwachsenen Lebens zu sein. Die Versuchung besteht darin anzunehmen, dass Liebe und Realismus Gegensätze sind. Wir können praktisch oder liebevoll sein, aber niemals beides. Was in unserer Vorstellung allzu oft fehlt, ist die Möglichkeit, dass wir sowohl Liebe zeigen als auch Grenzen bewahren können. Wir müssen Zweckmäßigkeit und Mitgefühl nicht als ein »Entweder – oder« betrachten, sondern sie als unterschiedliche Bestandteile eines Lebens sehen. Und daraus entsteht ein »Sowohl – als auch«.

Wer bin ich eigentlich?

Ich habe mir schon oft und auch schon sehr früh die Frage gestellt, wer ich eigentlich bin. Ich denke, diese Phase hat jedes Kind mal, doch bei den meisten verschwindet mit fortschreitendem Alter wahrscheinlich auch das Fragezeichen im Kopf. Eigentlich hatte ich eine recht »normale« Kindheit, und doch fühlte ich mich oft fehl am Platz.

Meine frühesten Kindheitserinnerungen sind eine bunte Mischung aus Tagen, an denen ich stundenlang mit meinem kleinen Bruder im Zimmer gespielt habe. Wir stehen uns sehr nah, und ich habe die gemeinsame Zeit mit ihm immer sehr genossen. Es gab Abende, an denen wir freudestrahlend im Bett lagen, nur weil wir gemeinsam in einem Raum übernachten durften, obwohl unsere Zimmer nebeneinanderlagen. Wir kicherten und spielten oft bis drei Uhr morgens und stellten das ganze Zimmer auf den Kopf, was unsere Mama natürlich zur Weißglut getrieben hat.

Ich erinnere mich auch an gemeinsame Weihnachtsfeste mit meinen Verwandten, es war wirklich die ganze Familie dabei, Onkel, Tanten und Großeltern. So schön diese Feste und Ereignisse auch waren, so habe ich doch schon früh gemerkt, dass es meist nicht nur um die gemeinsame Zeit ging, sondern viel öfter um das, was ich gemacht habe, meine Leistungen und meine

Fähigkeiten. Schon als Kind entwickelte ich schnell Leidenschaften. Und wenn ich für etwas brannte, war ich auch wirklich gut darin. Das ist ja nichts Ungewöhnliches bei Kindern, in meinem Fall war es jedoch so, dass ich schon sehr früh den Druck gespürt habe, zu performen. Und ich habe diesen Druck auch gleichzeitig irgendwie geliebt. Als hätte ich Stress geliebt und gehasst, und zwar zur selben Zeit.

Meine allerliebsten Erinnerungen sind die mit meinen Großeltern, die immer ein absoluter Saferspace für mich waren, und die gemeinsamen Abende in Dänemark, wo wir fast alle unsere Urlaube verbrachten. Dort hatte ich das Gefühl, ganz frei zu sein und wild und ungezwungen spielen zu dürfen. Ich tanzte überall, wo Musik spielte. Ich drückte mich durch die Bewegung im Rhythmus der Musik aus und war meist ein strahlendes und fröhliches Kind. Eine Eigenschaft, die mich bis heute begleitet und die ich mittlerweile sehr zu schätzen weiß. Das war aber nicht immer so. Kennst du dieses Gefühl, dass Menschen zwar sagen, dass sie dich verstehen, du es aber nicht fühlen kannst? Viele Menschen schienen Dinge einfach hinzunehmen und wollten sie nicht hinterfragen oder verändern. Dies auszuhalten war teilweise qualvoll für mich.

Schon als Kind erlebte ich das so und machte früh die Erfahrung, dass ich für mein Eintreten zur Verantwortung gezogen wurde. Zum Beispiel im Kindergarten, wenn ich oder ein anderes Kind geärgert wurde und ich sagte, dass ich das nicht in Ordnung finde. Das bedeutete für mich, dass ich dafür bestraft wurde, meine Stimme erhoben zu haben, obwohl es aus meiner Perspektive das einzig Richtige war. Die meisten Kinder haben von Natur aus einen ausgeprägten Gerechtigkeitssinn, den viele auf dem Weg zum erwachsenen Menschen abtrainiert bekommen. Mich hat das als Kind unglaublich traurig gemacht, weil ich das Gefühl hatte, wegen meines Gerechtigkeitssinns als anstrengend oder kompliziert zu gelten. Als Kind konnte ich das natürlich nicht so benennen oder einordnen wie heute. Es war eher ein diffuses

Gefühl von Einsamkeit, weil ich für etwas bestraft wurde, was ganz natürlich aus mir entsprang. Dabei war ich eigentlich so ein offenherziges Kind und wollte für jeden Menschen nur das Beste.

Wie schon erwähnt, entdeckte ich sehr früh meine Leidenschaft für das Tanzen. Mit drei Jahren begann ich mit Kindertanz, später wurde ich auch im Leistungstanz aktiv, erst im Bereich Hip-Hop, später in ganz verschiedenen Tanzarten wie Modern, Rock 'n' Roll und Disco Dance. Bei jedem Stadtteilfest und auch bei jedem nationalen und internationalen Event wollte ich dabei sein. Deshalb sind meine Kindheitserinnerungen stark davon geprägt, viel unterwegs zu sein, an Meisterschaften teilzunehmen und intensiv zu trainieren. So richtig begann das, als ich sechs Jahre alt war und in die Schule kam. Entsprechend spielte kompetitives Denken schon früh eine Rolle. Ebenso, immer das nächste zu erreichende Ziel vor Augen zu haben. War die norddeutsche Meisterschaft gewonnen, ging es morgen wieder zum Training für die deutsche Meisterschaft. Egal ob Solo, Duo, Crew oder Formation – ich war überall dabei. Und ich liebte es. Doch auch hier gab es Licht und Schatten. Viele Erinnerungen an die Zeit sind total sorglos. Aber mit dem Beginn der Schule änderte sich das schleichend.

Ich wuchs in einem sehr privilegierten Stadtteil Hamburgs auf. Die Nachbarschaft war konservativ geprägt und auch sehr undivers, wie ich heute einzuordnen weiß. Ich genoss und genieße noch heute viele Privilegien. Doch vor vielen Menschen, unter denen ich aufgewachsen bin, schämte ich mich oft für die progressive Art meiner Mutter und für die Berufe meiner Eltern. Heute weiß ich, dass das ein Resultat unserer klassistischen Gesellschaft war und es keinen Grund für diese Scham gab. Meine Mutter vertrat nicht viele mehrheitsgesellschaftliche Ansichten, und auch, wie man auszusehen hat, interessierte sie recht wenig. Sie hatte bunte Haare, hörte Hip-Hop und andere Rapmusik und hat mich natürlich auch so von der Schule abgeholt. Ich bewunderte sie dafür und fühlte mich gleichzeitig oft nicht zugehörig zu den anderen Kindern. Ihre Art zu sein war für die nach meinem Empfinden eher spießigen Eltern dort natürlich ein gefundenes Fressen. Es wurde unheimlich viel über uns und speziell meine Mama geredet. Dabei war sie einfach nur modern und sie selbst.

Ich hatte oft das Gefühl – und ich erinnere mich spannenderweise, dass es in ganz jungen Jahren schon so war –, dass ich Stimmungen geradezu aufgesaugt habe, auch die von anderen Menschen. Ich war ein sehr empathisches Kind, und es fiel mir schwer, mich abzugrenzen. Wenn dicke Luft war, habe ich das gespürt, und auch wenn Menschen gesagt haben, dass sie nicht traurig sind, habe ich gespürt, wenn es doch so war, und war unglücklich darüber, dass ich belogen wurde. Ich verstand einfach nicht, warum manche Menschen eine Maske aufsetzten, bevor sie sich in die Öffentlichkeit begaben.

Nach ein paar Jahren habe ich dann selbst damit angefangen, mich zu maskieren. Das war ungefähr zu Beginn meiner Pubertät, weil ich dachte, dass ich sonst in dieser empathielosen, misogynen, neidischen, konkurrenzvollen Welt nicht überleben kann. Plötzlich empfand ich selbst diese Konkurrenzgefühle und schämte mich selbst dafür. Mein stark sexuelles Verhalten und Aussehen waren in dieser Zeit wie ein Schutzpanzer. Ich war auf der Suche. Eigentlich liebte ich es, mich immer wieder neu kennenzulernen, doch nun hatte ich das Gefühl, dass ich mich für einen Look, eine Ansicht, eine Idee, ein Verhalten entscheiden musste und dies dann unabdingbar so war.

Ich bekam schon früh zu spüren: Da ist kein Platz für neue Ideen, da ist kein Platz für Hinterfragen, da ist kein Platz für Sensibilität, und da ist kein Platz, um Gefühle zu fühlen. Es zählt nur, wer die beste Person ist. Schulnoten. Platzierungen. Körper. Verhalten. Kleidung. Wohnorte. Geschminkt oder ungeschminkt. Enthaltsam oder sexuell. Leise oder laut. Zu viele oder zu wenige Hobbys. Beziehung. Alles, egal was ich machte, wurde bewertet. Immer und überall. Kann ich also jemals genug sein?

Meine Kindheitserinnerungen sind also einerseits sehr positiv, ich hatte durchaus viele glückliche Momente, aber selbst die waren mit Einsamkeitsgefühlen verbunden. Ich fand zum Beispiel beim Tanzen tolle Friends, gleichzeitig kamen in diesem Zusammenhang die ersten Konkurrenzgedanken auf, weil ich immer wieder gegen sie tanzen musste. Im Leistungstanz spielen Neid und Missgunst oft eine Rolle. Vielleicht wäre das auch gar nicht so schlimm – auch mit diesen Gefühlen muss man irgendwann lernen umzugehen –, aber leider wurde darüber einfach nicht gesprochen, und die unangenehmen Gefühle wurden ignoriert. Wir sollten *darüberstehen*, hörten wir von den Trainer*innen und Eltern. Eine perfekte Basis, um nicht schon als Kind gesunde Kommunikation und Emotionsregulation zu lernen. Außerdem bin ich dadurch mit der Gegebenheit aufgewachsen, dass unter Frauen vermeintlich sehr viel Konkurrenz stattfindet, selbst bei erwachsenen Frauen. Körper, Partner*innen, Schwangerschaften, Elternschaft, Alter, Gewohnheiten, Leistungen, Outfits, Entscheidungen. Alles wird verglichen und dann entschieden, wer die Beste und Schönste ist.

Zu Hause jedoch hatte ich in meiner Mutter und meiner Oma zwei weibliche Vorbilder. Sie haben mich immer darin bestärkt, ich selbst zu sein und zu mir zu stehen. Ihre Unterstützung war in vielem, was ich tat, spürbar. Meine Oma war eher soft und verständnisvoll, meine Mama hingegen wild und stark. Auch die beiden verkörperten diese Koexistenz, die sich durch mein ganzes Leben zieht.

Meine Oma ist ein sehr emotionaler Mensch, sie fühlt viel, auch viel Ängstlichkeit, und hat es dadurch immer geschafft, meine Verletzlichkeit zu erkennen. Manchmal war das schwierig für mich, da sie mich oft als dieses sensible Mädchen sah, das beschützt und behütet werden musste. Aber ich wollte nicht ständig beschützt werden. Ich wollte es auch allein schaffen und wusste, dass man mir vieles zutrauen kann. Meine Mama hingegen hat mich oft ermutigt, ich selbst zu sein und meine Sachen durchzuziehen. Die Kombination aus der Zärtlichkeit meiner Oma und der Disziplin meiner Mama hat meine Kindheit wirklich geprägt, ich schätze das sehr.

Ich hatte das Gefühl, dass mir nie etwas fehlte, obwohl wir weniger Geld als andere in meinem Umfeld hatten – ja, ich dachte, dass Geld ausschlaggebend ist. Ich weiß, dass meine Mama oft verzichten musste, um mir all die Tanzoutfits und Dinge wie Kinoabende, Übernachtungspartys und Kindergeburtstage zu ermöglichen. Sie hat wirklich viel für uns Kinder zurückgesteckt. Aus uns hat sie viel von ihrer Energie bezogen, aber oft sich selbst dabei vergessen, was mir das Gefühl gegeben hat, dass Aufopferung was Gutes ist und ich ihr im Gegenzug beibringen wollte, auch auf sich zu achten.

Schon als Kind habe ich gelernt, Verantwortung zu übernehmen, und früh gecheckt, wie das Leben wirklich ist: Vieles erscheint erst mal schwierig und teilweise unüberwindbar, aber irgendwie findet man meist eine Lösung. Als kleines Kind erlebte ich jedoch auch viel unsichtbaren Schmerz. Tage, an denen kein Kind in der Vorschule mit mir sprach. Ich wurde häufig von Lehrer*innen, Eltern oder Trainer*innen ignoriert und nicht ernst genommen. Dieses Gefühl des Adultismus, die Dominanz der Erwachsenen, die ihre Sichtweise aufdrängten, während ich fühlte, dass etwas anderes richtig war, aber keine Stimme hatte, die zählte. Wenn ich trotzdem etwas sagte, wurde ich dafür belächelt oder mit Konsequenzen wieder gefügig gemacht. Von klein auf wurde mir gesagt, was ich tun und was ich lieber bleiben lassen sollte. Doch schon früh entschied ich selbst, was für mich stimmte – selbst wenn es der schwierigere Weg war. Wenn so gut wie alle an der Kreuzung zur einen Seite abbogen, wählte ich die andere.

Eine weitere Emotion lernte ich schon früh kennen: die Angst. Immer wieder kreisten Gedanken in meinem Kopf: Was wäre, wenn ich irgendwo runterfalle? Was, wenn mir etwas zustößt? Diese »Was-wäre-wenn«-Fragen haben mich andauernd beschäftigt. Katastrophisierende Gedanken, durchgehend Adrenalin im

Bauch, permanent erhöhter Muskeltonus und innere Wachsamkeit. Auch die Angst, verlassen zu werden, war ein ständiger Begleiter in meinen Gedanken.

Am meisten fürchtete ich, dass meiner Mutter etwas zustoßen könnte. Die Erlebnisse anderer, etwa Verluste im Umfeld meiner Mitschüler*innen, stürzten mich in endlose Gedankenschleifen, immer war ich in Sorge, dass einem Menschen, der mir nahestand, etwas passieren könnte. Diese Eigenschaft, auf andere zu achten, ist eigentlich wunderschön, auch wenn sie mich oft quält und dazu geführt hat, dass sich manche Ängste aus meiner Kindheit manifestiert haben. Heute ist dieses Sorgen und Kümmern ein wichtiger Teil von mir, der mich gleichzeitig bereichert und herausfordert. Doch meist ist der Wunsch, die Schönheit dieser Welt in ihrer ganzen Komplexität zu erfahren, größer als die Angst. Dies ermöglicht mir auch, Zustände als temporär wahrzunehmen und mich somit in Ängsten nicht mehr festzubeißen.

Schon als Kind hatte ich den Gedanken, ich möchte Menschen in den Arm nehmen und sie unterstützen, Dinge zu schaffen. Ungenutzte Potenziale zu erkennen und sie nicht zu fördern ist für mich immer noch schwer auszuhalten. Immer muss ich mich selbst ermahnen: »Es ist nicht meine Aufgabe, jedem Menschen sein Potenzial aufzuzeigen. Nicht jeder Mensch möchte das überhaupt.« Es war eine Herausforderung, meinem eigenen Gefühl zu vertrauen und meinen Weg zu gehen, aber es war der Weg, den ich für mich als richtig empfunden habe. Jedes Mal, wenn ich meine Intuition ignorierte, ignorierte ich meinen rebellierenden Selbstwert. Das machte mich krank. Gleichzeitig konnte ich während meiner Angststörung meiner Intuition durch mein auf »Alarm« gestelltes Nervensystem kein Vertrauen schenken. Mir selbst in sämtlichen Lebenssituationen zu vertrauen war ein langer Weg. Parallel zu dem Gefühl, dass andere sich um mich sorgten, gab es auch viel Lob und Liebe von außen. Ich habe Unterstützung und Stolz erfahren. Diese Koexistenz von Extremen und angenehmen und unangenehmen Erfahrungen haben mich geprägt und mir geholfen, zu verstehen und zu akzeptieren, dass das Leben aus einem Wechselspiel von Herausforderungen und Leichtigkeit besteht.

Viele von uns leben ihr Leben, ohne jemals wirklich zu wissen, wer wir sind, da unser eigenes Ich oft eine Summe aus vielen Stimmen und Meinungen anderer ist. Eine Akkumulation von Angst vor Ablehnung oder gefangen im Kreislauf der Selbstsabotage, sobald sich etwas verändert. Ich glaube, es ist wichtig zu normalisieren, dass man sich auch mal selbst verlieren kann. Denn nur dann kann man sich neu erfinden. Unsere Reise zu uns selbst ist niemals abgeschlossen, und vieles ist tief vergraben oder hinter unsichtbaren Mauern verborgen. Selbstschutz ist gut und wichtig, manchmal dauert es eine Weile, bis du bereit bist, dich vollumfänglich anzunehmen und zu zeigen. Doch irgendwann ist der Moment gekommen. Denn wenn du dich immer wieder selbst übergehst und deine Impulse, deine Ideen und Ängste, Fehler, Bedürfnisse und Wünsche vor dir selbst und anderen versteckst, dann hast du nie die Gelegenheit herauszufinden, wer dich wirklich für das sieht, was du bist. Du nimmst dir die Möglichkeit, dich selbst kennenzulernen und anzunehmen.

Ich habe viel Schmerz erfahren, aber auch Heilung dadurch gefunden, dass ich mir meine eigenen Fehler und Illusionen eingestanden habe. Hinzuschauen, Verantwortung zu übernehmen und zu realisieren, dass mir oft wehgetan wurde, ich selbst viele Menschen verletzt habe, zu sehen, wie große Teile der Gesellschaft tatsächlich funktionieren, und auch zu realisieren, dass vieles, was ich für richtig hielt und »was man eben so macht«, nie hätte getan werden müssen, tut weh. Und meist liegt das Gefühl der Zufriedenheit hinter einem Berg unangenehmer Gefühle und Tatsachen, außerhalb der eigenen Komfortzone. Der Wunsch nach Veränderung ist meist der Anfang, doch die wirkliche Veränderung passiert im Tun. Klingt zwar logisch, doch mache dir bewusst: Wenn sich nichts verändert, verändert sich auch nichts.

Bevor ich zum Beispiel einen Namen für mein Erleben bezüglich meiner Geschlechtsidentität und die passenden Pronomen fand, habe ich oft gesagt, ich fühle mich wie ein Alien. Die Jungs schienen sich nicht zu hinterfragen, die Mädchen ebenso nicht – und alle fühlten sich in ihrem *Sein* anscheinend passend. Und ich? Ich ordnete mich automatisch den Mädchen zu, fühlte mich aber eigentlich nie hundertprozentig am richtigen Platz. Warum das so war, kann ich nicht genau erklären. Ich habe einfach das getan, was mir gefiel, und trotzdem fühlte ich mich unverstanden und anders. Dieses Gefühl der Entfremdung versuchte ich durch eine Betonung dessen, was die Gesellschaft unter Weiblichkeit versteht, und die Sexualisierung meiner Selbst auszugleichen. Ich war auf der Suche nach einem Gefühl der Zuneigung und Liebe. Danach, begehrt zu werden. Aufgrund meiner Erfahrungen mit Gleichaltrigen dachte ich, dass mein Wert nur darauf reduziert wird, wie ich aussehe, da mein Wesen und Sein dahinter sowieso nicht erkannt und wertgeschätzt wurden. Mein Äußeres hat jedoch noch nie das bestimmt, wie ich mich im Inneren fühle. Ich verdrängte diese Gefühle und Fragen und beschäftigte mich viele Jahre nicht weiter mit meiner Identität.

Erst 2021 traf ich zum ersten Mal auf nicht binäre Menschen. Zwar hatte ich davor bereits gewusst, dass es nicht binäre Menschen gibt, sogar darüber aufgeklärt, doch hatte ich mich noch nie zuvor über mein Erleben ausgetauscht. Ich werde dieses Gespräch niemals vergessen. Sie äußerten Gedanken und Gefühle, die ich mein Leben lang hatte, die aber nie ein Mensch verstand. Endlich gab es für diese Gefühle einen Namen. Jedes Mal, wenn ein Mensch mich mit »sie«, »ihre«, »Lady«, »Dame« oder »Frau« ansprach, spürte ich einen stechenden Schmerz – soziale Dysphorie. Da die meisten Menschen – um ehrlich zu sein fast alle – mich aufgrund meines Aussehens als Frau einordnen, ist dies ein Zustand, den ich auch heute noch täglich mehrfach erlebe. Jedoch spüre ich auch, dass ich mich definitiv nicht mit »er« oder »ihm«, »Mann« oder »Herr« wohlfühlen würde. Erst als ich die Pronomen »they«, »them« oder »deren« kennenlernte, oder wenn einfach nur mein Name, Saskia, verwendet wurde, fühlte es sich richtig an. Es war, als würde mein Herz aufspringen. Es war ein unglaublich befreiendes Gefühl, das ich kaum in Worte fassen konnte, denn ich realisierte endlich – ich bin nicht allein. Es gibt so viele Menschen, die genauso empfinden wie ich.

Zu Beginn benutzte ich sowohl die Pronomen »sie« als auch »they«. Rückblickend habe ich das vor allem getan, um es anderen leichter zu machen. Ich wollte niemanden korrigieren oder es für andere kompliziert gestalten. Ich hatte Angst, mit meinem Sein Raum einzunehmen. Nicht weil ich mir selbst darin unsicher war, sondern weil ich mich schon darauf einstellte, nicht ernst genommen zu werden. Doch irgendwann wurde mir klar: Wenn ich Veränderung möchte, mag ich selbst aktiv werden und für mich einstehen.

Die Anzahl der nicht binären Menschen, die sich outen, steigt stetig. Doch *existiert* haben wir schon immer. Es gibt nicht binäre Identitäten bereits seit Tausenden von Jahren. Ich habe also begonnen, meinen Mitmenschen zu sagen: »Hey, meine Pronomen sind ›they‹ und ›them‹ oder einfach nur ›Saskia‹. Wenn du Fragen hast, kannst du mich gern fragen, aber ich bevorzuge diese Pronomen.« Diesen Schritt zu tun war nicht leicht und ist es bis heute nicht. Bei gesundheitlichen Check-ups begann ich, darum zu bitten, mit »Saskia Michalski« anstelle von »Frau Michalski« angesprochen zu werden. Dabei überkam mich anfangs Scham, denn ich war unsicher, wie die Reaktionen ausfallen würden. Ich hatte noch nicht herausgefunden, welche Orte und Situationen sicher für mich waren, da nicht binäre Menschen oft nicht ernst genommen werden oder mit Anfeindungen rechnen müssen.

Ein weiteres Problem war der Mangel an Repräsentation in den Medien. Es gibt so viele nicht binäre Menschen, doch ihre Sichtbarkeit ist gering.

Mein Outing als nicht binäre Person startete ein Auf und Ab, sowohl im Außen als auch in meinem Inneren. Fremdzweifel wurden zu Selbstzweifeln. Bin ich nicht binär genug? Was auch immer das sein soll. Was ist, wenn ich das doch nicht bin? Ähnlich ging es mir mit meiner sexuellen Orientierung. Ich bin bi+ – bin ich damit queer genug? Mein inneres Coming out als nicht binäre Person fand ungefähr anderthalb Jahre vor meinem öffentlichen Coming out statt. Rückblickend kaum vorstellbar, wie lange ich in der Öffentlichkeit mein Geschlecht geleugnet habe. Ich saß bei Interviews und sprach aus, dass ich eine Frau bin, obwohl ich eigentlich wusste, dass ich mich damit nicht identifizieren kann. Manche Menschen werfen mir immer noch vor zu lügen, da ich das ja damals sonst nicht überall gesagt hätte. Aber ich war schlichtweg noch nicht bereit. Ich war selbst noch im Findungsprozess. Ich war nicht bereit, mich der Öffentlichkeit so zu präsentieren. Ich musste und wollte erst in mir selbst die nötige Sicherheit finden, um damit umzugehen.

BI+ SEXUALITÄT: Beschreibt einen Schirmbegriff aller Orientierungen, welche sich zu mehr als einem Geschlecht hingezogen fühlen. Darunter fallen z. B. pansexuell, bisexuell, omnisexuell, multisexuell oder polysexuell.

Seit meinem Coming out habe ich das, was von außen als meine feminine Ausdrucksweise gewertet wird, vollkommen angenommen. Ich habe nicht mehr das Gefühl, dass ich mit androgynem Auftreten meine Identität beweisen müsste. In vielen Köpfen entsteht die Idee, dass weiblich gelesene nicht binäre Menschen »sich androgyn zeichnen müssen«, um zu zeigen, dass das »Frausein« abgelehnt wird, und männlich gelesene nicht binäre Menschen »sich feminin zeigen müssen«, um zu beweisen, dass das »Mannsein« abgelehnt wird. Man muss beweisen, dass man »weder noch« ist. Dabei kennt weder das Frau-/Mädchensein noch das Mann-/Jungesein, noch das Nichtbinärsein einen Look. Für mich hat all das keinen geschlechtsspezifischen Bezug mehr. Es sind für mich lediglich Stoffe, Farben, Hobbys, Musik, Düfte, Haare, Make-up und Emotionen. Es ist so krass in meinem Kopf verankert, dass ich das alles gar nicht mehr geschlechtlich kategorisiere. Dies war auch für mich ein langer Prozess des Entlernens. Heute ist es für mich einfach ein Ausdruck meiner selbst. Diese Zuschreibungen nach Geschlecht sind allerdings der fest verankerte Status quo unserer Gesellschaft. Wenn mir zum Beispiel vorgehalten wird, wie ich denn keine Frau sein kann und gleichzeitig gern nackt bin oder meine Brüste mag, versuche ich zu erklären, dass ich überhaupt keinen geschlechtlichen Bezug dazu habe. Ich mag meine Brüste, da sie einfach ein Körperteil sind. Wie meine Ohren auch. Für andere nicht binäre Menschen wiederum kann sich das ganz anders anfühlen. Mein Coming out hat enorm viele Reaktionen hervorgerufen und bei vielen, die feminin gelesen werden, dazu geführt, dass sie sich ebenfalls geoutet haben. Das stieß bei vielen Menschen auf Ablehnung. Einige behaupteten sogar, ich sei verwirrend und würde alle dazu anstiften, nicht binär zu werden, nur weil ich »Geschlechterrollen ablehne«. Eine nicht binäre Identität hat absolut gar nichts mit einer Geschlechterrolle zu tun. Und ebenso habe ich wenig Interesse daran, »Menschen zu etwas zu machen«, was sie nicht sind, was übrigens auch gar nicht geht – sondern ich möchte eher Menschen zeigen, dass nicht binär zu sein keinen Look kennt. Mit meiner nicht binären Identität greife ich dich nicht an, auch wenn du mich weiblich liest. Viele dieser Kritiker*innen im Internet sind TERFs, also transexkludierende radikale Feminist*innen. Ich verstehe, welche Angst dahintersteckt, dass damit möglicherweise der Fokus von Frauen in unserer Gesellschaft im Kampf gegen patriarchale Strukturen genommen werden könnte. Doch wir FLINTA* erleben gemeinsam diese Art von Gewalt oder Ignoranz. Einige sogar mehrfach diskriminiert. Wir kämpfen gegen dasselbe und wollen dieselben Strukturen hinterfragen und auflösen. Ich wünschte, das würde erkannt werden, statt die Energie gegen eine ebenfalls marginalisierte Gruppe zu wenden. Von einigen musste ich mir anhören, ich könne meine weibliche Identität nicht akzeptieren und suche lediglich einen Ausweg aus dem Patriarchat. Ich hätte einen Uterus und wäre somit »biologisch eine Frau«. Ehrlich gesagt übersteigt diese binäre Argumentation von Geschlecht kaum die biologischen Kenntnisse der 8. Klasse. Geschlecht ist ein unfassbar komplexes Thema, welches ganze Studiengänge füllt. Man kann Geschlecht nicht in zwei klare und eindeutige Kategorien nur anhand von einem äußeren Genital einordnen. Alles ist ein Spektrum. Auch bei cis Frauen und Männern wissen wir das. Genitalien, Hormonstatus, sekundäre Geschlechtsmerkmale sind bei allen verschieden. Ebenso unterziehen wir uns nicht alle einem Gentest, um unsere Chromosomen herauszufinden, und auch dort gibt es sämtliche Variationen. Alles ist divers. So eben auch bei inter*, trans* und nicht binären Menschen. Gern wurde mir unterstellt, ich könnte mein »Frausein« nicht anerkennen und suche lediglich nach Aufmerksamkeit. Ich sage vorweg eines: Öffentlich zu meiner Identität zu stehen heißt, eine Zielscheibe von Hohn und Spott zu sein. Morddrohungen zu erhalten. Gewaltvolles Verhalten auf Dates. Menschen, die mich deshalb nicht treffen wollen. Misgendern. Ständiges Outing vor Menschen, die sehr unangenehm sind. Es ist nicht witzig und ganz gewiss kein Buhlen um Aufmerksamkeit, wenn ich mich gefühlt zu Halloween nicht verkleiden muss, da Menschen sich nur durch meine Pronomen vor mir gruseln. Das alles trägt dazu bei, dass nicht binäre Menschen unsichtbar bleiben und sich ebenso wie ich lange übersehen fühlen. Doch die andere Seite, all die Nachrichten von Menschen, die sich dank meinem Outing gesehen fühlen, ist es wert. Für mich und diese Menschen würde ich das jeden Tag immer wieder tun.

Denn ich möchte dir eines mit auf den Weg geben: Da draußen gibt es durchaus Menschen, die bereit sind, uns für das zu lieben, was wir wirklich sind. Doch erst, wenn wir uns selbst kennenlernen und mutig genug sind, unsere wahre Identität zu zeigen, können sie uns finden. Mit Neugier im Herzen, stärker als jede Angst, öffnen wir uns für Neues und lassen den Mut in uns wachsen. Ich selbst zu sein bedeutet für mich Freiheit. Mir selbst zu vertrauen ist ein Ausdruck dieser Freiheit. Eine liebende Community zu finden. Ein Gefühl von Zugehörigkeit zu fühlen und anderen eine liebende Community zu sein. Ich kenne die Wahrheit meines Seins, und in diesem Wissen liegt eine unerschütterliche Stärke. Es ist ein Prozess, der nicht immer linear verläuft, aber jeder Schritt auf diesem Weg lohnt sich.

Holy moly, I'm poly!

Wenn du bis hierher gelesen hast, hast du mich schon ein ganzes Stück auf meiner Reise begleitet und wahrscheinlich ein Gefühl dafür entwickelt, wie weit ich von der Person entfernt bin, die ich noch vor einigen Jahren war. Natürlich bin ich im Kern ich geblieben, aber meine Sicht auf die Dinge hat sich einfach grundlegend verändert. Um ehrlich zu sein, hätte ich mit meinem früheren Ich nicht gern diskutiert. In meinem Kopf gab es damals nichts Schlimmeres als die Vorstellung, von meinem Partner verlassen zu werden, Konkurrenz zu empfinden oder mich durch Eifersuchtsgefühle durchzuwühlen.

Ich hatte Angst vor der Polyamorie, vor offenen Beziehungen. Ich wollte all das weit von mir und vor allem meinem Partner fernhalten. Nachher kommt er noch auf die Idee, das auch zu wollen? Das machte mir schlichtweg Panik. Ich versuchte wegzurennen, indem ich die Realität ignorierte. Oder besser: Ich hatte Angst vor meinen eigenen Bedürfnissen und wertete ab, was ich mir selbst nicht erlauben konnte. Oder wollte. Oder durfte. Und das, obwohl ich ganz genau wusste, dass dieses Bedürfnis da ist. Ich konnte diesen Aspekt in mir selbst nicht akzeptieren.

Ich hatte Angst davor, polyamor zu sein – denn ich wollte nicht, dass meine Beziehungsperson es ist. Nach zahlreichen enttäuschenden Erfahrungen war es für mich schwer, Vertrauen zu fassen – und das war in Ordnung. Dennoch wollte ich mich von diesem Leid befreien. Diese dauerhaft anhaltende Verlustangst und hinter jeder ruhigen Ecke eine plötzliche Lawine zu erwarten war in vielen Phasen kaum auszuhalten. Nur – wie sollte ich mich davon befreien?

Die Polyamorie hat mich eiskalt erwischt. Ich war glücklich verheiratet mit meinem Mann. Ich war die happy Eheperson und dachte auch, dass ich mit dieser Rolle vollkommen erfüllt bin. Doch dann kam alles ganz anders – als ich Lui traf. Zu diesem Zeitpunkt hatte ich weder ein offenes, flexibles Denken gegenüber Liebe, noch kam für mich eine andere Beziehungsform als die klassische monogame Zweierbeziehung infrage. Das Spannende ist, dass ich mich durch die Begegnung mit Lui an zuvor unterdrückte und heimliche Sehnsüchte nach anderen wieder erinnert habe.

Ich habe diese Erinnerungen schlichtweg verdrängt. Ab einem gewissen Zeitpunkt habe ich mir das Interesse an anderen Menschen verboten, da ich in einer Beziehung war.

In der Vergangenheit habe ich mich meist getrennt, wenn ich merkte, dass ich mich zu Menschen außerhalb meiner monogamen Beziehung hingezogen fühlte, ich war der Meinung, dass dies überhaupt nur möglich wäre, wenn etwas nicht stimmt. Ich trennte mich, anstatt zu kommunizieren, dass ich Gefühle für eine andere Person entwickelt habe. Um ehrlich zu sein, war diese Art der Kommunikation unvorstellbar für mich, ich hatte viel zu viel Angst, dass mein Partner ausrasten könnte. Es gab also auch innerhalb meiner früheren monogamen Beziehungen nur offene Kommunikation, solange sie die Wünsche und Ideen des anderen unterstützte und nicht sein Ego hinterfragte. Ich glaube – ganz egal in welcher zwischenmenschlichen Beziehung –, es ist wichtig, das Risiko in Kauf zu nehmen, für das Gesagte nicht verstanden oder gemocht zu werden. Wenn ich mein wahres, authentisches Sein einer Person respektvoll entgegenbringe, kreiert das oft Unbehagen in Menschen, die noch viel aus dem eigenen Ego handeln und denken. So ist es auch, wenn ich weiß, dass meine Wünsche eine geliebte Person verunsichern könnten. Ich werde alles tun, damit meine Beziehungsperson sich sicher fühlt, doch Gefühle können wir nicht übertragen. Sie muss es durch eigene Prozesse und Wege selbst fühlen, wir können nur unterstützen.

Du siehst also, ich war denkbar weit weg von jeglicher Form von offener Beziehung. Ich würde aus heutiger Sicht sogar behaupten, dass ich damals bewertend gegenüber offenen Beziehungskonzepten war. Für mich war das kaum etwas anderes als Fremdgehen. Ich weiß noch genau, wie ich im TV mal eine Doku über Polyamorie sah und das Gesehene als so unvorstellbar und absurd empfand, dass ich meinem damaligen Ehemann direkt verkündete, dass so etwas absolut unvorstellbar für mich sei.

Wenn du mich also gefragt hättest, ob ich jemals eine offene oder polyamore Beziehung führen würde, hätte ich dir geantwortet: »Niemals in meinem Leben!« Deswegen kann ich auch verstehen, dass manche Menschen mich für meine Sichtweisen nicht ausstehen können, im ersten Moment ablehnend auf meine Beziehungsform reagieren oder durch meine bloße Art zu lieben Angst empfinden. Ich höre nicht selten, dass eine große Angst von Außenstehenden oder Follower*innen ist, dass ihre Beziehungspersonen meinen Content konsumieren und auf ähnliche Gedanken kommen könnten. Auch wenn ich weiß, dass der Versuch, etwas aufzuhalten, was nicht aufzuhalten ist, vergeblich ist, kann ich die Angst, die dahintersteht, nachvollziehen. Wie wäre es mit dem Gedanken, dass ein Mensch nicht nur monogam leben möchte, weil nichts anderes bekannt ist, sondern weil dieser sich aktiv für die Monogamie, zwischen vielen Formen der Liebe, entscheidet?

Auf die Idee, dass Liebe sich nicht nur auf einen Menschen beschränken muss, kam ich erst, als ich Gefühle für Lui entwickelte. Auch früher hatte ich schon Gefühle für mehrere Menschen gleichzeitig empfunden, es damals jedoch immer verdrängt. Bei Lui ging das nicht mehr. Als ich them traf, gab es einfach keinen Zweifel. Und das auch noch, ohne dass mir etwas in meiner Beziehung fehlte! Zuvor gab es immer, wenn ich Interesse an anderen Menschen hatte, in meiner – zu dem Zeitpunkt aktuellen – Beziehung Probleme oder aktive Sehnsüchte. Das bedeutet, ich konnte meine Gefühle immer darauf schieben, dass es gerade nicht lief, ich mich nicht wohlfühlte, und die Tatsache, dass ich wirklich mehrere Menschen gleichzeitig toll fand, schlicht leugnen.

Dabei gab es schon früh Anzeichen für mein polyamores Herz. Ich war generell schon immer an vielen Menschen interessiert. Wie ein Liebesball. Ich war immer sehr herzlich, habe viel gekuschelt – auch mit Friends – und war da sehr fluide und ungezwungen. Für mich war Liebe nicht nur der romantischen Beziehung vorbehalten. Ich liebte Menschen auf verschiedene Art und Weise. Und das ist ja auch gar nicht so ungewöhnlich und kommt durchaus auch in monogamen Beziehungen vor. Es ist völlig normal, verschiedene Phasen zu durchleben. Dass Hormone auf und ab springen. Andere Menschen attraktiv zu finden oder dass auch mal Zweifel in uns aufkommen, ob es das gewesen sein soll mit diesem einen Menschen bis ans Lebensende. Das muss nicht gleich heißen, dass ein Mensch polyamor ist, sondern ist schlichtweg Teil vieler Liebesbeziehungen.

Mit Lui machte ich nun zum ersten Mal die Erfahrung, dass ich übersprudelnde Liebe empfand – für zwei Menschen gleichzeitig. Du musst mir glauben, wenn ich sage: Meine Ehe erfüllte mich. Wir waren liebevoll miteinander, kommunizierten und unterstützten uns in unserer Individualität. Mein Mann war respektvoll, er war mir genug, und ich habe mich geliebt gefühlt, ebenso wie er auch. Ich war wunschlos glücklich. Ich weiß, dass ich das nicht betonen muss, trotzdem war es wie eine innere Rechtfertigung, wirklich so zu empfinden. Plötzlich konnte ich meine Gefühle für Lui nicht mehr auf irgendein Problem oder Defizit schieben.

Diese Erkenntnis war für mich wie ein Schlag ins Gesicht. Und die Gefühle, die mich überkamen, erwischten mich eiskalt. Aber wie sollte ich das alles meinem Mann glaubhaft vermitteln? Warum fühlte ich mich so schuldig? Wie soll ich dem gerecht werden? Wie sollte ich ihm klarmachen, dass ich Gefühle für Lui hatte, obwohl ich mit ihm glücklich war? Als mir all diese Fragen im Kopf herumspukten und ich keine Antworten auf sie fand, merkte ich: All die Vorurteile, die ich einst verinnerlicht hatte, stimmten für mich nicht mehr. Die Mononormative und die unsichtbare Regel, mich für eine Seite entscheiden zu müssen, brach ich zum ersten Mal mit meiner Entscheidung, ein Risiko einzugehen.

Weißt du, was mich in meiner Erkenntnis noch mehr bestärkt hat? Die Reaktion von Marcin. Er war nämlich gar nicht so überrascht über meine »Beichte«, wie ich dachte. Um ehrlich zu sein, war er davon viel weniger überrascht als ich selbst! Und immerhin ging es nicht nur um ein Outing als polyamor, sondern auch direkt noch als queer. Doch als ich ihm von meinen Gefühlen zu Lui erzählte, gestand er mir, dass Lui seiner Meinung nach nicht die erste Person sei, in die ich mich verliebt habe, seit wir zusammen waren. Es hätte da doch auch mal eine Arbeitskollegin gegeben, die mir mehr als nur wichtig gewesen wäre. Er meinte sogar, es hätte ihn mehr überrascht, wenn ich mich nicht irgendwann als queer geoutet hätte, und ihm das irgendwie schon immer klar war.

Anfangs habe ich zwar gemerkt, dass ich Lui unglaublich fand, war mir aber der Spannung zwischen uns noch nicht wirklich bewusst. Es war nicht so, dass ich direkt zu Marcin gegangen bin und gesagt habe: »Ich hab mich fremdverliebt.« Allein dieses Wort klingt mittlerweile total falsch für mich. Doch Marcin und ich hatten die Abmachung, stets offen und ehrlich über alles zu reden. Also stellte ich mir die Frage: »Würde ich gern über meine Gefühle Bescheid wissen, wenn ich in Marcins Lage wäre?« Und die Antwort war ein klares »Ja!«.

Also teilte ich ihm mit, dass zwischen Lui und mir eine gewisse Spannung besteht. Ich wusste zu dem Zeitpunkt noch nicht, ob ich eine feste Beziehung mit Lui wollte, wohin die Reise mit mir und Lui gehen sollte, und vor allem wusste ich noch überhaupt nicht, was Marcin dazu sagen und fühlen würde. Es war eher so ein Gefühl von »Ich weiß nicht genau, was hier vor sich geht, aber ich muss es ihm sagen«. Und das tat ich dann auch. Im Nachhinein finde ich es ziemlich lustig, wie ich das Ganze erst einmal auf das Sexuelle reduziert habe und meinte, dass ich vielleicht nur Erfahrungen mit Lui sammeln möchte. Eigentlich ist das sogar höchst problematisch, denn wer sagt denn, dass sexuelle Anziehung weniger wert ist als romantische? Der ewige hierarchische Vergleich. Marcin hat mich natürlich sofort durchschaut, und ich musste mir und ihm eingestehen, dass es vielleicht doch mehr als das Sexuelle war. Diese kleine Notlüge resultierte aus der Scham, mir das selbst noch nicht so ganz eingestehen zu wollen. Schließlich wussten wir beide, dass ich auf dem demisexuellen Spektrum bin, also nur sexuelle Lust empfinde, wenn ich eine emotionale Bindung zu einem Menschen habe.

Es war wirklich der Schock meines Lebens zu checken, dass ich nicht nur zwei Menschen gleichzeitig lieben kann, sondern es sich dabei auch noch so unterschiedlich anfühlt. Es ist schlichtweg nicht miteinander vergleichbar, obwohl ich derselbe liebende Mensch bin. Ich fühlte mich schuldig, völlig lost ohne Vorbilder und wusste gar nicht, wie das geht. Ich in der Mitte, mit Bedürfnissen, Wünschen, Ängsten, Vergangenheiten, Vorstellungen von mir und anderen.

Jede Beziehung hat ihre eigene Dynamik, weil man mit jeder Person unterschiedliche Erfahrungen macht, die die Beziehung auf eine einzigartige Weise prägen. Es ist ähnlich wie mit Friends oder auch anderen Verbindungen. Man hat emotionale Bindungen zu ihnen – und diese Bindungen sind unterschiedlich und einzigartig, manchmal stärker, manchmal schwächer, durchleben verschiedene Phasen und gemeinsames Wachstum – Verschmelzung und Distanz. Ich denke, das verdeutlicht gut, dass man solche Gefühle auch in romantischen Beziehungen erleben kann.

Langsam wurde mir klar, dass ich in zwei Menschen gleichzeitig verliebt bin, aber ich hatte keine Ahnung, wie ich damit umgehen sollte. Selbstverständlich hatte ich große Angst. Davor, dass Marcins und meine Ehe daran zerbrechen könnte, und auch davor, dass Lui sich zurückziehen könnte. Sorgen über Sorgen. Vor allem wollte ich keinen Menschen verletzen. Doch dank unserer Ehrlichkeit hat das nachhaltig die geringere Verletzung nach sich gezogen. Mit unserer Verletzlichkeit haben wir es geschafft. Als Marcin meinte: »Ich habe keine Ahnung, wohin das führt – aber zwei plus eins macht drei, und dann schauen wir mal, wie das geht«, war ich unglaublich erleichtert. Ab diesem Zeitpunkt fing ich an, Lui zu daten.

Im Gegensatz zu mir hatte Lui sich schon mit dem Thema auseinandergesetzt, aber noch keine aktive polyamore Beziehung geführt. Dennoch hat they nie infrage gestellt, dass man mehrere Menschen lieben kann. Lui hat zum Beispiel nie meine Liebe angezweifelt, weil they wusste, dass es möglich ist. Lui sagte ebenso, dass they viel durch den Umgang zwischen Marcin und mir gelernt hat und they wirkliche Fürsorge und Weichheit dadurch erlernen und bei sich selbst zulassen durfte. Deshalb war das für Lui auch nie wirklich etwas Befremdliches.

Ich kannte im deutschsprachigen Raum medial niemanden, der offen polyamor lebte. Wir hatten keine Vorbilder, nach denen wir unsere Beziehung zu dritt irgendwie formen konnten. Ich kannte nur ein Buch aus den USA, das sich jedoch mehr mit dem Konzept von offenen und weniger mit polyamoren Beziehungen beschäftigte. Wir mussten also gemeinsam erkunden, wie dieses Dreierkonstrukt funktionieren könnte.

In der Anfangszeit waren Schuldgefühle allgegenwärtig. Wenn ich bei Lui war, plagten mich Schuldgefühle gegenüber Marcin und umgekehrt. Wir entschieden relativ schnell, zu dritt zusammenzuziehen und auch unsere Beziehung auf Instagram öffentlich zu machen. Dies ergab sich eher aus meinem polyamoren Coming out, und tatsächlich hatte auch Lui hier einen wichtigen Anteil. Denn nach den stundenlangen Gesprächen mit Lui auf der Couch sagte they: »Du musst das vor der Kamera erzählen. Menschen sollen und müssen das hören!« Ich konnte mir das anfangs überhaupt nicht vorstellen, entschied mich nach langem Zweifeln dann aber doch, ein Video aufzunehmen und mich vor ein paar Hundert Follower*innen als polyamor zu outen und meine jetzige Situation zu schildern. Bevor die Leute anfingen, Gerüchte in die Welt zu setzen, wenn sie mich und Lui sehen würden, wollte ich dieses Thema lieber selbstbestimmt kommunizieren. Ich wollte meine neue Lebensrealität teilen und hatte keineswegs den Wunsch, daraus einen Job zu machen. Mir ging es darum, Menschen zu helfen, sich selbst so anzunehmen, wie sie sind, und für ein offenes Miteinander zu sensibilisieren.

Es gibt gefühlt kaum etwas, was einen angreifbarer macht, als das eigene Liebesleben in der Öffentlichkeit auszubreiten, weil es einen selbst und die, die man liebt, extrem verletzlich machen kann. Wir waren und sind noch immer Kritik ausgesetzt. Aber wenn ich eines sicher weiß, dann, dass ich mehrere Menschen lieben kann und liebe. Ich schäme mich weder für meine Art zu leben, für meine Identität, meine queere Liebe oder meine Verletzlichkeit und werde das auch nicht infrage stellen, egal was andere Menschen dazu sagen. Ich denke, der Grund, warum mich Kritik bezüglich der Polyamorie mittlerweile selten trifft, ist, dass ich verstehen kann, woher sie kommt. Denn ich komme vom selben Ort. Wenn ich heutige Videos von mir vor acht Jahren gesehen hätte, wäre ich sicherlich überfordert gewesen. Nicht weil ich gedacht hätte, dass ich Unsinn rede, sondern weil ich dort ausspreche, was meine größte Angst war: dass es keine Garantie gibt, dass ein Mensch für immer bei einem bleibt und nur mich exklusiv lieben kann. Das alles im Leben sich jederzeit verändern kann. Diese Vorstellung war für mich und ist heute für viele andere leidvoll.

Es ist okay, sich Fragen wie »Reiche ich nicht aus?«, »Bin ich nicht genug?« oder einfach nur »Warum?« zu stellen. Wahrscheinlich haben das auch viele Personen, die heute offen oder polyamor glücklich leben, früher getan, vielleicht tun sie es auch manchmal immer noch. So wie Unsicherheiten in monogamen Beziehungen menschlich sind, gilt das auch für nicht monogame. Es kommt letztendlich immer auf die Personen innerhalb der Beziehung an. Auch ich hatte diese Gedanken und begegne ihnen heute teilweise noch immer – beispielsweise als Lui und ich unsere Beziehung geöffnet haben und they andere Leute gedatet hat. Denn unbewusst gerät man immer wieder in kleine Vergleiche.

Aber auch das ist Übungssache. Es ist etwas, das dazugehört und mit viel Festigkeit in sich selbst, Autonomie und korrigierenden Erfahrungen leichter wird. Mit der Zeit sammelt man Erfahrungen und Erkenntnisse. Ich glaube nicht, dass jeder Mensch heimlich davon träumt, eine polyamore Beziehung zu führen. Aber ich bin überzeugt, dass es in jeder Beziehung elementar ist, die eigenen Bedürfnisse, Wünsche und Ängste kommunizieren zu können, ohne dafür verurteilt zu werden. Einen Menschen wirklich für das zu sehen, wer dieser Mensch gerade ist – auch wenn das nicht immer das ist, was wir hören wollen. Dieser Raum schafft Verbindung und gibt weniger Interpretationsraum – aus Annahmen werden konkrete Fragen, und Heimlichkeiten werden vermieden. Dass das in dieser Transparenz funktioniert, habe ich bisher nur in polyamoren Beziehungen erlebt, weil sie oft eine dynamische und offene Haltung voraussetzen.

In monogamen Beziehungen konnte ich beispielsweise nie sagen, dass ich oft an XY denke – ganz egal, ob es sich dabei um eine Person oder auch nur eine Fantasie handelt. Ich möchte diesen Gedanken vielleicht gar nicht umsetzen, aber ich möchte doch darüber sprechen können. Ohne verurteilt zu werden, ohne die Angst zu haben, verlassen zu werden oder etwas zu zerstören. In der Polyamorie habe ich gelernt, vieles zu kommunizieren, ohne Erwartungen daran zu knüpfen. Ich habe gelernt, zwischen Fantasie und Handlungsidee zu unterscheiden.

Ich kann beispielsweise sagen: »Ich bin gerade sehr eifersüchtig. Aber ich weiß, dass das Problem bei mir liegt, du hast keine

Absprachen gebrochen.« Es ist das Aussprechen ohne den Wunsch einer Verhaltensveränderung. Das Gefühl ist zermürbend, aber ich möchte herausfinden, woran es liegt. Oft erkenne ich dann, dass ich mich innerlich mit einem anderen Menschen vergleiche und denke, ich bin nicht genug. Dabei gibt mir meine Beziehungsperson gar nicht das Gefühl, nicht auszureichen. Es ist der Vergleich in mir selbst, der diese Gefühle auslöst. Aber ich sage mir immer: Gefühle wollen gefühlt werden. Sonst kann ich sie nicht lösen oder verstehen. Sie sind lediglich erst mal ein Signal, welches auf einen Mangel an etwas oder ein unerfülltes Bedürfnis hindeutet.

Ich kann verstehen, wenn Menschen diese Denkprozesse nicht nachvollziehen können und sich von unserem Konstrukt vielleicht erst einmal überrumpelt fühlen. Ebenso ist das Wissen über diverse Beziehungsformen, sich mit sich selbst und eigenen Denkweisen und Annahmen auseinanderzusetzen, eigene Grenzen überhaupt erst mal wahrzunehmen und eigene Wege auf einer Blanko-Landkarte zu zeichnen, auch erst einmal unglaublich viel auf einmal.

Ich kann mir vorstellen, dass die Skepsis Außenstehender oft darin begründet ist, dass sie das, was sie selbst fühlen und denken, auf mich oder Beziehungspersonen abwälzen und überhaupt nicht darüber nachdenken, dass nicht jeder Mensch auf der Welt fühlt und denkt wie sie selbst. So wie ich weiß, dass nicht jeder Mensch so denkt und fühlt wie ich. Viele Dinge, die Marcin, Lui und ich durch unsere Präsenz in den Medien geteilt haben, sind meilenweit von dem entfernt, was in unserer Gesellschaft etabliert ist. Zum Beispiel, dass man gewisse Dinge nicht wissen, sondern sich nur wünschen kann. Solche Aussagen wollen einige gar nicht hören, weil sie an einem Sicherheitspfeiler rütteln. Wir haben nur das Vertrauen in eine andere Person und das Vertrauen in uns selbst, dass wir uns imstande dazu fühlen, mit schwierigen Situationen oder Gefühlen in unserem Leben umzugehen oder uns abzugrenzen, wenn wir andere Vorstellungen haben. Eine Situation, die ich beobachte, ist, dass Menschen sich vieles selbst erlauben und auch gern ausleben würden, es der Beziehungsperson jedoch nicht zugestehen können. Rein emotional kann ich das verstehen. Den Wunsch zu hegen, sich selbst mit anderen zu erfahren und vielleicht auch die eigene Sexualität zu erkunden, doch die Vorstellung, dass daraufhin die gleiche Möglichkeit für beide besteht, ist vielleicht unaushaltbar. Es ist völlig okay, aufgrund dessen die eigenen Wünsche zurückzustellen, solange diese sich nicht zu einer Dringlichkeit entwickeln. Sollten diese Wünsche größer werden und bereits in Gedankenwelten Gestalt annehmen, würde ich empfehlen, offen darüber zu sprechen, denn nur so kann diesem Thema und vielleicht auch einem Teil der eigenen Identität Raum gegeben werden, welcher in einigen Fällen unterdrückt wird und sich irgendwann entlädt, ohne dass die andere Person den Ursprung kennt.

Auch bei der Definition von Betrug gehen viele monogame Menschen davon aus, dass sie nicht darüber sprechen müssen, weil ja klar ist, was Betrug ist und was nicht. Dieser Gedanke ist grundsätzlich verständlich, jedoch meist nur auf körperliche Exklusivität gebaut. Es kann jedoch viele Grauzonen geben, die jedes Paar für sich austarieren sollte. Oft hörte ich in Workshops und in meinen eigenen monogamen Beziehungen Sätze wie »Ich dachte, das wäre okay für dich« oder »Aber das ist für mich kein Fremdgehen!«. Das Problem ist: Wenn nie darüber gesprochen wird, wie man zu bestimmten Dingen steht, dann birgt das viele Missverständnisse und einen Interpretationsraum. Stellt euch Fragen: »Wie fühlt es sich an, wenn ich mit Arbeitskolleg*innen leidenschaftlich tanze? Wie ist es, wenn ich mit meinen Friends kuschle? Wie sieht es aus, wenn ich mit Ex-Partner*innen in Kontakt stehe? Oder wenn ich Pornos schaue? Wann und wo fängt bei dir emotionales Betrügen an? Was bedeutet flirten für dich? Wo und wann physisches Betrügen?« Die Antworten werden so divers sein wie die Menschen, die sie geben. Es gibt für mich zum Beispiel durchaus einen Unterschied zwischen Privatsphäre und

Verheimlichen. Meiner Ansicht nach muss sich kein Mensch dafür erklären, was dieser beim Solosex oder innerhalb von Fantasien anstellt. Solosex ist ein Akt der Selbstliebe und gehört jedem Menschen ganz allein. Dies zu kritisieren oder jedes Detail darüber wissen zu wollen hat nichts mit Grenzen setzen zu tun. Wenn hier Verbote oder Vorwürfe aufkommen, dann ist das schlicht Kontrolle, und die hat in Beziehungen auf Augenhöhe nichts verloren.

Man bekommt oft ein vorgefertigtes Bild darüber vermittelt, was als Betrug gilt und was nicht. Dabei lässt sich das nicht verallgemeinern, sondern ist ein individuelles Empfinden. Für manche mag Sex eine besonders bedeutende Handlung sein. Für mich ist beispielsweise leidenschaftliches Küssen sehr viel intimer. Und trotzdem ist beides nicht unbedingt betrügen. Man kann das nicht über einen Kamm scheren. Das Komplexe daran ist, dass sich das auch mit jeder Person anders anfühlen kann, je nachdem, wo wir als Paar stehen und wie sicher wir uns miteinander und in uns selbst fühlen.

Nehmen wir zum Beispiel das Thema Flirten: Was bedeutet Flirten für dich? Ist es das Schreiben? Das Verteilen von Komplimenten? Der Augenkontakt? Für mich liegt im Flirten eine Absicht. Es geht um die Intention dabei. Ich kann dir mit zwei verschiedenen Betonungen sagen: »Ich finde deine Ausstrahlung schön.« Du hörst jetzt meine Stimme nicht, doch beide würden sich definitiv verschieden anhören und einen völlig anderen Vibe mit sich bringen. Das eine wäre ein wohlwollendes Kompliment, das andere beinhaltet die Absicht, dass es der Beginn von etwas mehr sein könnte. Es beginnt also im Kopf. Es beginnt mit der Achtsamkeit sich selbst gegenüber.

Es war tatsächlich so, dass wir uns in dieser neuen polyamoren Beziehung erst zurechtfinden mussten und verstehen wollten, was das genau für uns bedeutet. Keiner von uns hatte eine Vorstellung davon, wie das funktionieren könnte. Wir haben unsere Bedürfnisse hinterfragt und uns zunächst als geschlossenes Triad mit keinen romantischen und/oder sexuellen Kontakten nach außen definiert. Für uns war unsere Beziehung zu dritt völlig neu, und wir hatten so vieles intern zu entdecken und zu erleben, dass eine Öffnung für mehr noch nicht im Raum stand. Wir haben uns als Familie zu dritt verstanden, wobei ich zwei romantische Liebesbeziehungen führte und Lui und Marcin in einer queerplatonischen Beziehung miteinander standen. Polyamorie bedeutet im Grundsatz nicht, ständig und zwanghaft nach neuen Beziehungen zu suchen oder das nächste Abenteuer zu jagen. Es ist eher eine Sichtweise auf die Liebe, offen für das zu sein, was einem im Leben begegnet, und dem nachzugehen, falls der Wunsch danach besteht. Das war aber damals gar nicht unser Fokus, wir wollten eine Familie zu dritt bauen. Wir lebten sozusagen die Disney-Monogamie light – statt zu zweit eben zu dritt – und hatten auch dieselben vermeintlichen Meilensteine im Kopf wie zuvor in unserer monogamen Paarbeziehung. Damals haben wir wohl alle drei noch sehr an monogamen Dogmen in unserer Dreierbeziehung festgehalten. Was generell überhaupt nicht verwerflich ist und womit wir uns auch sehr wohlgefühlt haben.

> **QUEERPLATONISCH/POLYQUEERPLATONISCH:** Ein Sammelbegriff für eine Beziehung, die meist keine romantische/sexuelle Anziehung erlebt – doch mehr als Freund*innen beschreibt.

Für Außenstehende war das wahrscheinlich leichter nachvollziehbar und überschaubarer als unser heutiges offenes Konstrukt. Solange es hauptsächlich um Liebe geht, tendieren Menschen dazu, das eher zu romantisieren, als wenn man sagt, bei uns geht es sowohl um Liebe als auch um Sex. Hätten wir jedoch gesagt, dass wir gar keinen Sex haben, wäre das auch wieder verdächtig gewesen. Du kannst es, gerade als weiblich gelesene Person wie ich, in der Mitte mit zwei Beziehungen in der Öffentlichkeit, nicht richtig machen.

Wir hatten zwei Schlafzimmer in unserer Wohnung, Lui und ich eins und Marcin und ich eins, und ich schlief mal bei Lui und mal bei Marcin. Interessanterweise hatte ich nie das Bedürfnis, allein zu schlafen. So wählte ich mein Schlafzimmer eher spontan aus. Unsere Beziehung war in gewisser Weise auch sehr pragmatisch. Ich glaube, dass viele Menschen sich das wilder ausgemalt haben, als es letztendlich war. Die Entscheidung, wo ich schlafen würde, war überhaupt nicht emotional aufgeladen. Es ging nicht um die Frage »Bei wem schlafe ich heute Abend?«, sondern eher darum, wer am nächsten Morgen was zu tun hatte. Oder wie sich die Abendplanung ergab. Wenn ich früh aufstand, weil ich zum Training wollte, und Marcin ausschlafen konnte, entschied ich mich beispielsweise dafür, bei Lui zu schlafen. Wir haben uns die größte Mühe gegeben, jeder Person den Raum zu geben, offen zu sagen, wenn etwas fehlte und sich Wünsche oder ein Gefühl des Mangels auftaten. Wir waren zwar zu dritt, aber lebten nicht viel anders als Menschen in monogamen Zweierbeziehungen.

Während dieser Zeit musste ich viele meiner Ansichten gar nicht hinterfragen, denn ich war fest in dieser Beziehung und hatte nicht das Bedürfnis zu überlegen, ob ich noch eine Beziehung mit einer weiteren Person eingehen würde. Diese Form der Polyamorie unterscheidet sich essenziell von der, die ich heute lebe. Und wieder hätte ich mir nicht vorstellen können, jemals anders zu leben. Deshalb versuche ich inzwischen, keine absoluten Aussagen und Denkweisen mehr festzuhalten, ohne Spielraum für Veränderung.

Nur eine weitere Beziehung begann ich damals: mein Business. Ich habe mich mit vollem Feuer in die Aufklärungsarbeit geworfen. Wir haben so gut wie jedes Medienformat für Sichtbarkeit mitgenommen. Und die Selbstverwirklichung in jedem Bereich meines Lebens konnte wachsen.

Als ich zu Beginn der Beziehung nach außen kommuniziert habe, dass ich jetzt polyamor lebe, war es mehr eine Art Vorwegnahme, um eventuellen zweifelnden Nachfragen zuvorzukommen. Ich sagte nicht einfach: »Ich bin polyamor.« Stattdessen musste ich immer betonen, dass auch mein Mann fein damit ist: »Ich habe mich in eine weitere Person verliebt, bin aber weiterhin sehr glücklich mit Marcin. Niemand muss sich Sorgen um meine Ehe machen, denn Marcin ist damit einverstanden und ebenfalls sehr glücklich.« Es fühlte sich meist wie eine Rechtfertigung an.

Der erste Mensch in meinem direkten Umfeld, dem ich vor allen anderen und auch vor unserem Outing auf Instagram von meiner Beziehung zu Marcin und Lui erzählte, war meine Mom. Ich ging dabei ganz sachlich vor und sagte eines Tages einfach zu ihr: »Mom, ich muss dir etwas sagen. Ich bin mit Marcin zusammen, und wir sind wirklich sehr glücklich. Aber ich habe mich auch in einen Menschen namens Lui verliebt. Wir schauen gerade, wie das zu dritt funktioniert.«

Überraschenderweise war ihre erste Frage nicht, wie das passiert sei, sondern wie es Marcin damit gehen würde. Ich versicherte ihr, dass auch er glücklich damit ist und dass wir alle zufrieden sind, während wir schauen, wohin das Ganze führt. Die meisten Menschen, die von unserer neuen Beziehungsform erfuhren, dachten erst, Marcin mache das nur mit, um mich nicht zu verlieren. Dies kann in Beziehungen auch durchaus passieren und hat meiner Ansicht nach wenig mit einvernehmlicher ethischer Nicht-Monogamie zu tun. Gerade in co-abhängigen Beziehungen kann man Gefahr laufen, sich selbst zu übergehen, um einen anderen Menschen nicht zu verlieren. Doch auch diese Erkenntnis kann jede Person nur für sich selbst gewinnen und ist nicht zu pauschalisieren. Oft wurde Marcin schlichtweg nicht geglaubt, wenn er betonte, dass für ihn alles völlig okay und sogar schön sei, da Lui ihm auch ans Herz gewachsen ist. Dieses ständige »Beweisenmüssen«, dass wir eine glückliche Ehe führten und das Öffnen unserer Beziehung keine Flucht aus unserer Liebe ist, laugte mich aus. Denn für mich war klar: Wenn meine Ehe nicht glücklich wäre, dann würde ich nicht noch eine weitere Person involvieren, sondern entweder daran arbeiten oder mich trennen. Irgendwann wurde es besser. Unser Glück war uns anzusehen, also glaubten uns viele Menschen mit der Zeit. Was nicht heißt, dass das Ganze nicht auch super schwer für mich war. Denn mit dem Coming out als polyamor outete ich mich direkt auch noch als queer. Um genauer zu sein als bi. Und davon wusste nicht einmal meine Familie etwas. Kein Mensch!

Nachdem ich meiner Mom davon erzählt hatte, rief ich weitere Menschen der Familie an. Im Anschluss lud ich ein Video auf Instagram hoch und ließ die Katze aus dem Sack. »Ich bin in einer Beziehung mit Marcin und Lui. Wenn mich also ein Mensch mit zwei verschiedenen Personen sieht, dann ist das so gewollt. Wir sind jetzt in einer polyamoren Beziehung zu dritt.«

Die meisten Follower*innen waren Menschen aus meiner Uni, kannten mich vom Crossfit oder Tanzen und reagierten eher verhalten oder gar nicht. Aber ein kleiner Teil freute sich auch mit mir und war neugierig und fasziniert.

Nach meinem Outing als polyamor musste ich feststellen, dass ich mich, oft und ganz unabhängig von meinem Verhalten und ohne ersichtlichen Grund, bei der Familie und den Friends meiner Beziehungspersonen beweisen musste. Viele Menschen begegneten der Polyamorie anfangs mit Skepsis und fanden es befremdlich, dass ich zwei Partner*innenschaften gleichzeitig führte. Ich hatte das Gefühl, dass ich als weiblich gelesene Person besonders unter Beschuss stand und auch immer noch stehe. Tatsächlich kenne ich sogar zwei polyamore Männer und eine polyamore eher maskulin präsentierende Frau, bei denen es nachvollziehbarer zu sein scheint, wenn sie mehrere Personen daten. Sie werden nicht als Schlampen, sondern eher als Player kategorisiert – was natürlich auch nicht okay ist. Zwar kämpfen alle gegen dasselbe Stigma, dass die Liebe von polyamoren Menschen oft weniger ernst genommen wird, obwohl es sogar doppelt Verantwortung übernehmen bedeutet, doch kannten diese Personen das Slutshaming dahinter eher weniger. Jedes Mal bekomme ich dieselben

Fragen gestellt und sehe diese Skepsis in den Augen. Es wird regelrecht geprüft, ob ich ehrliche Absichten habe und ob die Person sich in der Beziehung wertgeschätzt und geliebt fühlt. Es wird sich Sorgen gemacht, ob ich die Person in die Polyamorie hineinmanipuliert habe oder meiner Beziehungsperson vor lauter Liebestaumel nicht klar ist, dass sie niemals die *Einzige* sein wird. Solche Aussagen wurden auch gern mal vor meiner Nase getätigt.

Nachdem mich Menschen kennengelernt haben, stellt sich aber eigentlich immer heraus, dass alle Bedenken unbegründet waren. Sie merken, dass ihre Vorurteile gegenüber der Polyamorie und mir als Person nicht zutreffen. Interessanterweise war ich in mehreren ungesunden monogamen Beziehungen, die, trotz offensichtlicher Probleme und Inkompatibilitäten, selten hinterfragt wurden – einfach weil sie der gesellschaftlichen Norm entsprachen. In meiner polyamoren Beziehung musste ich plötzlich ständig beweisen, dass wir glücklich waren. Dies zeigt nur noch einmal, dass es oft nicht um das individuelle Glück geht – sondern um eine Norm, die für die einzig richtige angesehen wird.

Mit den Outings in einigen beteiligten Familien habe ich dieses Gefühl von Ungerechtigkeit teilweise intensiv erfahren. Ich hatte das Gefühl, es wurde mit zweierlei Maß gemessen. Als würde ich gegen Wände laufen, egal wie ich mich drehen oder wenden würde. Meine Beziehungspersonen hörten gelegentlich Sätze wie »Pass auf dich auf!« oder »Ich mache mir doch nur Sorgen um dich!« – und das nicht aufgrund meiner Person oder weil ich mich ungesund oder nicht wertschätzend verhalten oder etwas Unpassendes gesagt habe, sondern einfach, weil ich polyamor lebe. Ganz nach dem Motto: Das kann keine wahre Liebe sein.

Mir wurde klar, dass es nur eine Möglichkeit gibt, wie solche Situationen aufgelöst werden können: Ich muss mich diesen ganzen Gesprächen aussetzen, ich muss ein Lexikon sein, ich muss mich beweisen und auch die vierte, fünfte oder sechste Fragerunde mitmachen. Und so ist es im Grunde bis heute: Immer wieder habe ich das Gefühl, dass ich beweisen muss, dass meine

Gefühle echt und valide sind. Und wenn es in der Beziehung mal wackelt, was ja menschlich ist, heißt es sofort: »Na ja, es ist wohl wirklich schwer mit so einer polyamoren Beziehung. Das kann ja überhaupt nicht funktionieren.«

Aber nicht nur ich als Person und unser Beziehungskonzept wurden hinterfragt, sondern auch der freie Wille meiner Beziehungspersonen selbst. Das erlebten einige meiner früheren Beziehungspersonen auch in der Psychotherapie. Sie konnten so oft, wie sie wollten, sagen, wie sie fühlen und wie sie lieben wollen. Egal, die Polyamorie oder offene Beziehung sollte vermieden werden. Meist ohne irgendein Hintergrundwissen über diverse Liebesformen. Dabei ist es in der Psychotherapie eigentlich ungeheuer wichtig, dass sich Menschen verletzlich machen können und dem Gesagten der therapierenden Person eine hohe Bedeutung zukommt. Auch in diesem Bereich bedarf es einer Sensibilisierung gegenüber nicht monogamen Lebensweisen sowie queeren Identitäten und Sexualitäten. Dass Menschen wissen, wen sie lieben oder mit welcher Liebesform sie glücklich sind, wird schlichtweg überhört und oft nicht ernst genommen. Menschen im Internet unterstellten Marcin und Lui, sie wären gar nicht ernsthaft glücklich in der Dreierkonstellation und würden das Ganze nur mir zuliebe mitmachen. In vielen Vorwürfen steckt auch eine große Portion Misogynie. Mir wurde vorgeworfen, ich würde einfach den Hals nicht voll bekommen und den anderen beiden weitere Beziehungen verbieten, während ich selbst selbstverständlich machen könnte, was ich will und mir »ständig meine Löcher stopfen lassen« würde. Ja, so was sagen Menschen. Gern und großzügig. Vor allem im Internet. Es waren schwierige, aber auch lehrreiche Situationen, und ich bin dennoch dankbar für diese Erfahrungen, die mir trotz Wachstumsschmerz beim Herauswachsen halfen.

Wie du siehst, hatte ich keinen Leitfaden, wie man polyamor lebt und leben kann, ich musste meine Erfahrungen selbst sammeln. Trial and error. Irgendwann begann ich sogar, Coachings und Workshops für Menschen in offenen und polyamoren Beziehungen anzubieten. Dadurch konnte ich als Begleitperson Erfahrungen mit Hunderten von Paaren, Polykülen und Singles sammeln. Zudem machte ich immer mehr eigene Erfahrungen und bekomme bis heute Fragen und Rückmeldungen aus der Community. Täglich erreichen mich unzählige Nachrichten von Menschen, die mir von ihren Gefühlen, Situationen, Problemen und Erfahrungen berichten. Das Interessante dabei ist, dass es immer ähnliche Themen, Sorgen und Fragen sind. Es geht um fehlende Kommunikation, Konfliktscheu, Autonomiebedürfnis und den Wunsch, sich öffnen zu können.

Kein Mensch erwartet von dir, dass du jetzt sagst: »Boom, unsere Beziehung ist jetzt offen, du kannst machen, was du willst!« Am besten findet ihr gemeinsam ein Tempo, das zu euch passt. Zum Beispiel ist es völlig okay zu sagen, dass du dir wünschst, dass es anfänglich nur beim Küssen bleibt. Auch wenn dir bewusst ist, dass das nicht für immer so bleiben soll, und auch wenn das Ziel ist, die Beziehung irgendwann komplett zu öffnen. Wenn eine weitere Öffnung über das z. B. Küssen oder Flirten hinaus das Ziel ist, sollten diese kleinen Schritte weder zur Kontrolle noch zum Zurücklehnen genutzt werden. Es ist der individuelle Invest, um an das gemeinsame Ziel zu gelangen. Diese einzelnen kleinen Schritte finde ich persönlich zwar eher anstrengend, empfehle aber trotzdem je nach Beziehungsdynamik verschiedene Tools und Tempi. Bei mir ist es meist eher ein: »Lass es auf dich zukommen und schaue, was sich für dich gerade richtig anfühlt. Du kannst gern dort schlafen, du kannst auch mit dieser Person schlafen.« Denn erstens weiß ich, dass ich den möglichen Schmerz und die Konfrontation gerade nur aufschiebe, und zweitens merke ich meist erst nach dem Treffen, wie sicher ich mich mit dem Verhalten meiner Beziehungsperson fühle. Das ist abhängig davon, wie mein Nervensystem sich gerade fühlt, welches Gefühl mir meine Beziehungsperson, aber auch die weitere Person gibt. Ich versuche, mich darauf zu konzentrieren, wer ich bin, was ich zu geben habe und wie ich mich selbst sehe. Ich konfrontiere mich, ohne in die aufgeschobene Vermeidung zu gehen. Wichtig ist jedoch, Rücksicht aufeinander zu nehmen, Emotionen ernst zu nehmen und sich als Team zu verstehen.

Denn auch wenn es den Wunsch gibt, die Beziehung zu öffnen oder eine weitere Person in die Beziehung zu lassen, ist dies meist ein schmerzvoller Weg, weil man die internalisierten Vorgaben entlernen und Ängste erst mal regulieren lernen muss. Babysteps sind dabei eine Möglichkeit. Auch ich habe viele Grenzen, auf die ich mich verlassen möchte und in denen ich Sicherheit finde, doch ich persönlich möchte nicht die einschränkende Person sein. Für mich fühlt es sich passender an, wenn ich im Prozess kommuniziere, wie ich mich fühle und was unsere Beziehung für Invest braucht, statt eine weitere Verbindung kontrollieren zu wollen. Auch wenn der Impuls durchaus immer wieder da ist. Wenn meine Beziehungsperson gerade auf einem Date ist und beide sich küssen wollen, aber der einzige Grund, warum es nicht passiert, ich bin, gibt mir das ein Gefühl von Macht, welches ich gar nicht fühlen möchte. Diese Ansicht ist aber abhängig von meinen bisherigen Erfahrungen mit dieser Person und dem, was wir bisher miteinander gebaut haben. Wichtig für mich ist, vor einem Date Over- und Undersharing zu besprechen. Das heißt, möchte ich Dinge erfragen und somit die Kontrolle über erzählte Details haben, oder soll alles transparent erzählt werden, und ich sage jederzeit, wenn ich Raum für mich brauche. Das räumt meine Unsicherheiten aus dem Weg und gibt damit für mich weniger Interpretationsraum.

Ich habe versucht, die Monogamie bzw. die monogamen Einstellungen und Meilensteine zu entlernen oder umzugestalten. Ich habe mich gefragt: Was habe ich exklusiv mit meiner Beziehungsperson? Brauche ich das überhaupt? Als Lui anfing, mit anderen Personen eng zu interagieren, habe ich schnell festgestellt, dass deren Dynamik ganz anders war als unsere. Meine Angst, dass Lui mit einem anderen Menschen eine ähnliche Beziehung wie mit mir führen könnte und ich dann überflüssig werde, war völlig unbegründet. Heute weiß ich, wer wir sind und was wir haben, kann mich auf uns in jeglicher Situation verlassen und weiß, dass ich nicht ersetzbar bin und wir als Team unkaputtbar sind. Auch aufgrund der Erlebnisse, Höhenflüge, tiefen Tiefen und Phasen des Reparierens, die wir durchgemacht haben.

Das, was Lui und ich uns über all die Jahre aufgebaut haben, kann kein anderer Mensch ausfüllen, dieser Vergleich ist ein Fass ohne Boden. Jede Beziehung zu einem anderen Menschen ist einzigartig und individuell. Man führt keine Beziehung zweimal. Mein Mantra »Ich will die Wahl sein und kein Muss« hat mir auch hier geholfen. Ich möchte nicht, dass ein Mensch mit mir zusammen ist und dabei denkt: »Ich will jetzt viel lieber dies und das mit XY machen.« Ich möchte, dass ein Mensch sagt: »Ich will mit dir zusammen sein! Ich liebe dich und unsere Zeit. Vor allem mag ich mich selbst, wenn ich mit dir zusammen bin.«

Für mich war es eine immens große Hilfe, meine Ängste und Befürchtungen umzuformulieren und aus den selbst geschaffenen Käfigen auszubrechen. Gedanken sind äußerst wirkungsmächtig. Sie können uns in jegliche physische Hormonzustände versetzen und uns ein selbst kreiertes Problem oder Szenario erschaffen. Anstatt zu sagen: »Wenn du dich noch in einen anderen Menschen verliebst, dann kann ich so nicht mehr leben, und alles soll sein wie vorher«, sagte ich Sachen wie: »Ich kann mir im Moment nicht vorstellen, dass du etwas mit anderen hast. Aber wenn du so empfindest, ist es mir wichtiger, diese Gefühle zu verarbeiten, als dass es Unehrlichkeit gibt oder du mit mir nicht über deine Bedürfnisse und Wünsche sprechen kannst.«

Manchmal geht es einfach darum, die Perspektive zu ändern. Wenn man immer in derselben Denkweise feststeckt, kann das ziemlich destruktive Resultate und Denkspiralen mit sich bringen. Es ist total menschlich, Unsicherheiten in einer Beziehung zu haben, besonders wenn es um Gefühle für andere Menschen geht. Aber das Schlimmste anzunehmen ist oft schmerzvoller, als sich seinen Ängsten zu stellen und verinnerlichte Muster aufzubrechen. Es geht darum, Vertrauen aufzubauen und zu lernen, über diese Unsicherheiten zu sprechen. Ehrliche Kommunikation kann so viele Probleme verhindern oder lösen. Kein Mensch ist perfekt, und Beziehungen sind immer in Bewegung. Das Wichtigste ist, dass man bereit ist, an sich und an der Beziehung zu arbeiten, egal welche Herausforderungen auftauchen. Gemeinsame Routinen und Rituale sind wunderbar, dennoch empfehle ich dir, auch mal gemeinsam auszubrechen. Mal was Neues auszuprobieren, wie zu der Zeit, als ihr euch frisch kennengelernt habt. Ein großer Teil meiner Beziehungen ist es, immer wieder neue erste Male zu erschaffen und gleichzeitig Dates mit sich selbst wahrzunehmen.

Es ist leicht zu vergessen, dass jede*r von uns eigene Unsicherheiten und Ängste hat. Jede*r hat schon mal daran gezweifelt, ob man gut genug für einen Menschen ist, oder hat die Befürchtung gehabt, ersetzt zu werden. Diese Gedanken sind menschlich und natürlich, aber sie dürfen das Ruder nicht übernehmen. Statt in diesen Ängsten stecken zu bleiben, kann man sie als Gelegenheit nutzen, um tiefer in sich selbst zu graben und herauszufinden, woher sie kommen. Es ist nicht immer die Beziehungsperson oder die aktuelle Situation, die diese Gefühle auslöst. Oft sind es alte Wunden oder Erfahrungen, die uns prägen und unsere Wahrnehmung beeinflussen. Dies kann zum Beispiel auch so aussehen, dass wir aufgrund alter Muster oder Wunden Verhalten von unserer Beziehungsperson aushalten und tolerieren, ohne dass diese weiß, wie es uns wirklich geht. Oder wir versuchen, eine Person zu etwas zu machen, das sie gar nicht ist. Manchmal ist es eine Herausforderung, sich selbst als den verletzenden Teil in einer Beziehung zu erkennen. Aber es ist notwendig, unsere eigenen Schwierigkeiten und Themen offenzulegen, um impulsives, verletzendes Verhalten zu verstehen und anzugehen. Gefühle wie Angst, Wut oder Trauer sind oft irrational, manchmal aber auch berechtigt. Daher ist es entscheidend, in einer Beziehung einen sicheren Raum zu schaffen, in dem man offen über alles sprechen kann – und das meine ich nicht als Floskel. Wenn ich höre: »Wir sprechen über alles«, wird damit oft gemeint, »… solange ich das höre, was mir gefällt«. Ich spreche von einem Raum, in dem sich beide Partner*innen verstanden und wertgeschätzt fühlen. Das bedeutet nicht, dass man immer einer Meinung sein muss oder dass es keine Meinungsverschiedenheiten geben kann. Aber es bedeutet, dass man einander zuhört und versucht, gemeinsam Lösungen zu finden. Es ist ein »gerade sind wir anderer Meinung, und das ist okay« statt »ich habe recht, und du musst das auch so sehen«. Manchmal brauchen wir keine Problemlösung, sondern nur ein »ich verstehe, dass dich das gerade mitnimmt« und das Gefühl, dass es auch wirklich nachgefühlt wird.

Auch wenn es manchmal einfacher erscheint, Dinge zu verdrängen oder zu ignorieren, führt das in der Regel auf lange Sicht nur zu noch größeren Problemen. Es ist schmerzhaft, sich den eigenen Ängsten und destruktiven Verhaltensmustern zu stellen, aber es lohnt sich. Echte Intimität entsteht nicht nur, wenn man die leichten Zeiten teilt, sondern vor allem, wenn man sich gemeinsam durch die schwierigen Zeiten kämpft und daran wächst, sich und die andere Person allein und als Einheit neu kennenzulernen.

Es kann so schwierig sein, zuerst Impulse und Gedanken wahrzunehmen, dann innezuhalten, um einen Raum und eine Distanz im Inneren zu dem Gedanken zu erschaffen und eine Chance entstehen zu lassen, anders daraus zu handeln. Das immer wieder zu üben veränderte meine Impulsivität, mein Denken und verfestigte sich mit der Zeit. Auch für mich war es nicht immer leicht, meine Denkmuster zu entlarven und zu durchbrechen. Vor allem, weil ich schon viel Schlimmes erlebt habe. Meine generellen Ängste und mein bis dato desorientierter Bindungsstil helfen da zugegebenermaßen nicht unbedingt weiter. Dennoch versuche ich, mir zu sagen, dass es nicht darum geht, vor allem Schlimmen verschont zu bleiben. Das Leben passiert. Das Entscheidende ist, dass ich, egal was passiert, weiß, dass ich in der Lage bin, Situationen zu bewältigen und Lösungen zu finden. Ebenso bin ich nicht nur mein Bindungsstil, und dieser ist auch nicht in Stein gemeißelt. Auch wenn ich Muster durchbrochen habe, können diese immer wieder getriggert werden. Denn ich erfahre Bindung zu Menschen ganz verschieden, das kommt ganz auf die Verbindung und Person drauf an. Ich arbeite seit zehn Jahren daran, alles zu entpacken und aufzuarbeiten – ganz aktiv noch mal die letzten 1,5 Jahre. Die meisten Dinge, die ich geübt habe, sind mittlerweile automatisiert. Ich handle anders. Und das gibt mir Sicherheit. Alles begann mit Awareness. Daraus resultierenden Erkenntnissen. Ins Handeln kommen. Gefühle fühlen. Üben, üben, üben. Und anschließend korrigierende Erfahrungen machen. Ich romantisiere keine destruktiven Muster mehr und entscheide mich aktiv dagegen, mein früheres Muster zu daten oder in meinem Umfeld zu haben. Ich übergehe mich selbst nicht mehr und begleite trotzdem Menschen, die ich liebe. Wenn ich sonst im Freeze-, Fawn- oder Fight-Modus war, spreche ich es jetzt aus: »Ich mache gerade zu« oder »Ich bin traurig«, ohne daraus direkt immer zu handeln. Die Aussprache selbst lässt mich weich werden und mindert meine Sorge.

> **FREEZE-, FAWN-, FIGHT-MODUS:** Die Freeze-Reaktion beinhaltet das Erstarren oder Blockieren als Antwort auf Stress oder Bedrohung, der Fawn-Modus zeigt sich durch unterwürfiges Verhalten, während der Fight-Modus unser System bei Konflikten oder Bedrohungen auf »Kampf« stellt.

Ich jage weder der Angst hinterher noch dem kurzen Kick, auch wenn die Versuchung und die Impulse immer wieder existent sind. Ich übe mich darin, mir beides zu erlauben. In Balance. Ich habe mein Leben lang im Survival-Modus gelebt, das heißt, ich kannte es, meinen Körper durch Angst oder kurze Highs zu spüren. Meine Angst wird auch immer ein Teil von mir sein, wie von jedem Menschen, doch will und kann ich mein Umfeld nicht kontrollieren. Ich fühlte mich oft in einem Kreislauf gefangen, den ich aus Selbstliebe und Liebe zu anderen nicht mehr wollte: Ich konnte mich selbst nur spüren, wenn ich Verlustangst oder Eifersucht empfand, dann Bestätigung erhielt, die jedoch erneut in Verlustangst mündete. Manche Menschen scheuen Bindungen aus Angst vor Verletzung gleich ganz. Doch letztendlich entsteht genau dadurch die eigentliche Wunde. Denn das, was wir suchen, ist vor allem in uns selbst: Verantwortung für das eigene Handeln, Wohlwollen mit uns und anderen zu pflegen und zu verstehen, dass wir die Summe unserer Muster sind. Eine Maskierung, egal von welcher Seite, kann und will ich nicht mehr ertragen, habe aber trotzdem Mitgefühl dafür, dass das nicht für jede Person leicht ist. Es ist eine Reise, und jede Person, jede Veränderung, jedes Lebensereignis kann alte Muster an die Oberfläche holen. Ich traue mir aber zu zu wissen, was ich brauche, welche Art von Liebe ich zu geben habe und welche Liebe ich in mein Leben lassen möchte. Doch auch das musste ich erst durch das Unbehagen hindurch lernen.

Ich sag's dir noch einmal: Meine Angststörung war wirklich belastend und hatte in meinen frühen Zwanzigern einen enormen Einfluss auf meine Beziehungen. Ich hatte so unfassbare Angst, dass Menschen um mich herum sterben könnten, dass meine Liebsten krank werden, dass Menschen sich nur oberflächlich für mich interessieren, dass sie mich verlassen könnten, dass ich allein zurückbleiben könnte und all die Menschen, die mich wirklich verstehen und die ich liebe, gehen könnten. Das Einsamkeitsgefühl, das ich aus den Pausen in der Schule kannte, war zurück.

Irgendwann hörte ich auf, gegen meine Gefühle zu kämpfen. Alles, was aus der Angst geboren worden war, diese vermeintliche Sicherheitssuche, die sich hinter dem Kontrollwunsch verbirgt, ließ ich hinter mir und begann, mir selbst zu vertrauen. Ich akzeptierte radikal, dass ich nichts im Leben kontrollieren kann, außer mein Verhalten. Ich erkannte, dass ich mein Leben lang bereits einen best friend habe – mich selbst. Ich bin mit meinen Gedanken und meinem Körper schon immer zusammen. Wir waren uns nicht immer einig, mein Herz kämpfte gegen meinen Kopf – doch eigentlich sind wir ein Team. Zu wissen, dass ich alles bewältigen würde, was auf mich zukommt, war ein Befreiungsschlag. Ich wusste es nicht nur. Ich fühlte es auch endlich. Mein Kopf war schon längst da, nur mein Herz hatte noch etwas gebraucht, um hinterherzufühlen.

Bei diesem Lernprozess hat mich die Polyamorie maßgeblich unterstützt, mein Leben als Person der Öffentlichkeit und auch meine Trennung von Marcin. Erst dadurch habe ich die vielen korrigierenden Erfahrungen gemacht, an denen ich wachsen konnte. Die Menschen sprechen sowieso über mich, das kann ich nicht kontrollieren. Ich musste mich meinen Urängsten und der Möglichkeit von Verlust stellen – und dabei habe ich festgestellt, dass die ganzen Horrorszenarien, die ich mir immer wieder ausgemalt hatte, gar nicht eintraten. Inzwischen fühle ich mit den urteilenden Menschen mit, denn es muss echt anstrengend sein, all diese Annahmen und Meinungen über mich herumtragen zu müssen. In jedem Kopf existiert eine andere Version von mir. Und das ist okay, solange ich selbst weiß, wer ich bin. Da, wo ich sicher bin, bin ich schwer zu verunsichern. Mit der Zeit lernte ich, dass ich unersetzbar bin – durch mich selbst und das, was ich als Mensch bin. Die Liebe, die ich gebe, kann nicht mit der Liebe einer anderen Person verglichen werden, denn die Liebe zwischen zwei Menschen ist immer individuell und kann durch niemanden reproduziert werden. Das musste ich allerdings selbst erfahren. Nicht nur rational wissen, sondern durch die Praxis festigen können. Und das war verdammt schwer. Denn es hängt auch sehr davon ab, wie sicher ich mich fühle oder wie sehr ich der anderen Person zutraue, auf sich selbst zu achten. Wenn ich beispielsweise einen Menschen vor mir habe, der viel Scham empfindet und nur schwer über bestimmte Dinge sprechen kann, dann aktiviert das ängstliche, unsichere Muster in mir. Ich möchte mich darauf verlassen können, dass eine Person ehrlich zu mir ist und kommuniziert, wenn sich Dinge in zwischenmenschlichen Beziehungen verändern. Oftmals, wenn viel eigene Scham im Spiel ist, wird das vermieden. Scham ist oft auch ein Indikator für Heimlichkeiten, auch wenn die Intention dahinter ist, vermeintlich Menschen zu beschützen. Ich habe häufig erlebt, dass Menschen, die sich aus einer monogamen Beziehung in eine polyamore öffnen, plötzlich verstehen, dass sie ehrlich sein dürfen, ohne dafür bestraft zu werden.

Ich glaube, der Weg in die Polyamorie ist eine durchgehende, korrigierende Erfahrung, die auch das große Risiko bergen kann, dass du an Leute geraten kannst, die unsensibel und unethisch damit umgehen, und die Poly-Erfahrung, die du machst, dadurch ungesund und negativ erfahren wird. Oder du erlebst das Gegenteil: Die Menschen gehen sensibel mit dir um, ihr macht Fehler, übt euch im Reparieren, findet Kompromisse, und du wächst an deinen Erfahrungen und lernst dich selbst auf neue Art und Weise kennen. Es ist ein wenig wie Fahrrad fahren. Du wirst hinfallen, die ersten eigenen Meter voller Euphorie selbstständig fahren, vielleicht ein paar Stützräder brauchen, dir ein paarmal das Knie aufschürfen, vieles automatisieren und daraus lernen.

Ich bin mir durchaus bewusst, dass es immer wieder leicht und auch schwer werden kann. Das Leben zeigt sich durch die süßen und bitteren Momente. Aber mittlerweile habe ich die Gewissheit, dass ich durch diese Gefühle durcharbeiten kann. Zum Beispiel habe ich gelernt, dass ich in der Regel nicht von Anfang an eine offene Beziehung führen mag. Damit meine ich nicht, wenn man sich zum Beispiel datet, sondern nach einem Commitment. Wenn ich eine neue Beziehung eingehe, war diese bisher erst mal geschlossen. Wichtig ist mir, dass das für jede Person ganz verschieden sein kann und auch für mich veränderbar ist. Warum das bisher so ist? Weil ich erst Sicherheit und eine Basis mit dieser Person aufbauen möchte. Denn nur wenn das Fundament stabil ist, kann ich ein Haus weiter ausbauen. Ich brauche ein Gefühl dafür, welche Werte für diesen Menschen wichtig sind und wie wir mit gegenseitigen und eigenen Emotionen umgehen. Dann erst traue ich mir und uns zu, diesen Raum zu erweitern. Wenn bereits eine Dynamik zwischen mir und der Person besteht, kann ich verantwortungsvoll weitere Menschen inkludieren. Natürlich ist es immer noch ein Sprung ins Unbekannte, für den ich dann aber durchaus bereit bin. Wir checken, wo unsere Baustellen sind, welche Trigger jede*r von uns mitbringt, und auf was wir besonders viel Acht geben sollten. Ich habe zum Beispiel schon an mir selbst erlebt, dass ich während einer Öffnungsphase total desorientiert war. Einerseits war ich bereit, andererseits überhaupt nicht. Es bedarf unfassbar vieler Selbstregulation und Reflexion, nicht direkt aus dem Impuls zu handeln und *mixed signals* zu senden. Zunächst ermutigt man die Beziehungsperson, die Welt zu erkunden. Doch wenn sie es tatsächlich tut, wird man von Angst überwältigt und möchte sie zurückziehen. Das ist ein Verhalten, das ich in beiden Positionen schon erfahren habe. Beide Positionen waren fucking hart. Auf der einen Seite das Gefühl, nichts richtig machen zu können, und auf der anderen völlige Überwältigung durch Emotionen. In diesen Momenten habe ich versucht, mich auf die Dinge zu konzentrieren, die in meiner Kontrolle liegen. Meine Autonomie. Meine positiven Aktivitäten. Meine Hobbys. Meine Stärken. Wer bin ich außerhalb dieser Beziehung? Und wer sind wir noch, ohne die Gespräche über andere Menschen? Brennen wir noch oder brennen wir einander aus? Der ewige Tanz zwischen Autonomie und Nähe. Polyamorie bedeutet auch – vielleicht sogar vorrangig – eine stetige, flexible, fluide und dynamische Entwicklung der Beziehung. Es geht darum, Freiheit in der Sicherheit und Sicherheit in der Freiheit zu finden.

Der polyamore Gedanke fasst für mich am besten zusammen, dass Liebe einem Farbspektrum gleicht. Sie kann sich auf zahlreichen Ebenen zeigen, denen wir verschiedene Bedeutungen zuschreiben, und dennoch können sie gleichzeitig existieren. Dieser polyamore Ansatz verknüpft sich mit der Erkenntnis, dass Liebe keine begrenzte Ressource ist. Unterschiedlichste Begegnungen können im Leben geschehen und bestehen, ohne in Konkurrenz zueinander zu stehen.

Es war ein langer und manchmal schmerzhafter Prozess, meine polyamore Seite in den Arm zu nehmen. Es erforderte Mut, ehrlich mit mir selbst zu sein und meine tiefsten Ängste zu erkunden. Doch auf dieser Reise gewann ich auch eine befreiende Erkenntnis: dass es in Ordnung ist, unsicher zu sein und dass Liebe nicht durch Begrenzungen definiert wird. Ich werte mich selbst nicht mehr ab, wodurch das Abwerten von außen weniger greift. Ich lebe mein Leben, in welchem ich mir meine neugierige Intuition nicht verbiete. Neugierig sein, statt starre Meinungen und Annahmen über mich und andere zu haben, ist eines meiner wichtigsten Tools geworden.

Mein Weg zur Polyamorie war weniger eine bewusste Entscheidung für eine bestimmte Beziehungsform als vielmehr eine Reise der Selbstentdeckung und des Hinterfragens etablierter Normen. Durch die Polyamorie habe ich gelernt, meine Beziehungen und Verbindungen zu anderen Menschen bewusster und offener zu gestalten. Dieser Prozess hat mich nicht nur in meinem Liebesleben, sondern auch in meinen Beziehungen zu Freund*innen und Familie beeinflusst.

Es war, als hätte ich angefangen, die vielen unausgesprochenen Regeln und Erwartungen, mit denen ich aufgewachsen war, zu durchleuchten. Und mich zu fragen: »Bin ich das? Will ich das? Fühle ich das?« Ich fand mich in einem unglaublich intensiven Prozess des kontinuierlichen Hinterfragens wieder – nicht nur in meinen Beziehungen, sondern in meiner gesamten Identität. Ich verabschiedete mich von ständigen Notlügen, meinem Perfektionismus, dem Drang, gemocht zu werden, und allen Masken, die ich dafür aufgesetzt hatte. Die Entwicklung war nicht aufzuhalten. Es fühlte sich so an, als könnte ich die Erkenntnisse und die Sensibilisierung, die ich gewonnen hatte, nicht wieder umkehren. Ich ging mit einem völlig neuen Gefühl von Liebe, Wohlwollen, Sensibilisierung und Selbstbewusstsein durch die Welt. Ich erlaubte mir selbst und anderen Fehler und ging weniger hart mit Schuldgefühlen um.

Die Polyamorie hat mir auch beigebracht, wie wichtig und heilend ehrliche Kommunikation sein kann, besonders in emotional aufgeladenen Momenten. Dieser Ansatz hat nicht nur mein Liebesleben, sondern auch meine mentale Gesundheit positiv beeinflusst. Ich habe gelernt, dass das Zeigen meiner wahren Gefühle und das Offenlegen meiner Verletzlichkeiten keine Schwäche, sondern eine Stärke sind. Verletzlichkeit ist unser bindendes Element. Wenn wir uns nicht öffnen, dann fühlen wir letztendlich auch weniger Verbindung. Es gibt für mich einen Grundsatz, wie ich mein Herz offen halte und trotzdem meine Grenzen wahre. Verletzlichkeit birgt nur zwei Wege, die immer denselben Ursprung haben. Risiko und Mut. Daraus entsteht entweder: Verbindung. Zulassen von Nähe. Daraus lerne ich und probiere es erneut. Oder: Ablehnung. Schmerz ausfühlen. Daraus lerne ich und probiere es erneut. Wahrhaftige Verbindung entsteht nicht ohne Risiko. Verletzlichkeit fühlt sich wie eine Superkraft an, auf die ich sehr stolz bin. Letztlich haben mir diese Art, Beziehung zu leben, und meine Erfahrungen mit Lui als meine Beziehungskonstante seit Tag eins meiner polyamoren Reise gezeigt, dass es mir weniger darum geht, mich durchgehend selbst zu erfahren, sondern vielmehr darum, authentisch zu sein und meiner inneren Wahrheit treu zu bleiben und ein Mensch zu sein, welcher ein sicherer, wahrhaftiger, warmer und auch spielerischer Ort in sämtlichen Ebenen für Menschen sein kann. Wo sowohl Ruhe als auch Abenteuer zu finden sind. Warum benutze ich so oft das Wort wahrhaftig statt ehrlich? Ehrlich ist eher von kurzer und präsenter Natur. Wahrhaftig ist etwas Tieferes und Konstantes.

In einer monogamen Beziehung könnte ich theoretisch lange nebeneinanderher leben, ohne mir bestimmte Fragen stellen zu müssen. Es ist durchaus möglich, jahrelang lediglich gemeinsame Aktivitäten und Hobbys wie Sport oder Konzertbesuche zu teilen, ohne dabei über tiefer liegende Gefühle zu sprechen. Statt über sich selbst und die eigene Beziehung zu sprechen, wird dann über andere Paare geredet, geurteilt oder sich durchgehend in andere Welten geflüchtet – ein geschicktes Ablenkungsmanöver, da Selbstreflexion anstrengend und unangenehm sein kann. Mit seinem eigenen Rucksack an Erfahrungen und auch noch mit dem anderer umzugehen kann in nicht monogamen Beziehungen meist kaum vermieden werden. Einige Menschen führen gerade dieses emotionale Wachstum als Grund für ihre Wahl der Polyamorie an. In solch einer dynamischen Beziehungsform sieht man sich zwangsläufig mit Fragen konfrontiert, die in einer monogamen Beziehung vielleicht nie gestellt werden müssen (doch meiner Ansicht nach hilfreich wären). Die Polyamorie erfordert eine noch dringlichere Auseinandersetzung mit Themen wie Eifersucht, Euphorie, Wünschen, Fantasien, *Coping*, persönlichen Grenzen und Unsicherheit als die Monogamie.

COPINGSTRATEGIE: Bewältigungsstrategie

Zum Schluss möchte ich dir noch ein paar Tipps geben, die besonders in Anfangs- und Übergangsphasen helfen können, persönliche Grenzen zu kommunizieren.

Führt ein Ampelsystem ein: »Grün« für alles, was in Ordnung ist; »Gelb« für Dinge, bei denen man zuvor noch mal einen kleinen Check-in wünscht (wie soll das aussehen?); und »Rot« für alles, was einem noch sehr zu schaffen macht und das Nervensystem gerade noch zu sehr aus der Bahn wirft. Schrittweise das Nervensystem daran zu gewöhnen und erste Erfahrungen zu machen kann die ersten Gefühle der Sicherheit geben. Wichtig ist, dass dieses Ampelsystem flexibel ist und nicht als Kontrollmechanismus genutzt wird. Es kann sich im Laufe der Zeit verändern, je nachdem, wie sich die Bedürfnisse und Umstände ändern.

Checkt regelmäßig beieinander ein, um euch emotional und vielleicht auch sexuell wieder näherzukommen. Das funktioniert auch mit Friends oder in anderen Verbindungen. Fragt zum Beispiel: »Gibt es etwas, was dir gerade Angst macht? Hast du das Gefühl, dass du dich mir jederzeit öffnen kannst? Was können wir unabhängig voneinander tun, um mit der Situation umzugehen? Was sind deine Grenzen, und wie könnte ein Kompromiss aussehen? Wie kann ich dir helfen, dass du dich sicherer fühlst? Was wolltest du schon immer mal unternehmen? Lass uns das genau heute tun! Wie regulierst du deine Emotionen? In welchen Situationen fühlst du dich besonders geliebt von mir? Wann fühlst du dich glücklich, und was macht dich glücklich daran? Welche sexuellen Fantasien interessieren dich, ohne diese unbedingt ausleben zu wollen? Gibt es eine Frage, die du dich bisher noch nicht getraut hast, mir zu stellen, weil du Sorge vor der Antwort hast? Was sind positive und negative Glaubenssätze von dir? Woher stammen die? Wo magst du von mir berührt werden? Wie sendest und empfängst du Liebe? Was haben wir gemeinsam unternommen, was du gern öfter machen magst und warum? Können wir unser inneres Kind voreinander rauslassen und frei sein ohne Perfomance?« Und frage dich selbst: »Mag ich mich selbst, wenn ich mit dir bin?«

Klärt die Grauzonen im Dating miteinander ab: »Wie fühlst du dich damit, in der Öffentlichkeit Händchen zu halten? Ist es für dich akzeptabel, gemeinsam Alkohol zu trinken, angesichts der Tatsache, dass Hemmungen fallen könnten? Gibt es Aktivitäten, welche bei dir etwas auslösen, wenn wir sie gemeinsam unternehmen? Wie definieren wir Grenzen in Bezug auf Intimität, sowohl körperlich als auch verbal?«

Dabei ist die Unterscheidung zwischen Grenzen und Kontrolle essenziell. Kontrolle entsteht oft aus dem Wunsch, Macht auszuüben, was zu einem Ungleichgewicht führen kann. Wenn ich zum Beispiel sage: »Ich erlaube dir nicht, dies mit einer anderen Person zu tun«, dann basiert das häufig auf meiner eigenen Unsicherheit oder Angst. Allein die Worte *Erlaubnis* und *dürfen* implizieren ein Machtgefälle.

Kontrolle ist oft starr und unflexibel, während gesunde Grenzen angepasst und verändert werden können. Ständige Kontrolle kann das Vertrauen untergraben und die Beziehung belasten. Gesunde Grenzen hingegen können das Vertrauen stärken und eine gesunde Beziehungsdynamik fördern. Letztendlich ist es wichtig, sich den eigenen Ängsten zu stellen und nicht zu versuchen, diese durch Manipulation oder Kontrolle zu umgehen. Dies gilt auch in Bezug auf weitere Personen. Oft beginnt dort eine Art Dämonisierung von Metas, ohne dass diese Person irgendwas gemacht hat. Sich selbst einzugestehen, dass aus Angst eine Verbindung zu kontrollieren versucht wird, ist keine Schwäche, sondern stark. Es ist heilend, Unangenehmes und Angenehmes laut auszusprechen. Gesunde Grenzen erlauben es, authentisch zu handeln, was für die Entwicklung einer vertrauensvollen Beziehung unerlässlich sein kann. Erinnere dich daran, wer gerade dein Leben kontrolliert und was du selbst in deiner Kontrolle hast. In Situationen, in denen du dazu neigst, »Ach egal, ist schon gut« zu sagen, meinst du manchmal möglicherweise eher: »Ich bin wütend«, »Ich brauche dich eigentlich gerade und wünschte, du würdest bleiben«, »Ich brauche eigentlich deine Hilfe, nur manchmal ist es immer noch schwer für mich, Raum einzunehmen«, »Ich vermeide dieses Thema, weil ich Angst vor der Veränderung habe, die es mit sich bringt«. Raus damit. Das ist das Risiko, das wir eingehen müssen. Und wenn du dich dabei ertappst, dass du deine Grenzen für andere Menschen übergehst und nicht *anstrengend* sein willst. Denke daran: Du brauchst vielleicht gar kein dickeres Fell, sondern gesunde Grenzen, eine Extraportion Selbstfürsorge und ein für dich passendes Umfeld. Denn die Person, mit der du garantiert eine lebenslange Beziehung führen wirst, bist du selbst. Und bei allen anderen Beziehungen schaue der Wahrheit ins Gesicht und sehe sie als das, was sie sind. Nicht als das, was du hoffst, was sie sind. Nicht als das, was sie werden können, und nicht das, was du dir erzählst, was sie sind. Es ist nicht leicht, eine gesunde Beziehung zu führen, wenn du niemals eine erlebt hast. Doch es gibt gesunde Liebe, und du verdienst sie. Jeder Mensch verdient sie.

METAMOUR/META: Die Beziehungsperson der eigenen Beziehungsperson, mit der man selbst keine romantische Beziehung führt.

Poly-Guide

Kannst du mehrere Freund*innen haben? – Ja. Kannst du mehrere Familienmitglieder lieben? – Ja. Kannst du mehrere Geschwister lieben? – Ja.

Warum also machen wir nur bei romantischer Liebe einen Unterschied? Ist das nicht unlogisch, dies als unmöglich auszuklammern? Ich finde schon. Ich bin der festen Meinung, dass einige Menschen mehrere Personen romantisch lieben können. Damit will ich aber keinesfalls sagen, dass jeder Mensch polyamor leben muss oder es für jeden Menschen die geeignete Beziehungsform ist. Polyamorie bedeutet lediglich, mehrere Menschen lieben zu können oder die Polyamorie als Einstellung gegenüber Liebe und Beziehungen anzusehen. Es gibt auch Singles, die sich als polyamor identifizieren. Es gibt polyamore Paare, die aktuell eine geschlossene Beziehung führen. Es geht weniger um die Beziehungsform, die man aktuell führt, als vielmehr um die Fähigkeit und den Wunsch, offen damit umzugehen und flexibel für mögliche intuitive Veränderung zu bleiben.

Polyamor zu leben kann eine bewusste Entscheidung nach viel Reflexion und Recherche sein, oder, wie in meinem Fall, man stolpert quasi hinein. Das kann schockierend sein, besonders wenn man bisher nicht mit dem Konzept vertraut war. Für mich war dieser Moment völlig überraschend. Ich habe meine damalige Beziehung analysiert, suchte nach Fehlern, weil ich dachte, etwas müsste faul sein. Ich habe alles hinterfragt, mich schuldig gefühlt und geschämt, weil ich mich zu einer Person außerhalb meiner monogamen Beziehung hingezogen fühlte. Natürlich bedeutet das Eingehen einer emotionalen Bindung zu einem weiteren Menschen nicht zwangsläufig, dass man auch mit dieser Person zusammenwohnen oder jede freie Minute gemeinsam verbringen möchte. Wenn gefragt wird: »Und wie handhabt ihr das mit dem Wohnen? Fühlt sich eine Person dabei nicht zurückgestellt?«, wird häufig von klassischen Beziehungsbedürfnissen ausgegangen. Es gibt jedoch Menschen, die keinen Wunsch nach einem gemeinsamen Zusammenleben haben und dennoch emotional erfüllende Verbindungen eingehen. Ebenso habe ich Menschen erlebt, die die Öffnung ihrer Beziehung ausschließlich auf sexuelle Intimität beschränkt haben, sich aber plötzlich damit konfrontiert sahen, Gefühle zu entwickeln. Die Panik ist dann zunächst oft groß. Manchmal hilft es, kurz Abstand zu nehmen und die Affäre eine gewisse Zeit nicht zu treffen, um herauszufinden, ob die Gefühle lediglich ein Hormonrausch waren und genauso schnell wieder verschwinden, wie sie aufkamen. Ist das nicht der Fall, muss man eine Entscheidung treffen: Wollt ihr euch langsam und vorsichtig in die Polyamorie wagen? Oder lieber nicht? Manche Menschen merken nach einer Phase des Ausprobierens, dass die Polyamorie letztendlich mit dem Lebensstil, den zeitlichen und emotionalen Kapazitäten nicht umsetzbar ist, auch wenn die Gefühle da sind.

Und viele – wie auch ich in Zeiten, als ich meine Polyamorie noch nicht wahrhaben wollte – trennen sich, weil sie denken, dass in der Beziehung etwas nicht stimmt, sonst würde man sich ja nicht für andere Menschen interessieren.

Natürlich ist so eine Situation erst mal herausfordernd, aber es ist wichtig zu verstehen, dass solche Gefühle nicht unbedingt bedeuten, dass in der aktuellen Beziehung etwas fehlt oder unglücklich läuft. Andersrum ist es genauso: Menschen, die erstmals mit der Situation konfrontiert sind, dass ihre Beziehungsperson Gefühle für einen anderen Menschen hat, werden meist von einer Vielzahl von Emotionen überrollt. Es ist natürlich, sich zuerst zu fragen: »Bin ich nicht gut genug? Werde ich gerade ersetzt? Hilfe. Ich will nicht, dass sich alles verändert. Warum passiert mir das?« Trotzdem kann man auch dankbar sein für die Ehrlichkeit des anderen. Denn Wertschätzung der Wahrhaftigkeit ist meiner Meinung nach in einer Beziehung unheimlich wichtig. Ebenso kann es in diesen Momenten helfen, erst einmal das Nervensystem zu beruhigen. In einer derart emotional aufgeladenen Situation sind zielführende Entscheidungen und Austausch meist eher *messy* als verbindend. Lasst es erst mal sacken. Sammelt euch jede*r für sich, und kommt dann wieder zusammen. Legt das Thema ein paar Tage beiseite und nehmt euch Zeit, euch darüber auszutauschen.

Auch wenn ihr nicht gerade in eine polyamore Situation hineingestolpert seid, sondern eher ein allgemeines Interesse besteht, sich dem Thema Nicht-Monogamie zu öffnen, empfehle ich, dem Thema erst einmal Raum zu geben. Thematisiert es ganz konkret: »Was hältst du eigentlich von offenen Beziehungen? Kennst du Polyamorie? Woran liegt das, dass du so bei diesem Thema fühlst? Ich habe eine Doku darüber rausgesucht, wollen wir die mal gemeinsam schauen? Es gibt eine neue Serie, wo offene Paare begleitet werden. Was denkst du dazu? Dieses neue Buch, wollen wir das gemeinsam lesen und uns austauschen? Was wäre deine Angst hinter offenem oder auch monogamem Leben? Hast du schon mal über Kinks nachgedacht?« Dies sind alles Fragen, die man gemeinsam durchdenken kann, bevor man sich für eine offene oder polyamore Beziehung entscheidet.

Das Bedürfnis, ehrlich zu sein, steht oft im Konflikt mit dem Wunsch, den anderen nicht zu verletzen. Das Ergebnis: Man hält Dinge zurück. Verheimlicht. Lügt. Betrügt. Dabei ist es gerade die Heimlichkeit, die verletzend ist. Das Doppelleben. Die Irreführung. Natürlich auch der Akt an sich, doch häufig auch die Länge der Parallelwelt des Lügens.

Wenn Menschen mich fragen, wie sie ihrer Beziehungsperson mitteilen können, dass sie sich in einen anderen Menschen verliebt haben, ohne sie zu verletzen, antworte ich stets: Das ist nicht möglich. Es wird immer schmerzhafte Momente geben, doch Ehrlichkeit ist hier unabdingbar. Es ist in diesem Fall gesünder, die Wahrheit zu teilen, als sie zu verbergen. Du wirst die Person möglicherweise verletzen. Denn wir können nicht wissen, was für Gedanken und Gefühle bei einer anderen Person ausgelöst werden. Das ist das Unbekannte. Fragen beantworten, die Emotionen der Beziehungsperson aushalten und Sicherheit schenken – das können wir tun. In jeder Beziehung, sei sie monogam oder polyamor, wirst du deinen Beziehungsmenschen irgendwann verletzen, und andersrum wird das genauso passieren. Doch ich kann es nicht oft genug sagen: Sobald es um das Beziehungsleben und die andere Person geht, heißt es Transparenz und Ehrlichkeit schaffen. Mir hat ebenso geholfen, von Formulierungen wie »immer«, »nie«, »du musst«, generell abzusehen. Diese haben mich meist in Schwierigkeiten gebracht. Sie gestalten eine Kommunikation meist defensiv. Diese Defensive kann uns verletzende Aussagen entlocken. Doch auch wir sind Menschen. Keine Roboter. Heißt, wenn das passiert: Mitgefühl zeigen. Entschuldigen. Korrigieren. Bei unseren ehrlichen Aussagen gegenüber anderen müssen wir unterscheiden zwischen böswilligem, übergriffigem oder missbräuchlichem Verhalten und menschlicher Impulsivität. Die ehrlichen Worte des anderen sind möglicherweise nicht immer das, was wir hören wollen. Wenn ich beispielsweise in meiner Beziehung äußere, dass ich heute Zeit für mich allein brauche, könnte dies meine Beziehungsperson, die vielleicht emotional noch unsicher ist, verletzen, obwohl das zu einer gesunden Dynamik innerhalb unserer Beziehung führt. Das ist okay. Das Wichtige ist anzuerkennen: »Danke, dass du ehrlich zu mir bist. Es trifft mich, aber ich erkenne auch, dass dies meine eigene emotionale Reaktion ist, an der ich arbeite.« Erwartest du das von heute auf morgen von dir, ist die Selbstablehnung vorprogrammiert, was wiederum dem Selbstwert einen Dämpfer verpasst und somit meist auch den Prozess des Annehmens wieder schwieriger macht. Es ist okay, noch nicht okay zu sein. Das ist der Anfang. Es geht darum, diese Gefühle anzuerkennen und sie zu respektieren. Lerne neben deinen Gefühlen auch deine Werte kennen: Ich habe meine Werte so oft übergangen und umgeworfen, dass ich nicht mehr dorthin zurück möchte. Für mich war es hilfreich, einen eigenen Wertekompass zu haben, dem ich folge, um mir selbst treu zu bleiben.

Alles, was ich hier schreibe, ist oftmals auf jegliche Art von Verbindung anzuwenden. Wenn ich mehrmals erlebt habe, dass meine Beziehung stabil und sicher bleibt, auch nachdem meine Beziehungsperson einen anderen Menschen gedatet hat, dann werden die Gefühle von Unsicherheit und Angst mit der Zeit höchstwahrscheinlich nachlassen. Das ist so, weil du wiederholt die Erfahrung gemacht hast, dass nichts Schlimmes daraus resultiert. Am Anfang kann das Nervensystem jedoch noch laut HILFE schreien. Alles ist auf Alarm gestellt, die Amygdala wird aktiviert, und in deinem Kopf können überall Gefahr, Vergleiche und Konkurrenz entstehen. Das gilt oft nicht nur für die Person, die zurückbleibt, sondern auch für diejenige, die das Date hat. Zu Beginn kann es sich so anfühlen, als würde man betrügen, selbst wenn alles offen kommuniziert wird. Es kann eine Zeit dauern, bis man sich in diesem Beziehungskonzept sicher und wohl fühlt. Es ist ein ständiger Prozess des Lernens, Verstehens und Anpassens.

Für mich hat es sich am Anfang teilweise schrecklich angefühlt, obwohl ich das Okay meines damaligen Ehemannes hatte. Es war für mich nicht einfach zu sagen: »Ich vertraue darauf, dass du für dich und dein Herz selbst sorgst und mir mitteilst, wenn etwas sich nicht gut anfühlt.« Anfangs habe ich manchmal unzählige Male am Tag gefragt: »Ist das wirklich okay?« »Liebst du mich noch?« »Meinst du wirklich, dass ich gehen kann?« Du kannst dir gar nicht vorstellen, wie anstrengend ich mich selbst empfunden habe! Irgendwann sagten meine beiden Beziehungspersonen: »Alter, ja! Es ist okay. Wir würden dir schon sagen, wenn es nicht so wäre!«

Mein eigentliches Problem war wieder mal die altbekannte Angst vor Kontrollverlust. Statt ständig nachzufragen und mich rückzuversichern, musste ich mir selbst sagen: »Es handelt sich um zwei erwachsene Menschen. Ich habe mich mit beiden abgestimmt, ich vertraue ihnen und habe klare Absichten kommuniziert. Ich vertraue und glaube daran, dass man mir sagt, wenn sich Gefühle ändern.« Aber es kann wirklich schwer sein, insbesondere für ängstliche/desorientiert bindende Menschen, das auszuhalten und anderen auch zuzutrauen, dass sie für ihre Gefühle selbst Verantwortung übernehmen.

Ich wusste zwar, dass Rückversicherung und Fragen in Ordnung sind, wenn es sich um zwei oder drei Rückfragen handelt. Doch meine Intention dahinter war der Versuch, mich durch die Versicherung meiner Beziehungspersonen zu beruhigen. Diese ständigen Nachfragen können auch schaden, besonders wenn die Antwort der anderen Person für mich keine Bedeutung mehr hat und an mir vorbeigeht, als würde sie durch ein Sieb prasseln. Die Rückversicherung gab mir kurzzeitig eine Befriedigung, aber sie hielt nur etwa 20 Minuten an. Danach hätte ich schon wieder fragen können. Dieses Gefühl kenne ich übrigens nur zu gut von meiner Angststörung bezüglich Krankheitsängsten, Verlustängsten oder dem ständigen Fragen, ob alles gut ist. Es ist vollkommen klar, dass das auf Dauer einen unzumutbaren Zustand für alle beteiligten Personen darstellen kann.

Ich wollte am liebsten mehrmals am Tag fragen: »Liebst du mich? Findest du mich schön?« und was noch so unter diese Kategorie fällt. Ich habe dann irgendwann für mich entschieden: »Ich darf fragen, aber heute nur einmal. Anschließend vertraue ich darauf, dass du mir von selbst sagst, wenn dich etwas stört.« Es fühlte sich teilweise wie ein Entzug für mich an, diese Sicherheit und Bestätigung vor allem in mir selbst zu finden. Es fühlte sich so an, als könnte ich das nie überwinden. Doch jetzt bin ich genau hier. Ich habe geübt, mich entgegengesetzt zu meinem destruktiven Impuls zu verhalten, und damit einen sichereren und liebevolleren Umgang mit mir selbst und anderen gefunden. Manchmal höre ich: »Saskia, das klingt bei dir immer so einfach.« Dazu mag ich zwei ehrliche Perspektiven teilen. Erstens denke ich, dass du nach der Lektüre dieses Buches erkennst, dass vieles überhaupt nicht einfach war, sondern ein weiter Weg, um an diesen Punkt zu kommen. Zweitens, und das glorifiziere ich nicht, bin ich sehr diszipliniert. Mein Freund sagte gerade erst: »Ich habe selten einen so disziplinierten Menschen wie dich kennengelernt, der gleichzeitig so wenig negativ über sich selbst spricht.« Wenn ich etwas nicht mehr aushalten will, dann verändere ich das. Wenn ich mich mit Menschen nicht mehr gut fühle, kommuniziere ich und halte diese unangenehmen Gefühle aus. Ich bin konfrontativ und schütze mich trotzdem, wenn ich gerade eine Pause brauche. Ich verharre ungern lange in Zuständen, die sich nicht vor- oder zurückbewegen, und bin sehr lösungsorientiert und emotional geleitet. Da ich meist mit 150 Prozent voranpresche und sämtliche Dinge auf einmal umsetzen möchte, liegt meine Schwierigkeit eher darin, mal nichts zu tun. Nicht zu helfen oder nicht zu wirken. In polyamoren Beziehungen kann es passieren, dass ich mich im Geben verliere, utopische Erwartungen an Kommunikation voraussetze, Red Flags dank der rosaroten Brille erst spät erkenne, zu viel Last und Verantwortung auf meinen Schultern trage – einfach weil meine Messlatte von dem, was zu viel ist, nicht unbedingt dem entspricht, was gesund ist. Ich muss also mit einer besonderen Wachsamkeit darauf schauen, nicht vor lauter Motivation und Ideen auszubrennen. Natürlich ist das bei jeder Person anders. Wichtig ist, dass man sich bewusst macht, was in einer Beziehung schwierig werden kann, und bereit ist, die benötigte Arbeit zu investieren. Wenn man sowohl sich selbst gut kennt, Vertrauen in die eigene Person hat und gleichzeitig auch den anderen zutraut, zu wissen, was gut für sie ist, kann das die Bindung immens stärken. Deiner Beziehungsperson zuzutrauen, mit dir und deinen Gefühlen umzugehen, kann sich wie ein Selbstwert-Boost für sie anfühlen, denn durch dieses Vertrauen signalisierst du: »Ich traue dir das zu.«

Ich möchte dir hier einige Impulse mit auf den Weg geben, die dir helfen können, deine Gedanken über die Polyamorie besser zu sortieren:

Impulse für dein nicht monogames Leben

- Was Polyamorie nicht ist: Einfach mehrere Menschen zu lieben und zu daten und dann im Liebestaumel zu vergessen, ihnen davon zu erzählen. Polyamorie bedeutet nicht nur die Möglichkeit, sich in mehrere Menschen zu verlieben, sondern auch das Commitment, jede Verbindung mit Sensibilität, Transparenz und Ehrlichkeit zu pflegen.
- Regeln und Skripte gelten nicht für alle, jeder Mensch macht eigene Erfahrungen. Polyamorie ist eine ganz individuelle Reise, deine Reise ist mit keiner anderen vergleichbar.
- Ich sehe Polyamorie und Monogamie nicht als komplette Gegenpole. Man muss sich nicht für immer für eine Seite entscheiden. Polyamorie ist für viele mehr als eine Beziehungsform, es ist eine Sichtweise auf die Liebe und das Leben, was auch für die Monogamie zutreffen kann. Jede Beziehung kann verschiedene Phasen durchleben, ohne dass ein Konzept »nichts für einen war«. So war ich beispielsweise innerhalb derselben Beziehung schon sowohl monogam als auch nicht monogam. Mir wurde klar, dass weder das eine noch das andere unbedingt mehr oder weniger zu mir passt – solange es eine gesunde Beziehung ist und wir dasselbe Verständnis von Liebe teilen.
- Im Laufe der Zeit habe ich gelernt, dass die Beziehungsform, für die ich mich entscheide, weniger mit den Werten, die ich vertrete, zu tun hat als vielmehr damit, wo ich gerade emotional/im Leben stehe. Ich konzentriere mich darauf, was all meine Beziehungen gemeinsam haben sollten, unabhängig von meinem Beziehungsstil: Grenzen, Offenheit, Wohlwollen, Intention, Bereitschaft, Loyalität und Flexibilität.
- Ob in einer nicht monogamen oder monogamen Beziehung, immer ist anzuerkennen, dass Anziehung zu anderen Menschen mit meiner Beziehung koexistieren kann. Das ist in Ordnung, solange die Grenzen und Erwartungen für alle Beteiligten klar sind und eingehalten werden.
- Lerne, zwischen einem Problem innerhalb der Beziehung und

einem Problem aufgrund der Nicht-Monogamie zu unterscheiden. Manchmal bringen nicht monogame Beziehungen bereits vorhandene Probleme nur an die Oberfläche – ohne dass das an der Beziehungsform liegt. In der Polyamorie/Nicht-Monogamie ist es unumgänglich, sich mit Bindung, Triggern, Unsicherheiten und Eifersucht auseinanderzusetzen. Wenn ich ein Gefühl wahrnehme, halte ich inne und höre in mich hinein, bevor ich meine Gefühle auf das projiziere, was um mich herum geschieht. Dies ist ein wichtiger Teil des Wachstumsprozesses.

- Es ist möglich, mehrere Menschen gleichzeitig zu lieben, aber nicht die Kapazität zu haben, mit der emotionalen oder organisatorischen Verantwortung Schritt zu halten. Manchmal erleben Menschen Love-Burn-outs, da ihr Leben sich kontinuierlich nur um Beziehungen und zwischenmenschliche Arbeit dreht. Polyamorie bietet doppelte Liebe und doppelte Chancen, besteht aber nicht nur aus unbeschwerten Zeiten.
- Stelle Fragen, statt Annahmen zu machen. Wir sollten uns gegenseitig zutrauen, die Wahrheit zu sagen und transparent zu sein. So verhindern wir direkte defensive Reaktionen und hohe Schutzmauern.
- Du wirst Fehler machen und verletzen, denn nicht alles, was du ehrlich teilst, ist das, was sich deine Beziehungsperson wünscht. Es ist okay, Menschen zu enttäuschen. Konzentriert euch auf den Prozess des Reparierens oder kommt zu dem Schluss, dass etwas irreparabel ist.
- Wie lange Menschen in einer Beziehung sind, sagt nichts über deren Gesundheit oder Funktionalität aus. Auch Menschen, die sich gegenseitig schaden, nicht miteinander kommunizieren und unglücklich sind, können Jahrzehnte zusammenbleiben. Die Länge einer Beziehung zu idealisieren halte ich für problematisch. Ich wertschätze eher Intention, Zusammenhalt, Austausch, Wohlwollen, Respekt, Verständnis, Miteinander und Kommunikation.

- Über Erwartungen und Commitments zu sprechen ist wichtig, besonders in der Dating-Honeymoon-Phase einer neuen Person. Menschen verdienen es, mit Konsens in eine Verbindung zu treten und darüber informiert zu werden, was zu erwarten ist, da für jede Person andere Dinge wichtig sein können.
- Es ist wichtig zu erkennen, dass Verständnis auf der Sachebene nicht unbedingt erforderlich ist, um Mitgefühl und Empathie zu zeigen.
- Das Akzeptieren von »Sowohl-als-auch« – die Koexistenz von Gefühlen – ist wesentlich. Wir können stolz und gleichzeitig traurig sein. Ängstlich und mutig. Das Leben ist komplex, und unsere Emotionen sind es auch. Diese Dualität ermöglicht es, sich weniger in Konflikt mit sich selbst zu fühlen.
- Es gibt keine positiven und negativen Emotionen. Sondern angenehme und unangenehme. Alle gehören zu einem gesunden System. Eifersucht, Unsicherheiten, Ängste, Wut oder Traurigkeit sind völlig menschliche Emotionen. Es ist entscheidend, dass jede Person einen gesunden Weg entwickelt, diese Emotionen zu regulieren, sowohl eigenständig als auch gemeinsam. Alle Gefühle sind okay. Doch nicht jedes Verhalten ist okay.
- Stimme nichts zu, nur um einem Menschen zu gefallen, und treffe keine Vereinbarungen, die du nicht einhalten willst oder kannst. Arbeitet gemeinsam an Wegen, um eure Wünsche und Bedürfnisse in Einklang zu bringen. Kommuniziere offen, was dir schwerfällt.
- Mache Fehler. Erkenne sie. Verirre dich. Finde dich. Übernehme Verantwortung. Arbeite auf. Riskiere. Versuche es erneut.
- Nur weil wir eine offizielle Bezeichnung für eine Person oder ein Konstrukt haben, heißt das nicht, dass diese Erwartung automatisch erfüllt wird. Ein Titel bedeutet wenig ohne Vertrauen, tiefe emotionale Gespräche, Klärung von Prioritäten, Authentizität, Flexibilität und gegenseitige Wertschätzung. Gewaltfreie Kommunikation, Verständnis, Wohlwollen mit

respektvollen Grenzen und das Verstehen verschiedener Arten, Liebe zu senden und zu empfangen, sind essenziell.

- Kenne deine Trigger und lerne, zwischen altem und neuem Erleben zu unterscheiden. Wenn du magst – kommuniziere deine Trigger und wann du getriggert bist.
- Wenn du eine Verbindung zu einem Metamour anstrebst, achtet auf eine gute Balance zwischen Nähe und Distanz, und definiert für euch individuelle verbindende Elemente außerhalb der Tatsache, dass ihr denselben Menschen liebt. Sprecht klar über Konsens, welche Informationen mit wem geteilt werden können, und schafft eine eigenständige Freund*innenschaft, ohne die Polyamorie als Basisthema zu wählen. Das kann in Chaos und dem Gefühl, eine Seite einnehmen zu müssen, enden.
- Selbstablehnung kann zu einem Problem werden. Mir selbst zu verzeihen heißt, im Kopf anzufangen, bevor es im Fühlen ankommt. »Ich vergebe mir, weil ich jetzt verstehe, dass ich mein Bestes zu dieser Zeit gegeben habe, und ich verstehe, warum ich so gehandelt habe. Ich lerne.« Irgendwann kommt das auch im Herzen an.
- Es gibt Menschen, die man mag, und es gibt Menschen, mit denen man eine Beziehung eingehen möchte – das sind zwei grundverschiedene Dinge. Egal wie sehr man eine Person mag und es genießt, Zeit mit ihr zu verbringen, manchmal entspricht die Beziehung, die man mit ihr führen kann, nicht den eigenen Bedürfnissen. Wenn das der Fall ist, sprecht miteinander und passt die Beziehung an, damit sie funktioniert, oder beendet sie.
- Wenn unsere Beziehungsperson ein Unbehagen wie Wut, Trauer oder Angst zum Ausdruck bringt über das, was wir zum Beispiel gerade tun (z. B. eine neue Person daten), heißt das nicht, dass wir etwas unbedingt lassen sollen. Wenn eine Beziehungsperson schwierige oder unangenehme Gefühle über unsere gemeinsame Absprachen äußert, ist das nicht dasselbe, als

würde sie sagen: »Ich will, dass sich etwas verändert« oder »Du hast was falsch gemacht«. Eine Emotion ist nicht gleich ein Appell zur Veränderung, sondern etwas, was einfach erst einmal IST. Es ist einfach der Ausdruck der emotionalen Auswirkungen unseres Verhaltens. Oft ändern Menschen ihre Entscheidungen, weil die eigene Beziehungsperson mit diesen Entscheidungen Schwierigkeiten hat, und nehmen es dann übel, dass die Beziehungsperson einem diesen Weg verwehrt hat. Das ist jedoch reine Interpretation der Situation. In Wirklichkeit hätte ich zum Beispiel entscheiden können, dass ich dem noch nicht nachgehen möchte, weil mir die Gefühle meiner Beziehungsperson wichtiger sind als meine eigenen Wünsche. Oder eben auch nicht. Doch das ist die Verantwortung, die ich selbst trage.

- Wenn wir uns selbst für unsere Eifersucht, unsere Ängste oder unsere Unsicherheiten verurteilen, kann dies unsere Fähigkeit beeinträchtigen, mit diesen Gefühlen umzugehen. Wenn wir zu sehr damit beschäftigt sind, uns selbst abzulehnen, haben wir weniger Raum und Energie, diese darunterliegenden Gefühle wirklich zu fühlen. Als Resultat verfallen wir in Scham und Selbstablehnung und weigern uns somit, das Gefühl anzuerkennen, weil wir uns vielleicht nicht als einen Menschen ansehen wollen, der diese Art von Gefühlen hat. Um eine autonome Selbstwirksamkeit zu entwickeln, brauchen wir erst einmal Neutralität. Die Akzeptanz. Emotionen machen dich nicht schwach oder zu einem *schlechten* Menschen – sie machen dich einfach menschlich. Übe Mitgefühl für deine Menschlichkeit. Nutze deinen Fokus, deine Gefühle ohne hartes Urteil anzusprechen.
- Es braucht viel Geduld und Übung, um zu lernen, mitfühlend und empathisch mit Beziehungspersonen Zeit zu verbringen, die Schmerz oder Angst über etwas empfinden, was wir getan/oder gelassen haben, ohne dies als etwas Falsches zu verinnerlichen. Wenn unsere Beziehungspersonen Unwohlsein über

unser Zusammensein mit anderen empfinden, bedeutet das nicht, dass das, was wir getan haben, falsch war – sondern lediglich, dass sich gerade eine emotionale Reaktion dazu zeigt. Emotionen allein sprechen noch keinen Verhaltenswunsch aus. Wenn wir unseren Beziehungspersonen mit Mitgefühl und Empathie für dieses Unbehagen begegnen, bedeutet das nicht, dass wir die Verantwortung für ein Fehlverhalten übernehmen oder schuldig sind. Dieser Unterschied ist einer meiner Schlüsselmomente in der Polyamorie.

- Ich halte es für utopisch und unwahrscheinlich, direkt Compersion zu empfinden. Vor allem ist es unrealistisch, dass das ein automatischer Zustand ist, wenn du eine Beziehung aus der Monogamie öffnest. Erneut empfehle ich dir: Neutralität statt wirkliche tiefe Freude zu fokussieren. Wir leben in einer Gesellschaft, in der die Vorstellung vorherrscht, dass man sich schämen und schrecklich fühlen sollte, wenn die Beziehungsperson mit einem anderen Menschen zusammen ist. Die Erwartung, von einem unangenehmen Gefühl zu einem angenehmen – fast schon freudigen – Gefühl überzugehen, überspringt ein ganzes Spektrum von Gefühlen. Versuche lieber, erst einmal das Zusammensein deiner Beziehungsperson mit anderen Menschen weder als negativ noch positiv zu bewerten, sondern es einfach als gegeben hinzunehmen. Compersion muss nicht immer das Ziel sein. Dies hängt stark von der Art der polyamoren Konstellation und den involvierten Einzelpersonen ab. Ich persönlich empfinde sehr oft Compersion, und manchmal ist es plötzlich schwierig. Aber ich muss nicht immer übersprudelnde Mitfreude für meine Beziehungsperson empfinden, ich kann auch einfach nur froh sein, dass meine Beziehungsperson froh ist.
- Auch wenn es wichtig ist, deiner Beziehungsperson gegenüber ehrlich über deine Gefühle und Erfahrungen mit anderen zu sein, solltest du darauf achten, wie du diese Informationen kommunizierst. Es ist ein Unterschied, ob ich sage: »Mein Date

ist genau der Mensch, den ich mir immer gewünscht habe«, oder ob ich sage: »Ich finde mein neues Date richtig passend, und ich genieße diese Kennenlernzeit.«

- Du brauchst keine Beziehungen, um »poly genug« oder »aktiv poly« zu sein. In der Vergangenheit habe ich mich mit Beziehungen zu anderen Menschen abgefunden, weil ich so sehr etwas »haben« wollte, dass ich dafür meine eigenen Wünsche geopfert habe. Ich wollte nicht der Part ohne weitere Beziehungsperson sein, und ich hatte das Gefühl, beweisen zu müssen, dass ich polyamor bin. Widerstehe dem Impuls, dich mit einer Beziehung zufriedenzugeben, nur weil du glaubst, nichts passenderes finden zu können, oder weil du unbedingt wirklich *aktiv* polyamor leben willst.
- Alle Beziehungen sind anfangs das Unbekannte, aber bei einigen ist schon im Vorfeld klar, dass sie für dich nicht funktionieren werden. Vielleicht willst du keine Menschen daten, die nicht direkt offen sind. Vielleicht willst du keine Menschen daten, die sich die Polyamorie nicht auch für sich vorstellen können. Vielleicht willst du eine geschlossene Dynamik. Vielleicht willst du dich nicht mit monogamen Menschen treffen. Vielleicht willst du ausschließlich queere Menschen treffen. Vielleicht willst du keine Menschen treffen, die dich als einzigen Menschen an ihrer Seite sehen. Was auch immer dein Wunsch ist, bleibe zwar offen für Neues, doch lerne auch aus deinen Erfahrungen. Bitte halte daran fest. Lasse nicht zu, dass die Verzweiflung, etwas zu haben, dich dazu treibt, Beziehungen zu akzeptieren, die Dinge beinhalten, die eindeutig nicht für dich funktionieren. Du musst dich nicht mit dem bare minimum zufriedengeben.
- Es ist wichtig, dass wir uns sowohl der Absicht, die hinter unseren Entscheidungen steht, als auch ihrer Auswirkungen bewusst sind. Selbst wenn unsere ursprüngliche Absicht nicht darin besteht, Schaden anzurichten, kann das passieren, wenn wir nicht achtsam mit uns selbst und anderen sind. Die Auswir-

kungen deines Handelns anzuerkennen ist nicht dasselbe wie die Verantwortung dafür zu übernehmen. Wir können Menschen verletzen, ohne schuld daran zu sein. Wenn deine Beziehungsperson dir die Schuld für eigene Gefühle gibt oder dich beschuldigt, etwas falsch gemacht zu haben, ist es wichtig, dass wir uns unserer Intention sicher sind und diese ehrlich hinterfragen. Unterscheide, was *unsere* und was *ihre* Wahrheiten sind. Beide dürfen existieren, ohne dass ein Mensch Schuld trägt. Nicht alle Trennungen resultieren aus einem krassen Ereignis, manchmal kommen sie still und schleichend.

- Auf die erste Frage: »Was ist passiert?« gibt es manchmal schlichtweg die Antwort: »Gar nichts bestimmtes. Es war eher eine Summe aus vielen Faktoren.«. Die Gesellschaft verbringt so viel Zeit und Kraft damit, den Glauben aufrechtzuerhalten, dass das Ende einer romantischen Beziehung ein katastrophales Ereignis ist, dass eine Trennung bedeutet, dass man gescheitert ist, und dass Beziehungen, die *funktionieren*, ewig halten. Das ist ein Trugschluss. Trennungen können ruhig, schmerzhaft und befreiend zugleich sein.
- Ich empfinde es als wichtig, die Verletzungen aus früheren Beziehungen zu überwinden und diese mit viel Pflege zu funktionsfähigen Narben werden zu lassen. Sonst besteht die Gefahr, dass wir mit unseren jetzigen Beziehungspersonen so umgehen, als wären sie die früheren Menschen, die uns Schmerz bereitet haben. Wenn in meiner jetzigen Beziehung etwas passiert, das mich an ein verletzendes Ereignis in einer früheren Beziehung erinnert, ertappe ich mich manchmal dabei, wie ich meiner jetzigen Beziehungsperson die Verantwortung dafür gebe. Wenn ich nicht heile, werde ich die Vergangenheit immer wieder durchleben, sowohl in der Beziehung zu anderen als auch in der Beziehung zu mir selbst – wichtig ist die Trennung zwischen Altem und Neuem.
- Du wirst Fehler machen. Du wirst enttäuschen. Du wirst verletzen. Lerne aus deinen Erfahrungen und wachse daran.

Akzeptiere, dass du dich in einem Wechselspiel zwischen dem Entlernen des Mononormativen und dem Dich-selbst-Kennenlernen befindest. Die Nicht Monogamie ist eine Reise und kein Ziel.

- Vermeide die Frage des »Dürfens«. Erkenne den Unterschied zwischen »Darf ich heute auf ein Date« und »Wie fühlst du dich damit, wenn ich heute noch auf ein Date gehe?«. Ersteres schafft ein Machtverhältnis – wie ein Elternteil/Kind oder Boss/Follower –, wo eine Person über die andere entscheidet. Zweiteres ist ein Dialog auf Augenhöhe, wo die Bedürfnisse und Ideen beider wichtig sind und zum Ausdruck gebracht werden.
- Erkenne dein »Warum« und dein »Was«. Warum möchtest du die Polyamorie erforschen? Warum möchtest du die Beziehung öffnen? Was sind die Hoffnungen und Wünsche dahinter? Warum denkst du darüber nach? Was sind deine Ängste und Unsicherheiten hinter diesem Wunsch? Du solltest die Polyamorie aus einem Grund erkunden wollen.
- Unsere Beziehungsperson zu bitten oder gar dazu zu drängen, die Verbindung zu anderen zu beenden, weil wir Probleme in unserer Beziehung zu ihnen haben – halte ich für einen kurzzeitigen Impuls nach Kontrolle und ungesund. Es ist so, als würden wir Freund*innen bitten, sich nicht mehr mit anderen zu treffen, bis sich ein Problem mit uns gelöst hat. Auch hier sehen wir wieder, in anderen Beziehungsstrukturen machen wir so etwas nicht. Wenn du ein Thema mit einem Friend hättest, würdest du sicherlich in der Zwischenzeit nicht alle Freund*innenschaften beenden. Manche Menschen finden es völlig akzeptabel, Partner*innen zu bitten, andere Beziehungen zu pausieren oder zu beenden, wenn es gerade Arbeit in der eigenen Beziehung gibt. Dies ist bei primären und sekundären Beziehungen mit Konsens auch völlig okay, darf jedoch nicht als Kontrollinstrument genutzt werden, um eigene Prioritäten durchzusetzen. Das Risiko, welches wir in der Polyamo-

rie tragen, ist, dass mehrere Beziehungen gleichzeitig Kapazitäten bedeuten. Das ist die Verantwortung, die wir tragen. Für andere und gleichzeitig für uns da zu sein. Alle Beziehungen haben schwierige Phasen, ob sie nun monogam sind oder nicht. Aber es kann unangenehm sein, zu sehen, dass sich unsere Beziehungsperson mit einem Menschen wohlfühlt, wenn wir gleichzeitig in unserer Beziehung mit ihr zu kämpfen haben. Zu versuchen, die andere Beziehung zu kontrollieren, funktioniert jedoch selten. Vielmehr führt dies in der Regel zu Neid, Groll und teilweise zu Hass. Setze deinen Fokus darauf, was du und deine Beziehungspersonen haben, unabhängig von anderen.

- Die gesündeste Art von Liebe ist nicht die, die versucht, die zerbrochenen Teile von uns zu stopfen oder uns zu heilen, sondern die, die uns liebevoll hält, während wir diese Teile selbst ausfüllen und uns selbst heilen. Ich kann dich nicht heilen, und du kannst mich nicht heilen, aber wir können uns gegenseitig unterstützen und miteinander heilen und verwundbar sein.
- Man kann viele Beziehungen haben und sich trotzdem einsam fühlen. Mein Wohlbefinden kann nicht davon abhängen, ob immer eine Person verfügbar ist oder nicht. Ich habe gelernt, mit mir selbst und meiner eigenen Gesellschaft zurechtzukommen, mich selbst zu beruhigen und mit mir selbst zufrieden zu sein. Die Beziehung zu mir selbst ist meine wichtigste Beziehung und Polyamorie kein Ausweg gegen Einsamkeit. Die Polyamorie ist kein Ersatz dafür, zu lernen, mit sich selbst eine Beziehung zu führen. Denke daran, dass deine Beziehung zu dir selbst genauso wichtig ist wie zu anderen. Wenn ich auf mich aufpasse, kann ich auch auf uns aufpassen.
- Unterscheide zwischen Selbst- und Fremdzweifel. Was sind deine Schwächen? Und woher weißt du von ihnen? Weil andere sie dir vorgehalten haben, oder bist du ihrer selbst gewahr geworden? Was sind deine Annahmen über dich selbst? Ich zum Beispiel weiß, dass meine Schwäche ist, mich um Whats-

App-Chats zu kümmern und konstant Kontakt zu halten. Ich bemühe mich zu kommunizieren, auch wenn ich gerade wenig Kapazitäten durch meine Arbeit habe. Dies ist also ein Selbstzweifel, welcher aus mir selbst entsteht, da ich ihn verstehen kann. Dass ich aber zum Beispiel nicht genug bin, egal wie viel ich leiste, ist ein Fremdzweifel. Das ist unserer Hustle Culture geschuldet, dem internalisierten Kapitalismus, wo es eher darum geht, funktionsfähig statt glücklich zu sein. Diesen Unterschied zu erkennen hat mir geholfen.

- Wenn du Menschen datest, die noch andere daten oder weitere Beziehungen führen, erfrage bitte frühzeitig, welche Beziehungsabsprachen sie mit anderen getroffen haben und welchen Konsens es wo und über was gibt. Es ist nicht ungewöhnlich, dass man sich in einem Beziehungswirrwarr wiederfindet, dem man nicht zugestimmt hätte. Stelle Fragen. Das ist okay! Sonst läufst du Gefahr, Teil von etwas zu werden, wofür du keinen Konsens gegeben hast.
- Konzentriert euch mehr darauf, wie nah, erfüllend und verbindend es zwischen euch ist, und weniger darauf, wie oft ihr euch seht. Es kommt nicht immer darauf an, wie häufig wir einen Menschen um uns herum haben, sondern auch oft darauf, wie sich die Zeit anfühlt und ob wir Quality Time genießen. Manchmal versteifen wir uns so sehr auf die Quantität, dass wir die Weitsicht dafür verlieren, wie wir unsere gemeinsame Zeit gestalten. Wir verlieren den Blick für die Qualität und Tiefe unserer Beziehung, wenn wir sie ausschließlich aus der Struktur der Quantität bauen. Vielleicht ist die Qualität jedoch das, was dir fehlt? Die Nähe, die Gespräche, das gemeinsame Lachen, das Pläneschmieden? Das Gefühl, wirklich gesehen zu werden?
- Es ist nicht deine Aufgabe, dafür zu sorgen, dass andere dich verstehen. Es ist nur deine Aufgabe, du selbst zu sein. Brenne nicht daran aus zu versuchen, dass deine monogamen Friends, deine Verwandtschaft oder Kolleg*innen deine Art zu lieben

wirklich nachvollziehen können. Es ist in Ordnung, wenn sie es nicht verstehen, und du brauchst ihre Erlaubnis oder Validierung nicht, um so zu leben oder lieben, wie du es für richtig hälst. In meiner perfekten Welt würden alle die Diversität von Liebesformen unterstützen, ohne dass sie diese verstehen müssen. Aber leider ist es bis dahin noch ein weiter Weg. Wenn du auf Unverständnis in deinem nahen Umfeld triffst, erinnere dich daran, dass sie uns nicht verstehen müssen, solange wir uns selbst verstehen. Erinnere dich, dass du eine Community hast und wir viele sind. Halte deinen Raum und verteidige deine Grenzen. Du musst nicht alles aushalten. Du musst nicht alles in Ordnung bringen. Du bist nicht falsch.

- Polyamorie und nicht monogames Leben sollten sich nicht dauerhaft schwer anfühlen. Finde heraus, was dich überwiegend leicht und glücklich fühlen lässt. Finde das für dich allein heraus. Findet das gemeinsam heraus.
- Widerstehe dem Drang – zum Beispiel in Mono-Poly-Beziehungen –, dich nach dem Öffnen mit anderen zu verabreden, nur weil du denkst, du musst das jetzt tun. Wenn meine Beziehungsperson datet und ich nicht, versuche ich, einen eigenen Fokus zu finden. Meine eigene Autonomie zu stärken. Dies kann ein neues Hobby sein, das Intensivieren von anderen (platonischen) Verbindungen, Reisen oder meine Gesundheit und muss kein »wenn du, dann ich halt auch« bedeuten.
- Ich weiß, das hört sich selbstverständlich an – ist es oft jedoch nicht. Menschen sind keine Objekte. Menschen für den kurzen Kick oder für das Stopfen innerer Leere ohne Konsens auszunutzen ist in meinen Augen keine gelebte ENM.
- Polyamorie bedeutet nicht, mit allem einverstanden zu sein. Wenn du dich mit etwas unwohl fühlst, ist das legitim. Es ist in Ordnung, wenn du die Gefühle, die dir unangenehm sind, deinen Beziehungspersonen mitteilst und sie um Unterstützung bittest. Wichtig ist zu erkennen: Wie sieht diese Unterstützung für dich aus?

- Manchmal sind wir so sehr darauf fokussiert, all unseren Beziehungspersonen eine liebende und unterstützende Person zu sein, dass wir vergessen, uns selbst eine gute Beziehungsperson zu sein. Die meisten Beziehungen erfordern ein gewisses Maß an Kompromissbereitschaft und Flexibilität, halte diese Werte auch für die Beziehung zu dir selbst ein. Setze dir selbst Grenzen.
- Gleichheit scheint wie eine Art Messlatte innerhalb der Polyamorie zu sein. Alle Beziehungspersonen gleich lieben. Gleich viel Zeit verbringen. Das Gleiche an Intimität messen. Das Gleiche an Kapazitäten aufbringen. Die Gleichheit in allen Beziehungen ist jedoch nicht das Ziel der Polyamorie. Jede Beziehung hat andere Bedürfnisse. Unterschiedliche Menschen haben unterschiedliche Wünsche, und wenn wir uns darauf konzentrieren, sicherzustellen, dass wir unsere Beziehungspersonen alle gleich behandeln, kann es passieren, dass wir die individuellen Bedürfnisse des Einzelnen ignorieren und überhaupt nicht erfüllen. Wir schließen dann von einem Menschen auf alle. Auch wenn der Invest und die Bereitschaft in etwa dieselben sein sollten, sollte die Art und Weise an die jeweiligen Bedürfnisse angepasst sein. Das Ziel sollte sein, die Beziehungen zu pflegen. Die Pflege sieht hierbei ganz unterschiedlich aus.
- Es ist in Ordnung, wenn du dich entscheidest, dass die Polyamorie doch nichts für dich ist und du zur Monogamie zurückkehrst. Wenn nach einer Zeit der Bemühung die Polyamorie nicht einfacher oder erfüllender wird, erlaube dir, deine Meinung zu ändern.
- Du kannst vielleicht mehrere Menschen lieben. Mache dir jedoch deine zeitlichen und emotionalen Kapazitäten bewusst.
- Es ist eine ganz persönliche Entscheidung, ob du dich mit monogamen Menschen triffst oder nicht. Doch bitte kommuniziere so früh wie möglich offen, dass du nicht monogam lebst, damit keine Exklusivität von dir erwartet wird. Denke daran, dass wir wollen, dass man uns so akzeptiert und liebt,

wie wir wirklich sind, und nicht nur für eine Illusion unseres Selbst. Außerdem ist es völlig valide, monogame Vorstellungen zum Teil erfüllt zu sehen (z. B. Kinder/Heirat/Zusammenwohnen), und nur fair, klar offenzulegen, wo du selbst stehst.

- Es ist völlig normal, dass eine bisher monogam lebende Person erst innerhalb der ENM herausfinden muss: Passt das für mich? Dennoch ist es wichtig, von Anfang an Zukunftsvorstellungen und Erwartungen zu klären. Verbindungen hauptsächlich auf Hoffnungen zu bauen wie »vielleicht wird XY doch noch eintreten« oder »vielleicht ändert XY irgendwann doch noch die Einstellung«, hält dich davon ab, Menschen zu finden, die mit dir auf einer ähnlichen Wellenlänge sind.
- Unterscheide zwischen *Konsens* und *Kontrolle*. *Konsens* stellt Fragen und sagt *Ja* oder respektiert ein *Nein*. Konsens ist grenzensensibel und versteht die persönliche Autonomie. Konsens heißt die Abwesenheit von Überreden oder Drängen und respektiert deine Individualität und dein Selbst. Konsens ist ein gestalterisches Miteinander inklusive direkter, klarer und respektvoller Kommunikation. *Kontrolle* hingegen basiert oft auf Annahmen und argumentiert gegen dein *Nein*. Sie dient als kurzfristige Strategie gegen eigene Unsicherheiten und sieht Grenzen oft als egoistisch an. Kontrolle bewertet nicht nur oft, sondern fungiert als destruktive *Coping*-Strategie, um unangenehme Gefühle zu neutralisieren. Sie ist selten wohlwollend und steht oft in Zusammenhang mit Besitz. Kontrolle ist kein Akt aus Liebe, hält oft Machtverhältnisse aufrecht und befeuert ungesunde Dynamiken. Erkenne den Unterschied.
- Es ist in Ordnung, die Monogamie für dich selbst ausleben zu wollen, aber es ist nicht in Ordnung, die Monogamie von der Person zu verlangen, mit der du sie ausleben willst. Im Umkehrschluss ist es in Ordnung, die ENM oder Polyamorie zu wollen, aber es ist nicht in Ordnung, die Polyamorie oder ENM von der Person zu verlangen, mit der du sie leben willst. Wir können Menschen nicht zu etwas »drängen oder formen«.

- Häufig werden Unsicherheit und Angst ausgelöst, wenn die Beziehungsperson einen Menschen datet, der in krassem Gegensatz zu einem selbst steht. Gleiches gilt jedoch auch, wenn diese Person dir sehr ähnlich ist. In solchen Momenten geht es viel mehr um dich als um die anderen. Bei mir kam es zum Beispiel schon vor, dass ich Gedanken hatte wie: »Wie kannst du auf mich stehen, wenn das eigentlich dein Typ ist?« Im anderen Fall fragte ich mich: »Das findest du doch schon alles bei mir – genüge ich dir also nicht?« Zwei völlig starre, binäre Denkweisen. Denn ich habe selbst keinen festgelegten Typ; meine Vorlieben ändern sich fluide.
- Mit NRE zu handeln, bedeutet auch, deine schon bestehende Beziehung nicht zu vernachlässigen. Gehe reflektiert mit NRE um, und kreiere auch neue erste Male in deiner schon bestehenden Beziehung.

> **NEW RELATIONSHIP ENERGY (NRE):** Die Aufregung und Energie, die oft am Anfang einer neuen romantischen Beziehung erfahren wird.

- Vergleichende Gefühle können sich unter anderem gegenüber Metas einschleichen. Wenn man Abneigung gegen einen Metamour empfindet, geht es häufig gar nicht um diese Person, sondern darum, wie man sich selbst im Vergleich zu ihnen fühlt. Wenn ein Meta Unsicherheiten auslöst, ist es leichter, diesen abzulehnen oder zu dämonisieren als sich selbst. Es ist völlig in Ordnung, einen Meta nicht zu mögen und keine Interaktion zu wollen, weil es persönlich nicht passt, doch die Ehrlichkeit sich selbst gegenüber ist essenziell. Ich möchte mein Herz nicht zu einem Ort von Groll und Neid werden lassen, heißt, ich handle nicht daraus. Wenn du denkst, dass die andere Person attraktiver oder interessanter ist, mache dir bewusst, dass es einfacher ist, diese Person abzulehnen, statt dir dieses Denken selbst einzugestehen. Wenn du den Impuls verspürst,

Menschen, mit denen sich deine Beziehungsperson trifft, abzulehnen, könnte das mehr mit dir zu tun haben als mit den Metas/Dates/Crushes selbst. Halte dein Herz soft und arbeite daran.

- Es braucht erst die Fähigkeit, eine gesunde Beziehung zu führen, bevor du mehrere gesunde Beziehungen führen kannst. Wenn du in der Polyamorie merkst, dass alles drunter und drüber geht, frage dich: Fühle ich mich überhaupt in einer Beziehung sicher? Habe ich überhaupt die Kapazität, eine weitere gesunde Beziehung zu führen?

Nun möchte ich dir noch ein paar Basisfragen an die Hand geben, die du dir stellen kannst, um deine Bedürfnisse besser zu verstehen:

- Welche intimen Wünsche habe ich und was gehört dazu? Was möchte ich wirklich umsetzen?
- Welche Ängste und Sorgen hege ich gegenüber dem nicht monogamen oder monogamen Leben?
- Kann ich meine Bedürfnisse in sexuelle und/oder romantische unterteilen?
- Was erhoffe ich mir durch das Öffnen/Leben der Polyamorie?
- Welche Grenzen habe ich aktuell? Physisch. Emotional. Intellektuell. Mental.
- Was wünsche ich mir von Partner*innen/Dates?
- Welche Autonomie und Sicherheiten strebe ich an?
- Welche Vision habe ich vom Leben und der Liebe?
- Was sind überhaupt Werte? Welche Werte habe ich und wie lebe ich diese Werte?
- Welche Dinge kann ich kontrollieren und welche liegen außerhalb meiner Kontrolle?
- Welche Art von Beziehung möchte ich führen?
- Wie sehen meine Pfeiler aus, auf denen ich Beziehungen baue? Sind es eher Strukturen oder Werte?

- Welches Wertesystem habe ich und stimmt es mit dem meiner/meinen Beziehungsperson(en) überein?
- Woran kopple ich Sicherheit in einer Beziehung?
- Was bedeutet Commitment für mich?
- Was bedeutet Betrügen für mich?
- Wie kommuniziere ich? Wie viel Raum gebe ich Menschen, sich wirklich zu zeigen, wie sie sind?
- Welche Zukunftsvorstellungen habe ich?
- Welche Erfüllung ersehne ich innerhalb dieser Beziehung sexuell und/oder romantisch?
- Bin ich selbst die Beziehungsperson, die ich mir wünsche?

»Ich habe mich in eine neue Person verliebt« – Dos und Don'ts

Dos:

1. **Hör auf dein Herz**
   Zuerst einmal ist es wichtig, dass du versuchst, dein Gefühl für dich einzuordnen. Findest du die andere Person einfach nur attraktiv, oder hast du das Gefühl, dass das mehr sein könnte? Entsteht dort bereits eine Dringlichkeit? Würdest du diese Art von Gefühlen andersherum kommuniziert haben wollen?
2. **Sprich es aus und zeige dich verletzlich**
   Suche dir einen ruhigen Moment, um mit deiner Beziehungsperson dieses Thema anzuschneiden. Wähle dafür einen sicheren Raum und verabschiede dich von dem Gedanken, dass du dich zu irgendeinem Zeitpunkt zu 100 Prozent bereit fühlen wirst. Sei ehrlich und sprich auch über deine Unsicherheiten, Ängste und alles, was du selbst noch nicht einordnen kannst.
3. **Fall nicht mit der Tür ins Haus**
   Stelle deine Beziehungsperson nicht vor vollendete Tatsachen, sondern berichte ehrlich von deinen Gedanken und Gefühlen.

Nimm sie in den Prozess mit und mache klar: Ich teile das mit dir, weil du und wir mir wichtig sind. Ich teile das mit dir, weil ich dich liebe und unsere Beziehung liebe.

4. **Sei respektvoll**
   Höre deiner Beziehungsperson ganz genau zu und gib ihr den Raum, ihre Gefühle auszudrücken, auch wenn die Reaktion nicht deinen Erwartungen entspricht. Versuche, unangenehme Gefühle zu validieren und auszuhalten. Biete emotionalen Support. (Ich bin bei dir. Ich kann dir dein Gefühl nicht nehmen, aber ich kann hier an deiner Seite sein, dass du damit nicht allein bist). Nehmt euch gegebenenfalls Raum getrennt voneinander, um euch eigenständig zu regulieren.
5. **Agiert als Team**
   Entscheidet gemeinsam, wie es weitergehen soll, und erörtert zusammen eure Bedürfnisse und Emotionen. Es ist völlig okay, dem ganzen Thema erst einmal Raum zu geben und Abstand zu gewinnen. Seht das Ganze wie die Baustelle eines Wohnhauses an, das nach und nach gestaltet wird. Dort kann es zu Beginn auch erst einmal chaotisch aussehen.
6. **Konzentriert euch aufs Reparieren und Connecten**
   Wie fühlt ihr euch miteinander verbunden außerhalb eures aktuellen Beziehungsthemas? Wie seid ihr in der Vergangenheit mit Konflikten umgegangen? Was würde jedem Einzelnen gerade helfen, und was könnt ihr gemeinsam kreieren, ohne dieses Thema zu tangieren? Eine Stunde Paartherapie kann ebenso helfen, um Klarsicht zu erhalten, wenn ihr nicht weiterkommt.

Don'ts:

1. **Heimlichkeiten erschaffen**
   Wenn du dir sicher bist, Gefühle für eine Person außerhalb deiner Beziehung zu haben, oder Bedürfnisse und Wünsche immer wieder präsent sind, dann suche nicht nach Gründen, diesen Impulsen heimlich zu folgen.

2. **Ausreden suchen**
   Du suchst nach Ausreden, um vermeintlich platonischen Kontakt zu der anderen Person aufzubauen? Das führt nur zu unfairen Situationen, Selbstbetrug und ist der erste Schritt in die heimliche emotionale und/oder körperliche Affäre.
3. **Vergleiche befeuern**
   Du warst ehrlich, und das Thema ist auf dem Tisch? Vermeide es unbedingt, eine neue Person mit deiner jetzigen Beziehungsperson zu vergleichen. Sätze wie »Die neue Person zeigt aber viel mehr Interesse an Dates mit mir als du« sind absolut verletzend und nicht liebevoll.
4. **Die Beziehungsperson vor vollendete Tatsachen stellen**
   Wenn du für dich schon beschlossen hast, dass du deinen Gefühlen nachgehen willst und nur noch die Zustimmung von deiner Beziehungsperson erwartest, könnte das der Anfang vom Ende deiner Beziehung sein. Gemeinsam gestalten, lautet die Devise. Ansonsten solltet ihr eine Trennung in Betracht ziehen.
5. **Schuldzuweisungen**
   Du reagierst impulsiv oder enttäuscht, weil deine Beziehungsperson weint und verletzt ist. Durch diese Reaktion können Scham- und Schuldgefühle in ihr ausgelöst werden, und die ganze Situation kumuliert zu einem unlösbaren Problem. Die reinen Emotionen dürfen ausgehalten werden. Du kannst dich jederzeit zur Selbstregulation zurückziehen. Bei einer Kommunikation von Wünschen führt eine Schuldfrage absolut zu nichts außer gegenseitigem Verletzen. Ganz nach dem Motto: Du bist richtig in dem, was du dir wünschst, und ich bin es auch.
6. **Klare Vorstellungen**
   Oft haben wir eine genaue Vorstellung, was wir brauchen oder uns wünschen. Doch eine Beziehung ist keine Einbahnstraße. Eure Herzen hängen da gemeinsam drin. Die Polyamorie ist kein klarer Lageplan. Bleibt neugierig und seht das Ganze als

Reise voller Herausforderungen, aus denen ihr gemeinsam lernen könnt. Ebenso besteht das Risiko, dass die andere Person sich das Leben so nicht vorstellen kann.

Verschiedene Formen der Polyamorie

Triad/Triade (Throuple): Eine Triade beschreibt eine Beziehung zwischen drei Menschen, die alle in einer romantischen und/oder sexuellen Verbindung zueinander stehen. Es ist wichtig zu beachten, dass nicht jede romantische Verbindung auch sexuell sein muss. In der Regel pflegen jedoch alle Beteiligten eine romantische Beziehung.

V-Triad/Vee: Ein V-Triad beschreibt eine Beziehungsform, bei der eine Person – oft als »hinge« bezeichnet – zu zwei anderen Menschen Beziehungen pflegt, während diese beiden nicht in einer romantischen und/oder sexuellen Verbindung zueinander stehen. Diese Beziehungen sind oft queerplatonisch. In meinem polyamoren Coming out lebte ich in einem V-Triad als »hinge«.

Quad: Ein Quad ist eine Beziehung zwischen vier Menschen, die alle in einer romantischen und/oder sexuellen Verbindung zueinander stehen. Oft entsteht ein Quad aus zwei primären Paaren, die sich verbinden, oder aus einer Triade, zu der eine neue Beziehung hinzukommt. Wie in jeder Beziehungsform sind auch hier individuelle Konstellationen möglich.

Parallel Polyamory: Bei Parallel Polyamory möchten die Beteiligten keine emotionalen Beziehungen oder Investitionen in andere Verbindungen außerhalb ihrer eigenen Beziehungsperson pflegen. Das bedeutet, die Beziehungen werden parallel zueinander geführt, ohne große Berührungspunkte untereinander.

Garden Party Polyamory: Bei diesem Stil der Polyamorie haben die Metamoure nur wenig Kontakt miteinander und begegnen sich in der Regel nur bei wichtigen Ereignissen wie zum Beispiel dem Geburtstag der Beziehungsperson. Die Metas haben normalerweise eine freundschaftliche Beziehung mit minimaler bis keiner Interaktion außerhalb dieser Ereignisse. Oft besteht ein (tatsächlicher oder vermeintlicher) Druck, eine tiefe Freund*innenschaft mit dem Meta einzugehen, was nicht immer realistisch ist. Diese Form kann eine sanfte Art sein, eine Metamour-Beziehung zu beginnen, wenn Menschen neu in der Polyamorie sind und die Vorstellung von anderen Partner*innen noch ein wenig überwältigend finden.

Kitchen Table Polyamory: Bei Kitchen Table Polyamory stehen die Beteiligten zwar nicht in einer romantischen und/oder sexuellen Verbindung zueinander, fühlen sich aber wohl dabei, Zeit miteinander zu verbringen, ein »Support-System« aufzubauen und beispielsweise Urlaube oder Feiertage gemeinsam zu verbringen.

Solo Polyamory: Solo Polyamory wird sehr individuell definiert und empfunden. Menschen, die solo-polyamor leben, führen oft mehrere romantische/intime Beziehungen, priorisieren jedoch ihre eigenen Bedürfnisse. Sie sind meist nicht daran interessiert, zusammenzuwohnen, Finanzen zu teilen oder große Entscheidungen gemeinsam zu treffen. Oft leben solo-polyamore Menschen allein und streben keine Hierarchie der Partner*innen an.

Mono-Poly-Beziehungen (auch im V möglich): In Mono-Poly-Beziehungen identifiziert sich in der Regel eine Person mit der Monogamie und die andere mit der Polyamorie. Die monogame Person ist meist nicht an Intimität oder Beziehungen außerhalb interessiert, die polyamore Person oft schon. Dies kommt auch in offenen Beziehungen vor, die nicht polyamor sind, und beschränkt sich auf ausschließlich sexuelle/intime Kontakte außerhalb der Beziehung, wie z. B. im BDSM-Kontext.

Hierarchische Polyamorie: Innerhalb des Polyküls nimmt eine Beziehung die Rolle der »primären Beziehung« ein. Beziehungspersonen werden oft als primäre und sekundäre Partner*innen angesehen. Dies muss nicht unbedingt mit »mehr oder weniger Liebe« zusammenhängen. Primäre Beziehungen priorisieren sich oft, wenn es um Entscheidungen und Verpflichtungen geht. Dies ist so abgesprochen.

Nicht hierarchische Polyamorie: In der nicht hierarchischen Polyamorie haben alle Beziehungen dieselbe Priorität und Wichtigkeit. Jede Beziehung und Person hat Mitspracherecht, auch bei großen Entscheidungen. Es gibt keine primären und sekundären Partner*innen, alle sind gleich intensiv involviert.

Queere Liebe – mein Coming out

Als ich das erste Mal eine Frau küsste, war das zwischen Bettdecken und Süßigkeiten. Sie war meine damalige beste Freundin, und wir waren fast noch Kinder. Die Idee kam im Spaß auf, wir wollten es einfach mal ausprobieren. Es fühlte sich warm an, hauchzart, und ich wollte nicht, dass es aufhört. Als sie sich nach dem Kuss umdrehte und wir beide unsicher lachten, sagte sie: »Bevor es ernst mit den Jungs wird, müssen wir doch mal geübt haben.«

Ich war so tief im *Closet*, dass ich diesen kleinen Schmerz, den ihre Aussage in meinem Bauch verursachte, gar nicht bemerkte. Ich realisierte nicht, dass ich einen riesigen großen Anteil meiner Selbst und meines Herzens weggesperrt hatte. Kurze Zeit später erfuhr ich wieder einen derartigen Blitzschmerz, doch dieses Mal aus Panik.

> **CLOSET:** Dass eine Person *in the closet* (»im Schrank«) ist, bedeutet, dass sie ihre sexuelle/romantische Orientierung oder Geschlechtsidentität vor anderen oder sich selbst geheim hält oder sich noch nicht eingesteht.

Erinnerst du dich noch an diese sexy Werbung nachts auf RTL II? Ich lag im Bett und konnte nicht schlafen, zappte durch die Programme und blieb aus Neugierde hängen – zwei Frauen intim miteinander. Einen kurzen Moment versank ich darin, dann erschrak ich bis ins Mark, schaltete abrupt den Fernseher aus und warf die Fernbedienung weg. Mein Herz schlug mir bis zum Hals, in meinem Kopf nur ein einziger Gedanke: »Scheiße, ich bin lesbisch.«

Ist es nicht spannend, dass das erste Wort, das ich dachte, »Scheiße« war? Als sei das etwas Schlechtes. Etwas, wofür ich mich schämen müsste. Die Scham fühlte sich einerseits gar nicht wie meine eigene an, und doch hatte ich sie internalisiert. Gleichzeitig dachte ich, dass das gar nicht sein kann, dass ich »so« bin – schließlich habe ich keinerlei Ähnlichkeit mit Hella von Sinnen, Ross Anthony oder Lucy von den No Angels. Außerdem würde ich dann auch keine Kinder bekommen können – ja, das dachte ich wirklich. Die Scham, die ich in dieser Nacht verspürte, verfrachtete mich selbst in eine der Schubladen, die die Gesellschaft einem vorgab.

Das alles war mir im Grunde nicht neu: Schließlich wurde meine Mutter schon immer dafür belächelt und angefeindet, »anders« zu sein. Sie fand Lana Kaiser cool, trug Baggy Jeans und hatte bunte Haare. Sie war auf den ersten Blick ganz und gar nicht »geschlechtskonform«, und trotzdem versuchte sie – genauso wie ich – irgendwie reinzupassen.

Ich bin damit aufgewachsen, dass alle in meiner Familie mir zwar sagten: »Jeder Mensch darf lieben, wen er will« – gleichzeitig freuten sich aber alle auf die Kinder, die mein Mann und ich bekommen würden, sprachen vom Schwiegersohn, bevor wir überhaupt geheiratet hatten, fragten nach einem Freund, statt Raum für anderes zu lassen, machten sich Gedanken über den Verdienst meines Zukünftigen und wollten doch nur, dass ich »in guten Händen bin«. Schon sehr früh wurde ich darauf hingewiesen, wie »die Männer mich alle anschauen und begehren würden«, dabei wurde vielsagend geschmunzelt. Mir wurde das Gefühl vermittelt, dass ich einen Mann brauchen würde, der für mich sorgt. Dass ich allein nicht klarkommen würde und jemand auf mich aufpassen müsse. Meine Aufgabe im Leben schien schlicht zu sein, Männern zu gefallen.

Rückblickend ist mir total klar, dass ich schon als Teenagerin Crushes auf Frauen hatte. Doch damals blieb ich in meiner Schublade, sah die Welt nur durch die heteronormative Brille und vergrub mein Herz, während ich verzweifelt auf der Suche nach Liebe und der romantischen Zuneigung war, nach der ich mich so sehr sehnte.

Ich befand mich in einem Dauerzustand des Aushaltens, immer darauf bedacht, bestimmte Gefühle zu verstecken. Das kostete enorm viel Energie. Ich bemerkte gar nicht, wie ich meine innere Queerness vertuschte und verdrängte. Denn, Überraschung: Ich wusste nicht einmal, dass es so etwas wirklich gibt. Ich wusste nicht, dass Worte mein Fühlen beschreiben könnten und ganze Communitys mit Menschen existieren, die ähnliche Selbst- und Fremderfahrungen machten wie ich. Es gab keinerlei Aufklärung über diverse Sexualitäten oder Geschlechtsidentitäten – weder in der Schule noch zu Hause oder in den Medien. Ich hatte keinen Zugang zu dieser Welt. An meiner Schule gab es niemanden, der offen schwul, lesbisch, bisexuell oder trans* war (abgesehen von einer Klassenkameradin, die sich in der 12. Klasse als bisexuell outete und daraufhin Ziel der üblichen »Du willst doch nur Aufmerksamkeit«-Kommentare wurde).

Ich beobachtete, dass sich Mädchen und Frauen untereinander oft bekriegten – und ich mittendrin. Es herrschte ein Konkurrenzkampf nach dem Motto: »Es kann nur eine geben«, »Ich bin nicht so wie die anderen«, »Pick-Me-Girl« Floskeln, Slutshaming und Verurteilung bis zum Äußersten. Und ja, auch ich habe mich selbst verleugnet und auch behauptet, dass ich nicht auf Mädchenkram stehen würde und mir die meisten Frauen zu zickig wären. Ich wollte *cool* sein, gesehen werden. Lieber das Bier statt den Sekt mögen, was völlig legitim wäre, wenn ich andere für ihren »Mädelsabend« nicht belächelt hätte. Wie paradox, weil ich selbst unter dem Konkurrenzdenken zwischen uns Mädchen am meisten litt und mir genau diese Verbindung unter Mädchen gewünscht hätte. Ich würde sogar behaupten, dass diese internalisierte Misogynie zu einer systematischen Zerstörung des Selbstbewusstseins, des Selbstwertgefühls und der Selbstliebe untereinander führen kann. Als Resultat schien es mir in meinem Unterbewusstsein noch utopischer, dass eine Frau je Gefühle, geschweige denn Liebe, für mich entwickeln könnte. Ich dachte tatsächlich, dass die meisten Frauen mich hassen würden. Ich wähle diesen Begriff sehr bewusst, denn genauso hat es sich angefühlt. Nichts hätte mein Herz mehr heilen können als ein wohlwollendes Kompliment einer anderen Frau. In dieser Zeit verfestigte sich in mir der Glaube: »Frauen können nicht auf mich stehen.«

Im Sexualkundeunterricht lernte ich, was Spermien sind und wann der Eisprung stattfindet, wie man eine Schwangerschaft verhindert, wie ein Kind im Uterus heranwächst und sehr viel über den Penis. Ich lernte, wie man ein Kondom über einen Holzknüppel stülpt, und dass Sex gleichbedeutend mit vaginaler Penetration durch einen Penis ist. Ich wusste mehr über einen Penis als über mein eigenes Genital – dieses Organ mit so vielen Formen und wichtigen Körperfunktionen, dieser Quelle an möglicher Lust und Freude. Wie viele andere Menschen mit Vulva wusste ich nicht einmal genau, wie diese aussieht. Ich lernte so gut wie nichts über Lust, Konsens, Selbstliebe oder Verhütung abseits des heteronormativen Narrativs. Willkommen in einer Welt, die mir beibrachte, dass es vor allem um eines geht: die Lust des cis Mannes. Ich hatte Freundinnen, die berichteten, dass sie manchmal Sex »aushalten« würden, obwohl sie keine Lust mehr hatten, und das schien keineswegs fragwürdig, weil es so normalisiert war. Ich dachte, ich sei Männern, mit denen ich zusammen war, zu Sex verpflichtet – denn wofür hatten die sonst eine Freundin? Ich wuchs damit auf, dass es besser ist zu sagen: »Ich habe Migräne« als »Ich habe gerade keine Lust«. Ich lernte, dass meine Unlust, sei es auch subtil, entweder Enttäuschung oder Gewalt (physische oder psychische), Ignoranz oder Versuche, mich doch noch zu überreden, zur Folge hat. Gleichzeitig erlebte ich, wie sehr sich viele Männer schämten, wenn der Penis einfach nicht steif werden wollte oder sie gar die dominante Rolle nicht fühlten. Diese Erwartungen gegenüber Frauen und Männern zogen sich durch jeden Bereich im Leben. Sie sind das Ergebnis einer binär denkenden patriarchalen Welt. Viel wurde einfach hingenommen, wenig hinterfragt. Auch wenn ich mich die meiste Zeit nicht wirklich wohlfühlte, versuchte ich immer wieder einen Mann zu finden, bei dem ich mich anders fühlte.

Ich ignorierte jedes Zeichen meiner inneren Queerness – meiner Sexualität, meiner Identität –, da ich tatsächlich dachte, dass alle so denken und fühlen. Ich hatte außerdem das Gefühl, dass Liebe zwischen zwei Frauen, Mädchen oder weiblich gelesenen Personen nicht ernst zu nehmen ist. Dieses Denken begegnet mir heute noch oft: Meine Liebe zu Frauen oder weiblich gelesenen Menschen wird als »nichts Richtiges« angesehen. Zwei romantisch miteinander agierende Frauen oder weiblich Gelesene in einem Club, vor dem Altar, auf einem Wintermarkt, auf dem Schulhof – entsprechen nicht unseren Sehgewohnheiten und gelten somit als fremd. Das gilt natürlich auch bei anderer queerer Repräsentation – hier spreche ich nur von meiner Erfahrung. Ich möchte dir einige Beispiele geben: Es war immer völlig normal, dass Freundinnen zusammen auf die Toilette gingen. Das machen »Mädels« eben so. Im Alkoholrausch knutschen Freundinnen schon mal oder begrüßen sich auch gern mit einem Kuss auf den Mund. Lesbenpornos waren bei den Jungs heiß begehrt, doch »echte Lesben« galten als widerwärtig. Beim Flaschendrehen war es für die meisten Mädchen kein Problem, sich zu küssen – oft noch zum Beifall der Jungs, die das besonders »hot« fanden. So lernte ich schnell, dass queere Liebe zwischen Frauen oder weiblich gelesenen nicht binären Menschen nur für den *Male Gaze* existiert und untereinander eher als spaßig und nicht wirklich mit echten Gefühlen assoziiert wird.

MALE GAZE: Der Male Gaze steht für einen männlichen, sexualisierenden Blick oder auch »eine männliche Lust am Schauen«.

Sogar in meiner eigenen Psychotherapie und von Lehrpersonal wurde ich mit Aussagen konfrontiert, die besagten, lesbische und bi+ Frauen seien nur wegen traumatischer Erfahrungen mit Männern queer geworden. Als könnten wir uns unsere Sexualität aussuchen! Diese Annahme und Denkweise hält sich übrigens hartnäckig. Meinen trans* Friends sowie vielen queeren Frauen in meinem Umfeld wird immer wieder, zum Teil von pädagogischem Fachpersonal, gesagt, dass diese Art zu leben auch eine Folge von Traumata sein kann. Was für eine Welt ist das, in der ein Mensch, der endlich zu sich selbst steht, direkt pathologisiert wird? Und andersrum ist es genauso, das toxische Männlichkeitsbild ist allgegenwärtig: Zwei Männer oder männlich gelesene, die gemeinsam auf die Toilette gehen, sich zur Begrüßung auf den Mund küssen oder auch mal miteinander schmusen? Völlig undenkbar!

Während viele Mädchen und Frauen Liebkosungen untereinander nur zum Spaß machten, empfand ich tatsächlich etwas dabei, wenn ich gleichaltrige Mädchen küsste: sexuelle Erregung gepaart mit einem Kribbeln im Bauch. Zuerst dachte ich, alle fühlten so – denn ein bisschen bi schadet nie, oder? (Welch ein schrecklicher und verwirrender Satz.) Und ich war tatsächlich auch in Männer verliebt, das heißt, meine Anziehung auf sexueller und romantischer Ebene konnte ich Männern nicht komplett absprechen. Als Ally der a_sexuellen und a_romantischen Community unterscheide ich bewusst zwischen diesen beiden Formen der Anziehung. Denn nicht alle Menschen erleben unbedingt sexuelle Anziehung, und nicht alle Menschen empfinden romantische Gefühle. Zudem gibt es Personen, die beispielsweise homoromantisch und bisexuell sind, das heißt, sie empfinden ausschließlich romantische Anziehung zum gleichen Geschlecht, während ihre sexuelle Anziehung sich auf mehr als ein Geschlecht erstreckt.

ALLY: Engl. für verbündete Person, die sich z. B. für die Rechte von **LGBTQIA+** einsetzt.

Doch zurück zu den Männern. Obwohl meine Historie mit Männern so viel länger ist als die mit Frauen oder nicht binären Menschen, weiß ich heute, dass meine Anziehung oft Mustern folgte, die ich heute nur noch unter bestimmten Bedingungen nachempfinden kann. Innerlich hatte ich mich schon mit 17 zu dem Punkt vorgearbeitet, an dem ich mich als bi identifizierte. Dennoch sollten noch weitere zehn Jahre bis zu meinem äußeren Coming out vergehen.

Ich erlitt einen der schmerzhaftesten Liebeskummer meines Lebens und hatte keine Ahnung, dass es Liebeskummer war. Einige Queers werden nun schmunzeln – ja, es war wegen meiner besten Freundin. Aber von vorne – zu dem Punkt, an dem sie in mein Leben trat. In meiner Einsamkeit, in der mich scheinbar niemand auf der Welt wirklich verstand, war *sie* da. Wir beide waren die rebellischen Seelen gegen den Rest der Welt. Ihre Familie war wie meine eigene und umgekehrt. Wenn wir wieder an toxische und abusive Boyfriends gerieten, holten wir uns gegenseitig wieder heraus. Wir zwei gegen den Rest der Welt. Ich erinnere mich daran, wie ich von Eifersucht zerfressen wurde, als sie in einer Beziehung war, in der sie nicht so behandelt wurde, wie sie es verdient hätte. Und auch, dass es ihr ähnlich erging.

Wenn eine von uns irgendwo allein auftauchte, fragten andere erstaunt, ob alles in Ordnung sei und wo denn die andere sei, denn wir telefonierten nicht nur jeden Tag, sondern waren auch einfach immer und überall zusammen. Wir schliefen Arm in Arm ein und hielten Händchen. Ihre Hand in meiner fühlte sich anders an, als ich es kannte. Doch sie war meine engste Freundin, daher schien es klar: So fühlt sich das eben an, wenn man sich richtig gern hat. Sie hat mich auf so vielen Ebenen berührt, tiefer, als ich es von Männern kannte, und das, ohne mich physisch zu berühren. Aber damals fragte ich mich nur: Darf ich sie so ansehen? Wie kann etwas falsch sein, wenn es sich so richtig anfühlt? Wenn Liebe doch Liebe ist – warum wird sie dann nicht überall gleich behandelt?

Plötzlich sah ich mich damit konfrontiert, eine Anziehung zu empfinden, die von der Gesellschaft nicht akzeptiert wurde und die ich mir darum auch nicht gestattete. Bei Jungs war es anders, da musste ich nichts verstecken, ich erhielt sogar Zuspruch, wenn ich Interesse bekundete – in einem Alter, in dem ich noch gar nicht wusste, was Anziehung überhaupt bedeutet. Schon in jungen Jahren werden oft Phrasen gepredigt, die diese »Boxen« bauen, in die wir später hineinpassen sollen: »Im Kinderwagen flirtet der Kleine schon richtig«, »Er wird den Mädchen später den Kopf verdrehen«, »Ein echter Herzensbrecher«, »Ahh, die beiden werden sicher einmal heiraten«, und das mit zwei, drei oder acht Jahren. So wird es als *normal* und akzeptabel vermittelt – in Kinderserien, Medien, von Lehrer*innen und Eltern –, aber zu thematisieren, dass es Regenbogenfamilien gibt, dass lesbische, schwule, bi+, trans*, queere, inter*, nicht binäre, polyamore Menschen existieren, war und ist häufig immer noch zu viel verlangt.

Doch wir sind hier und waren es schon immer. Kinder aus queeren Familien finden sich in Kitas, Schulen, Universitäten und an Arbeitsplätzen, genauso wie queere Kinder, Jugendliche und Erwachsene überall im Alltag um uns herum leben. Und nein, Menschen werden nicht durch queere Bildung queer, so wie ich ohne jegliche Aufklärung in diesem Bereich nicht hetero und cis geworden bin. Über die Hälfte meines bisherigen Lebens war ich ratlos und voller Fragen, auf die ich keine Antworten fand. Hätte man sie mir gegeben, wäre mir viel Leid erspart worden. Und wie mir ging es so vielen anderen queeren Kindern und Jugendlichen. Wir hätten nicht mehr nur *über*lebt, sondern *ge*lebt, ohne ständige

Angst vor Gewalterfahrung. Da habe ich mich noch ungeoutet und weiblich gelesen in einer privilegierten Situation befunden. Man mag nun dagegenhalten, dass es heute besser ist, dass heute viel mehr Aufklärung stattfindet und die Sichtbarkeit größer geworden ist – jedoch nimmt auch die Queerfeindlichkeit zu. Offenbar machen sich viele Sorgen, dass Kinder in irgendeiner Art und Weise frühsexualisiert werden könnten, wenn sie »zu früh« von queeren Lebenswelten erfahren. Doch da besteht ein riesiger Denkfehler, denn bei queeren Sexualitäten geht es nicht nur um Sex. So wie es bei Heterosexualität nicht nur um Sex geht, und komischerweise hat niemand etwas dagegen einzuwenden, wenn Kinder Mutter, Vater, Kind spielen. Kinder betrachten dieses Thema sowieso nicht aus einer sexuellen Perspektive – das ist etwas, was Erwachsene ihnen überstülpen. In erster Linie geht es um Liebe. Darum, einen anderen Menschen zu mögen. Und um Identität. Darum zu wissen, wer wir sind.

Es gibt überhaupt keine empirischen Belege dafür, dass eine frühzeitige Sexualaufklärung Kinder negativ beeinflusst. Kinder, die über diverse Sexualitäten und Geschlechtsidentitäten aufgeklärt werden, ändern nicht automatisch ihre Präferenzen. Die Sexualität oder das Geschlecht eines Kindes lassen sich nicht durch umfassendere, vielfältigere Aufklärung »umerziehen«. Das ist eine Angst, die aus internalisierter Queerfeindlichkeit stammt. Daher wird bei queeren Kindern, Jugendlichen und Erwachsenen immer noch versucht, sie in die »richtige Bahn« zu lenken. Durch umfangreiche Aufklärung und zusätzliche queere Bildung kann Queerfeindlichkeit vorgebeugt und Akzeptanz gestärkt werden. Es ist wichtig, eine vielfältige und ganzheitliche Aufklärung zu bieten, um Kindern wohlwollende, respektvolle und unterstützende Einstellungen und Verhaltensweisen zu vermitteln.

Die Erkenntnis, dass ich vieles bloß als intensive Freund*innenschaft abtat, war das Resultat mangelnder Aufklärung. Ich wusste einfach nicht, dass romantische Liebe in dieser Form möglich ist, und vor allem nicht, ab wann ich das merken könnte. Mit

Männern fühlte sich Liebe oft verwirrend an, wie ein Bündel voller Fragezeichen, sodass ich mich irgendwann auf den Wunsch beschränkte, dasselbe zurückzubekommen, was ich hineingab. Dies ist der ewige Kreislauf meiner bi+ Sexualität – mich zu fragen, ob ich wirklich bi bin, während sich meine Präferenzen stark verändert haben, um zu differenzieren, was ein Muster, was comphet und was wirkliche romantische und/oder sexuelle Anziehung ist. Zum Glück komme ich immer häufiger an den Punkt, dass das alles keine Rolle spielt, solange es nicht destruktiv und leidvoll ist. Wenn ich liebe und glücklich bin, dann muss ich gar nicht wissen, woher diese Anziehung stammt. Ich kann jetzt akzeptieren, dass meine Anziehung fluide ist.

Doch davon war ich als Jugendliche, konfrontiert mit meinem ersten Liebeskummer wegen einer Frau, noch weit entfernt. Besagte Freundin und ich stritten uns, wobei es dabei keineswegs um unsere Gefühle füreinander ging. Wir brachen den Kontakt ab – und jahrelang suchte ich in jedem Menschen einen Teil von ihr. Irgendetwas, was sich mit einer anderen Freundin genauso anfühlen würde. Jahre später kam es endlich zu einem klärenden Gespräch, in dem wir uns beide voreinander outeten. Wir begriffen, dass wir beide wohl gemeinsam unsere erste queere Liebe erlebt hatten. Ich sagte: »Ich glaube, dass du nie wirklich meine beste Freundin warst, sondern ich eigentlich in dich verliebt war.« Sie schaute mich an und sagte: »Dasselbe wollte ich dir heute auch sagen.« Dieses Wissen und dass wir endlich aufrichtig sein konnten, heilte unsere Verbindung. Endlich können wir voreinander völlig wir selbst sein.

Nicht zuletzt dank dieser Erfahrung kann ich mich heute mögen, wie ich bin. Trotz des ewigen bi+ Zyklus: Bin ich es wirklich? Ist es anerzogen? Bin ich doch lesbisch? Aber was ist mit diesem einen tollen Typen? Ich akzeptiere mittlerweile, dass ich mich auf dem bi+ Spektrum befinde. Durch dieses binäre A- oder B-Denken konnte ich früher überhaupt keine Freude oder Stolz für meine Fluidität empfinden. All diese Fragen hatten dennoch einen Sinn. Ich erkannte ein Muster, in dem ich mich im Dating bewegte. Seitdem ich dies enthüllte, fühle ich mich auch nicht mehr zu Menschen hingezogen, die nicht dasselbe Wertesystem wie ich teilen. Ich gehe darin auf aufzuklären, zu sensibilisieren, Menschen zu helfen und auf Missstände hinzuweisen. Doch ich habe auch erkannt, dass eine Liebesbeziehung nicht der Ort ist, an dem ich meine Grundwerte ausfechten und als Coach fungieren möchte. Seitdem kann ich unterscheiden, ob ich wirklich Gefühle für eine Person habe und dies auf Augenhöhe stattfindet oder ob es mir darum geht, einem Menschen zu helfen, in der Hoffnung, dass diese Person ihren eigenen Wert erkennt. Das ist befreiend und macht mich so viel liebevoller mit mir und auch anderen.

Seitdem ich mich innerlich als bi+ identifizieren konnte, hatte ich immer wieder den Wunsch, mich bei meiner Familie zu outen, doch ich zögerte. Mir war bewusst, dass bestimmte Teile meiner Verwandtschaft klare Vorstellungen davon hatten, was zu mir passt, was ich brauche und wie mein Leben aussehen soll. Sie nahmen an zu wissen, was das Beste für mich ist, ohne mich zu fragen, obwohl früh klar war, dass ich meinen eigenen Weg gehen würde – egal, wie »wild«, »kompliziert« oder »schwierig« dieser für sie auch erscheinen mochte. Das Spannende ist immer noch für mich, dahinterzublicken, dass dieser Weg nur der schwierige war weil er nicht konform mit der doch so gefühlskalten Du-musst-alles-über-dich-ergehen-lassen-Norm war.

Heute weiß ich: Wenn die Norm bedeutet, sich ständig zu verstellen und eigene Gefühle, Ansichten und Empfindungen zu verstecken, dann will ich diesen Weg nicht gehen, dann möchte ich nicht dazugehören. Und dennoch wusste ich, dass das perfekte Märchen bereits für mich vorgezeichnet worden war – und ob du es glaubst oder nicht, es wurde auch zu meinem eigenen. Ich wollte das alles selbst: den Prinzen an meiner Seite finden, zusammenkommen, zusammenziehen, sich verloben, heiraten, ein Haus kaufen, Kinder bekommen – vielleicht sogar ein zweites

Kind oder einen Hund. Und was soll ich sagen: Bis auf die Kinder, den Hund und das Haus kam es später auch so.

Ich sah es schon vor meinem inneren Auge, wie der Glanz aus den stolzen und aufgeregten Augen meiner Familie verschwand, wenn sie mich fragten: »Und wie ist er so?«, und ich antworten würde: »Sie.« Oft fragte ich mich in dieser Zeit: Werde ich jemals genug sein? Sind die Sorgen um mich letztlich nur Ausdruck eigener egoistischer Bedürfnisse, die unerfüllt bleiben? Wie kommt ihr dazu, mir das Gefühl zu geben, dass ich auf der Welt bin, um eure Bedürfnisse zu erfüllen? Von vielen fühlte ich mich nicht gesehen, nicht gehört und nicht verstanden. Am liebsten hätte ich allen, die mir meine Gefühle nicht zugestanden haben, entgegnet: »Wer willst du, dass ich bin? Ich habe alles versucht, um in deine Schubladen zu passen. Ich stehe hier mit offenem Herzen, um dir das beizubringen, was du nie lernen durftest: dich wirklich verletzlich zu zeigen, Grenzen zu setzen, dich gegen die Erwartungen anderer aufzulehnen, deine Ketten zu sprengen und aus deiner Existenz eine wehende Fahne zu machen.« Das Gefühl, nie gut genug oder nie richtig zu sein, entstand langsam in mir selbst. Das Resultat war, dass ich begann zu lügen, um meine Gefühle zu verbergen. Meine erste echte Erfahrung mit einer Frau saß getarnt als platonische Freundin bei mir zu Hause auf dem Sofa, und ich habe alles versucht, es um jeden Preis zu verstecken. Mein Coming out wurde erneut aufgeschoben.

Ich wuchs mit dem Narrativ auf, dass schwul oder lesbisch sein eine Beleidigung ist – ein Zeichen dafür, dass etwas mit einem nicht stimmt und dass ich dafür emotionale und physische Gewalt erfahren könnte. Egal an welchem Ort. Zudem habe ich mal mitbekommen, dass eine Lehrkraft gebeten wurde, ihre Frau nicht zu einer Veranstaltung mitzubringen – das müsse nicht jeder wissen. Das heißt: Ich lernte, dass Queerness ein Thema ist, über das man nicht spricht, für das sich Menschen schämen und das sie verstecken – aus Schutz vor einer queerfeindlichen Gesellschaft.

Ähnlich wie im Bereich der Bisexualität wuchs ich auch in

Bezug auf die Polyamorie gänzlich vorbildfrei auf. Dabei hätte es mir so geholfen, Zugang zu den Geschichten anderer queerer Menschen zu haben, um bei meinem inneren Kampf Klarheit zu gewinnen. Aus der Unsichtbarkeit zu treten. Zu wissen, dass ich nicht als einzige Person so empfinde. Eine der Personen, von denen ich gern früher gehört hätte, ist Brenda Howard. Sie war bi und poly und Teil der Leather Community. Offen stand sie dazu und setzte sich in den 70er-Jahren aktiv für die LGBTQIA+ Community ein, weshalb sie auch »Mutter des Pride« genannt wurde. Ich möchte damit nur darauf hinweisen, dass bi+ Menschen, Femmes sowie trans* Personen schon immer Teil der queeren Community waren – und sogar oft die treibenden Kräfte für die Rechte und das Miteinander aller Sexualitäten und Identitäten.

Ein großes Vorurteil gegenüber bi+ Personen ist, dass wir verwirrt sind und nicht wissen, was wir wollen. Und ich muss zugeben, dass ich tatsächlich oft verwirrt bin – doch eher durch die binäre Denkweise anderer Menschen und den Bi-Erasure, der mich immer wieder denken lässt: Ich muss wohl doch lesbisch sein. Doch klar ist, dass ich Anziehung und romantische Gefühle für nicht binäre Menschen, Frauen und einige Männer empfinde. Oft habe ich dennoch das Gefühl, dass das, was die Gesellschaft unter »bi« versteht, nicht wirklich zu mir passt.

> **BI-ERASURE:** Engl. für »Unsichtbarkeit von Bisexualität«; damit wird eine Tendenz bezeichnet, Bisexualität in der Geschichte, in akademischen Kreisen und in den Medien zu ignorieren, zu verleugnen oder umzudeuten.

Natürlich gibt es kein Ablaufdatum für ein inneres oder äußeres Coming out. Doch mit der Zeit beschlich mich das Gefühl, dass ich mit jedem Jahr, in dem ich mich nicht outete und die Idee eines heteronormativen Lebens erfüllte, meine Chance, ernst genommen zu werden, verpasste.

Oft wird es so dargestellt, als wäre mir mit 27 Jahren (beim Schreiben dieser Zeilen bin ich 31) plötzlich bewusst geworden, dass ich queer bin und dass ich für alle Geschlechter romantische und sexuelle beziehungsweise intime Anziehung empfinde. Da ich oft übergriffige Annahmen dazu erhalte, dass es mir um die Anziehung zu verschiedenen Genitalien geht, mag ich hier betonen, dass diese Anziehung bei mir absolut nichts mit den Genitalien einer Person zu tun hat und ich auch niemals danach fragen würde. Denn Genitalien sind mir weder wichtig, noch sind sie binär einteilbar, noch machen sie für mich einen Menschen aus, noch sind sie bei irgendeinem Menschen auf der Welt identisch. Und mir ist auch nicht ganz *plötzlich* klar geworden, dass ich nicht binär bin. Für einige Menschen mag dieser eine Aha-Moment existieren. So wie es bei mir bei meinem Poly-*Awakening* war. Doch sowohl in Bezug auf meine Bisexualität als auch mein Nichtbinärsein war es anders. Ich habe schon immer irgendwie gespürt, dass ich mich nirgendwo so richtig zugehörig fühle. Mit Ende zwanzig habe ich mich endlich bereit gefühlt: Nicht nur meinem engsten Umfeld, sondern Hunderttausenden – mittlerweile kann ich sagen Millionen – Menschen teilte ich mit: Hier bin ich. Ich bin bi+ sexuell. Ich bin polyamor. Und ich bin nicht binär und stolz darauf. Ich bin kein Fehler im System – sondern das System, das in Schubladen denkt und in Schubladen presst, ist der Fehler. Ich sehe meine Queerness weniger als lösbare komplexe Rechenaufgabe an, sondern eher als eine Reise des Entlernens und Zulassens. Ich liebe mittlerweile meine Fluidität und wer ich bin.

Ich habe erlebt, was viele bi+ Menschen durchmachen: diese große Verwirrung darüber, ob man wirklich nicht eigentlich doch monosexuell ist. Mit anderen Worten, ob man – in meinem Fall sowohl romantisch als auch sexuell – Anziehung zu mehr als einem Geschlecht empfindet. Häufig wird angenommen, dass diese Anziehung sich auf ein 50/50-Verhältnis bezieht: 50 Prozent Frauen und 50 Prozent Männer. Hier wird erneut versucht, ein binäres System in vereinfachte Schubladen zu pressen, was mit

Emotionen wie Liebe und Anziehung überhaupt nicht möglich ist. Außerdem wird dabei ignoriert, dass sich das »bi« in bisexuell, gemäß der historischen Entwicklung, auf »gleich und anders« bezieht und im Bimanifest* der frühen 90er-Jahre festgehalten wurde, dass bi+ Sexualität und Romantik auch nicht binäre Identitäten einschließt. Das bedeutet, eine bi Person ist auch bi, wenn sie auf Frauen und nicht binäre Menschen steht (wenn denn diese Person ein Label nutzen möchte) – ebenso gibt es Menschen, die eine Präferenz für Männer und weniger für Frauen haben. So wie heterosexuelle Menschen keine Erfahrung brauchen, um zu wissen, dass sie hetero sind, oder ganz »automatisch« bei Frauen nach Freund oder Männern nach Freundin gefragt wird – brauchen auch bi+ Menschen keine Erfahrung mit einem Geschlecht zu haben, um zu wissen, von wem sie sich angezogen fühlen. Es geht um Anziehung zu einem Menschen, nicht um darauffolgende Aktion. Ich möchte hier direkt einige Mythen entkräften und mir wünschen, dass alle Menschen ihre eigene internalisierte Bifeindlichkeit hinterfragen. Denn wir alle haben Vorurteile, und es ist auch okay, diese zu haben, da sie unserem Gehirn oft als Schutzmechanismus dienen, um Menschen einzuordnen und komplexe Themen zu vereinfachen. Doch das Gefährliche daran ist, dass viele Vorurteile nicht wahr sind und sich in Verurteilung, Mikroaggressionen, Ablehnung und Diskriminierung äußern können. Wir können innehalten und hinterfragen: Ist das wahr? Woher kommt das, dass ich so denke? Woher stammen diese Urteile? Auswirkungen von Vorurteilen sind immens. Es ist wichtig, sich bewusst zu machen, dass wir alle deren Reproduktion stoppen können und unseren Teil zu mehr Sensibilität untereinander leisten können.

Als ich mich vor einem lesbischen Freund*innenkreis zum ersten Mal als bi outete, erlebte ich eine leider weitverbreitete Reak-

* The Bisexual Manifesto: *Anything That Moves: Beyond the Myths of Bisexuality*, 1990.

tion. Mein queerer Saferspace wurde zu einem Ort, an dem ich Bifeindlichkeit erfuhr. Daraus habe ich gelernt, dass Queer-Sein so viel mehr ist als nur nicht hetero oder nicht cis zu sein. Queer-Sein schützt nicht vor Intoleranz. Queer-Sein definiert sich für mich nicht nur darüber, wen ich liebe, sondern auch darüber, sensibel und unterstützend gegenüber allen Sexualitäten, Anziehungen, Identitäten und feinen Nuancen zu sein. Sich einzusetzen für queere Menschen und das eigene Entlernen von Vorurteilen.

»Ich glaube, ich bin bi«, sagte ich. Vielleicht hätte ich mir das »glaube ich« auch sparen können, aber ich war jung und verunsichert. Die Reaktionen waren erst mal schwer zu verarbeiten: »Du bist 'ne Lesbe – ganz klar«, von der einen Seite, »Schon wieder 'ne Schwester an 'nen Kerl verloren«, von der anderen. Oder »Du hast was mit Männern? Das wird noch.«

Es ist mir wichtig zu betonen, dass ich heute die tollsten lesbischen Freund*innen habe. Diese Bifeindlichkeit innerhalb der queeren Community ist nicht selten und bezieht sich nicht ausschließlich auf lesbische Personen. Damals jedoch waren die Sätze, die ich auf mein Outing hin zu hören bekam, natürlich Salz in meinen Wunden. Ich machte mir sowieso schon Sorgen, nicht »bi genug und queer genug« zu sein. Überhaupt fühlte es sich ein wenig so an, als wäre ich nie irgendwo genug: zu queer für heterosexuelle cis Menschen und zu hetero für Queers – verschluckt von dem Dazwischen –, und das, obwohl bi+ Sexualität eine eigenständige und valide Sexualität ist.

Warum habe ich mich eigentlich erst mit 27 geoutet? Sicher nicht, weil ich es erst da entdeckte, sondern weil ich erst alle Schichten abtragen und aus allen erdrückenden Formen ausbrechen musste, um zu mir selbst stehen zu können. Als ich mich mit 27 in Lui verliebte, obwohl ich in einer monogamen Ehe mit Marcin lebte, gab es für mich kein Zurück mehr – ich musste mich irgendwie outen, denn ich wollte mich nicht länger verstecken. Nach all den vorherigen Situationen, in denen ich merkte, dass meine Liebe nicht begrenzt und eben auch nicht auf ein Geschlecht beschränkt ist, war das der entscheidende Moment. Ich war ich selbst und habe seitdem meine Wahrheit immer und immer wieder ausgesprochen, was zu meiner mentalen Gesundheit immens beigetragen hat. Das Versteckspiel hatte ein Ende, und ich wurde Meister*in im Grenzen setzen. Nachdem ich mich vor Marcin geoutet hatte, nahm ich das schon erwähnte Video auf, in dem ich meiner kleinen Instagram-Community aus Uni Kolleg*innen und Athlet*innen von meiner Situation erzählte.

Ich hatte damals nicht viele Follower*innen und arbeitete in einer Crossfit-Box als Trainer*in und Coach. Da Lui und ich in derselben Box ein und aus gingen, dachte ich, es würde sowieso früher oder später Gerede geben. Wenn ich mit Lui draußen Hand in Hand laufen würde, könnten Gerüchte aufkommen, ich würde »meinen Mann betrügen«. Immerhin leben wir in einer mononormativen Gesellschaft, diese Befürchtungen waren also gar nicht so abwegig. Die Mehrheitsgesellschaft geht schließlich davon aus, dass alle Menschen monogame Beziehungen führen. Dabei sehen wir Beziehungen die Liebesform nicht an.

Ich wollte unbedingt verhindern, dass meine Geschichte erneut fremdbestimmt wird – ich wollte sie selbst erzählen. Also lud ich das Video auf Instagram hoch. Im Nachhinein finde ich es lustig, dass mein gesamtes Umfeld – außer meiner Familie – so mein Coming out miterlebte. Meinen Vater, meinen Bruder und meine Mutter rief ich vorher an, und auch meinen Großeltern wollte ich es persönlich erzählen. Zu dieser Zeit waren meine Mutter und mein Vater noch ein Paar. Hättest du mir gesagt, dass meine Mutter sich nur zwei Jahre nach ihrer Trennung von meinem Vater selbst outen und anschließend mit meiner Kindheitsnachbarin zusammenkommen würde, hätte ich laut gelacht. Doch genauso kam es, und ich sehe, wie sehr sie aufblüht. Genau wie ich ab meinem Coming out aufblühte und mein Leben endlich wahrhaftig leben konnte.

Coming out-Guide

Warum braucht es überhaupt ein Coming out?

Jedes Coming out bedeutet, aus der Unsichtbarkeit aufzutauchen. Ein Coming out ist kein Muss, um zu beweisen, dass man queer genug ist, und sollte zu hundert Prozent aus deiner Entscheidung resultieren. Ein Coming out entscheidest allein du. Ob es ein tägliches, lautes Coming out ist oder nicht, jedes Coming out trägt eine ganz individuelle und verletzliche innere Reise in sich. Jedes Coming out kann sich wie der erste Atemzug nach langer Zeit unter Wasser anfühlen.

Sicher, es wäre schön, in einer Welt zu leben, in der wir einfach nur Menschen sein können. Aber der Satz »Mensch ist Mensch« entspricht in so vielen unterschiedlichen Ebenen und Dimensionen nicht der Realität. Solange Lesben nicht in aller Vielfalt anerkannt und Liebe unter Frauen und weiblich Gelesenen fetischisiert und nicht ernst genommen wird, solange queere Menschen bei Kinderwünschen nicht unterstützt werden und queere Elternteile sich bei Ämtern einer »Eignungsprüfung« unterziehen müssen, solange schwule Menschen die Straße checken müssen, bevor sie sich ohne Angst vor Gewalt küssen können, solange trans* und nicht binäre Menschen nicht selbstbestimmt über ihren eigenen Körper und ihr Sein entscheiden dürfen, solange bi+ Menschen jeden Tag daran zweifeln, ob sie genug sind, und inter* Personen weiterhin für Sichtbarkeit und Anerkennung kämpfen müssen, solange inter* Kinder ohne Zustimmung operiert werden, um in unsere binären Systeme zu passen, solange queere Paare in Restaurants gebeten werden, sich »dezent zu verhalten«, solange queere Kinder und Jugendliche ihr Zuhause verlieren, Schulen kein sicherer Ort für queere Kinder und Jugendliche sind, die monogame Lebensform als die einzig richtige und normale angesehen wird und alles andere als abscheulich und beschämend gilt, solange asexuelle Menschen zu Handlungen gedrängt werden und ihnen ihr Erleben abgesprochen wird, solange aromantische

Menschen als defizitär angesehen werden – solange all dies geschieht, ist jedes Coming out ein Akt des Widerstands und ein Schritt hin zu einer Welt, in der tatsächlich jeder Mensch einfach nur lieben und existieren kann. Gleichzeitig gibt es durchaus noch zusätzliche Marginalisierungen, welche die Diskriminierungserfahrung immer weiter verstärken. Heißt, dass wir alle trotz Marginalisierung unterschiedliche Privilegien genießen. Menschen verdienen es, nicht nur zu überleben, sondern zu leben. Ohne Angst, Schuld und Scham für die eigene Existenz oder Liebe. Love is Love bringt keinem queeren Menschen etwas, wenn die Rechte immer noch nicht dieselben sind und diese gesellschaftlich nicht gelebt werden. Die ständige Notwendigkeit, »beweisen« zu müssen, dass es echte Liebe ist und nicht nur »eine Phase«, wird oft gefürchtet, und ich sage hier und jetzt: Ich verstehe dich. Ich sehe dich. Du schuldest niemandem Rechenschaft. Du musst gar nichts beweisen. Es ist in Ordnung, manchmal unsichtbar zu bleiben und zu entscheiden, dass man gerade nicht die emotionalen Kapazitäten hat, um ein wandelndes Lexikon zu sein, oder nicht den Anfeindungen von problematischen Menschen ausgesetzt sein möchte. Du hast nur dieses eine Leben, und du verdienst es, zu lieben und geliebt zu werden. Doch queer sein ist nicht nur leidvoll, sondern auch glückbringend. Du hast eine Community, und wir sind viele. Ich bin out und proud, und habe mich noch nie so sehr wie ich selbst gefühlt. Etwas, was sich so richtig anfühlt – kann niemals falsch sein.

Ein Coming out ist für jeden Menschen anders. Manche sagen, sie haben es schon immer gewusst, andere hatten einen plötzlichen Moment der Erkenntnis, und wieder andere erleben das innere Coming out als schleichenden und subtilen Prozess. Das gilt auch für trans*, inter* und nicht binäre Menschen. Manche spüren es schon im Kindergarten, andere während der Pubertät oder im Erwachsenenalter. Einige inter* Kinder erleben bereits bei der Geburt fremdbestimmte Eingriffe an Genitalien, um an das binäre System von Mädchen oder Jungen angepasst zu werden. Andere finden es erst spät oder gar nicht heraus. Generell gilt, dass kein Mensch über die Identität, den Körper oder die Sexualität einer anderen Person bestimmen darf – das obliegt einzig dieser Person selbst. Ein Coming out ist eine persönliche Entscheidung und darf auf keinen Fall durch den Druck von außen beeinflusst werden. Du entscheidest, ob, wann, wie und vor wem du dein Coming out haben möchtest und wie es aussehen soll.

Für mich ist meine Queerness eine Reise, bei der ich gespannt bin, ob sie jemals endet. Bisher – und grob vereinfacht – kann ich mein Coming out in fünf Phasen unterteilen. Eine solche Entwicklung können übrigens auch Menschen erleben, die die monogame Norm hinter sich lassen und sich in der Polyamorie wiederfinden. Denn wie ich an anderer Stelle schon ausgeführt habe, kann Polyamorie sowohl als Identität als auch als Entscheidung betrachtet werden.

Queeres Lieben oder Leben hingegen ist keine Entscheidung, sondern eine Gegebenheit.

Im Folgenden möchte ich dir gern die fünf Phasen meines Coming outs offenbaren. Vielleicht bist du gerade mitten in deinem inneren Coming out oder hast dich entschieden, dich zu outen, dann kann dir dieser kleine Guide vielleicht helfen, besser zu verstehen, wo du gerade stehst. Wichtig ist mir, dass diese fünf Phasen nicht starr sind, sondern sich aus meinen eigenen Erfahrungen und den Berichten aus meiner Community zusammensetzen – sie sind absolut flexibel und dienen lediglich als Orientierungshilfe und Überblick. Die Dauer und Intensität, mit der du diese Phasen durchläufst, können unterschiedlich sein und müssen nicht zwangsläufig auftreten.

Die fünf Phasen des Coming out*

Das Pre-Coming out

Oft sind da erst mal nur Gefühle, welche noch sehr subtil sein können: »Ich bin anders«, »Irgendwie fühle ich anders«, »Ich passe hier nicht hin«, »Ich finde mich nicht wieder«. Gerade wenn du versuchst, dich an die gesellschaftlichen Normen anzupassen – obwohl diese nicht passend für dich sind –, wirst du im Inneren deine Identität und/oder Sexualität durch Gedanken, Gefühle, körperliche Reaktionen und andere Erfahrungen infrage stellen. Diese Erfahrung kann als sehr verwirrend und einsam wahrgenommen werden.

Das innere Coming out

Du realisierst deine eigene Queerness. In dieser Phase akzeptieren Menschen, dass sie sich von anderen unterscheiden. Sie können jedoch auch ihr Erleben mit anderen vergleichen und dabei internalisierte queerfeindliche, polyfeindliche oder trans*feindliche Gedanken gegen sich selbst entwickeln und in Selbstablehnung verfallen. Dies kann sich beispielsweise in einer konsequenten Vermeidung dieses Themas zeigen. Ich persönlich habe dies im Zusammenhang mit Polyamorie erlebt. In dieser Phase kann der Wunsch entstehen, die eigenen Gefühle zu unterdrücken oder loszuwerden – auch aus Angst vor den Konsequenzen des Stigmas in dieser Welt und dem Umfeld. Dies kann dazu führen, dass man versucht, eigene Gefühle zu verdrängen und sich zu zwingen, heterosexuell oder cis zu sein oder den Normen der Gesellschaft zu entsprechen.

Akzeptanz des Selbst & erste Schritte

Du akzeptierst deine Queerness. Die innere Stimme wird in dieser Phase häufig besonders laut und deutlich, sodass man beginnt, bisherige Annahmen zu hinterfragen und beispielsweise

* Siehe dazu auch: Richard Niolon, *The Stages of Coming Out*: https://www.strongfamilyalliance.org/parent-guides/parent-guide-gay/the-stages-of-coming-out-at-any-age/.

Informationen zu diesem Thema einzuholen. Ein Zeichen für die eigene Akzeptanz kann sein, dass man ein engeres und tieferes »Verbundenheitsgefühl« mit Personen der LGBTQIA+ Gemeinschaft empfindet. In dieser Phase habe ich versucht, Mitglieder der Community zu befragen und mich ihnen gegenüber subtil mitzuteilen. Dabei spürte ich die ersten Anzeichen von Zugehörigkeit.

Äußeres Coming out (optional)

Hier wird die Entscheidung getroffen: Ich will mich mitteilen und mich nicht mehr verstecken. Für manche trans* Personen ist dieser Weg oft nicht optional, da für gewünschte geschlechtsangleichende Maßnahmen die Einwilligung von zum Beispiel Elternteilen benötigt wird und sie eine lange bürokratische Reise vor sich haben (Stand 2023). Oft ist hier auch die von außen sichtbare Transition Teil davon, sich nicht optional outen zu können. Die Outing-Phase kann ein Leben lang dauern. In meinem Fall stellte diese Phase keinen eindeutigen Wendepunkt in meinem Leben dar, da ich mich immer noch ständig outen muss, um mich selbst nicht zu verleugnen. Positive Rückmeldungen und unterstützendes Verhalten können hier oft ein Gefühl von Euphorie und Erleichterung auslösen.

Pride & Identität (nicht immer gegeben)

Deine Identität und Sexualität sowie dein Bewusstsein über dich selbst haben sich in dir gefestigt. Es macht sich ein Gefühl von »Ich bin richtig« in dir breit. In dieser Phase habe ich eine gewisse Widerstandsfähigkeit gegenüber feindlichen Äußerungen erlebt und erlebe sie noch immer. Ich fühle mich zugehörig und wohl in queeren Räumen, während ich mich in konservativen, eher heteronormativen Räumen fehl am Platz fühle. Das bedeutet, dass ich das heteronormative Bild, mit dem ich aufgewachsen bin, weitgehend ablegen konnte. Es ist wichtig zu bedenken, dass internalisierte feindselige Gedanken und Zweifel ein Leben lang anhalten können und dieser Prozess für viele Menschen nicht linear verläuft. Es handelt sich dabei nicht um eine Leiter, die erklommen werden muss, sondern eher um einen Versuch, darzustellen, dass es sich um einen Prozess handelt.

Bei einem queeren Erleben gibt es nicht immer ein eindeutiges Vorher und Nachher. Es gibt nicht immer »diesen Tag«, an dem sich alles verändert hat. So war es zum Beispiel bei meinem Erleben von Polyamorie durch das Verlieben in eine weitere Person. Doch bei meinem Coming out als nicht binäre Person und bezüglich meiner Sexualität war es eine Summe aus vielen Faktoren.

Ein Coming out ist eine komplexe Erfahrung – die, wie alles im Leben, nicht immer linear verläuft. Ebenso erlebe ich oft – wenn ich thematisiere, wie schwer und komplex dieses Thema ist –, dass hetero cis und/oder monogame Menschen Angst haben, vergessen zu werden. Dabei wird ein entscheidender Fakt außer Acht gelassen: Heterosexualität, Cisgeschlechtlichkeit und Monogamie sind die Norm. Mir ist noch nie ein Mensch begegnet, der ein Coming-out-Lagerfeuer mit der Familie organisieren musste, um sich als heterosexuell zu outen, und anschließend Angst haben musste, sein Dach über dem Kopf zu verlieren.

Auch kenne ich niemanden, der jemals polyinklusiv gedacht hat oder davon ausgegangen ist, dass ich nicht cis bin. In meinen vergangenen Beziehungen zu cis Männern habe ich es nicht für notwendig gehalten, im Travelguide nachzuschlagen, ob unsere Beziehung im Urlaubsland legal ist. Meine trans* Freundin hatte während ihrer Transition jeden Tag Angst um ihre körperliche Unversehrtheit. Meine Freundin checkt nicht die Straße, bevor sie ihren Freund küsst, wobei das für die meisten schwulen Friends, die ich habe, Normalität ist. Es wird nicht »Hetero« über den Schulhof gerufen, sondern, »Lesbe«, »Homo«, »Schwucht**« und »Tran**« als Abwertung und Ausdruck von Wut genutzt. Menschen werden für ihre Heterosexualität oder Cisgeschlechtlichkeit nicht in einigen Ländern mit der Todesstrafe bedroht oder strafrechtlich verfolgt.

Cis-heterosexuelle Personen müssen nach einer künstlichen

Befruchtung nicht um Anerkennung beider Elternteile kämpfen und sich auch nicht einer »Eignungsprüfung« oder Gesprächen mit Behörden unterziehen. Ich empfinde Empathie für diese Sorgen, dennoch leben wir in einer Welt, die weit von Gleichberechtigung entfernt ist, und wir können und müssen alle unseren Teil dazu beitragen, dass es irgendwann besser wird. Dazu gehört, sich einzugestehen, dass es keine Heterofeindlichkeit gibt und es sichere Räume braucht, in denen queere Menschen ein Gefühl von Community, *Pride* und Sicherheit erleben können. Keinem wird in diesem Prozess etwas weggenommen.

Coming-out-Tipps & Ideen für queere und polyamore Menschen:

- Nimm dir Zeit und versuche, den Druck von dir zu nehmen, den Menschen in deiner Umgebung ein Coming out schuldig zu sein. Du allein entscheidest.
- Mache deine eigene innere Reise. Lerne queeres Leben kennen. Schaue queere Serien. Lies queere Bücher. Gehe zu Events und finde heraus, was sich hinter deiner Neugier verbirgt.
- Sei dir bewusst, dass es kein »zu früh« oder »zu spät« für dein Coming out gibt. Die Suche nach sich selbst ist ein Prozess, der Zeit braucht – bei manchen mehr, bei anderen weniger.
- Wenn du möchtest, kannst du deinen Lieben auch einen Brief, eine Whatsapp-Nachricht oder eine E-Mail schreiben.
- Vergleiche deinen eigenen Weg nicht mit dem anderer. Ein Coming out ist nicht immer einfach und verläuft nicht immer so, wie du es dir vorgestellt hast. Was du erlebst, ist deine Geschichte.
- Beim ersten Coming out kann es hilfreich sein, sich zunächst einem Safemenschen anzuvertrauen, von dem man das Gefühl hat, dass dieser eher positiv und unterstützend reagiert und einem ein Gefühl der Sicherheit vermittelt. Die erste Erfahrung ist oft die prägendste.

- Bitte um Unterstützung, wenn du dich vor deiner Familie outen möchtest, oder ziehe eine Vertrauensperson hinzu, wenn du dich vor einem größeren Personenkreis outen möchtest. Zu wissen, dass du nicht allein bist und du ein sicheres Netz hast, wenn du verletzende Reaktionen erfährst, kann helfen.
- Tausche dich mit anderen queeren Menschen in Internetforen oder auf Social Media aus. Finde deine Community.
- Stelle dich innerlich auf Gegenfragen ein. Du musst sie nicht beantworten, aber es kann dir ein sicheres Gefühl geben, wenn du »vorbereitet« bist. Erkenne trotz allem an, dass deine Grenzen wichtig sind. Du schuldest Menschen keine Rechtfertigungen.
- Gib den Leuten Zeit. Manchmal kann sich eine Reaktion noch ändern. Wende dich an eine Hilfe-Hotline, wenn du dich verloren fühlst. Viele Menschen sind vielleicht noch nie mit dem Thema in Berührung gekommen und wissen nicht, wie sie reagieren sollen.
- Teile nur so viel mit, wie es sich für dich gut anfühlt, und ziehe Grenzen, wenn du dich nicht für weitere Details öffnen möchtest oder wenn du Fragen als unangenehm empfindest.
- Sei dir bewusst, dass du nicht die Erwartungen und Vorstellungen anderer erfüllen musst. Wen du liebst, wie viele du liebst und wie du dich identifizierst, ändert nichts an der Tatsache, wer du bist und dass du es verdienst, liebevoll behandelt zu werden.
- Mache dir bewusst, dass du ein Recht auf Selbstbestimmung und Liebe hast.
- Sei dir im Klaren darüber, dass abwehrende Reaktionen viel mit deinem Gegenüber und sehr wenig mit dir zu tun haben können. Trotzdem darf es wehtun.
- Setze dich auch mit den verschiedenen nicht monogamen Lebensformen auseinander. Das kann dir helfen, dich zu orientieren und – wenn du noch nicht weißt, was du willst – zu erkennen, was du nicht willst.

Coming out als Außenstehende*r – wie du reagieren kannst, wenn ein Mensch sich dir öffnet:

- Bedanke dich für das Vertrauen. Für viele war der Weg bis hierher schwierig, und das Coming out ist ein großer Vertrauensbeweis und zeigt Verletzlichkeit. Diese erste Erfahrung ist oft eine prägende.
- Drücke Mitgefühl aus und zeige Unterstützung.
- Vermeide lieber Sätze wie »Das spielt für mich überhaupt keine Rolle«, denn auch wenn es sich für dich so anfühlen kann – für die betreffende Person ist es oft von Bedeutung. Daher kann dieser Satz negative Gefühle auslösen.
- »Ich habe es schon immer geahnt« oder »war ja klar« sind Sätze, die unterschiedlich interpretiert werden können und daher viel Sensibilität erfordern. Versuche generell, in dieser verletzlichen Situation nicht zu viel eigenen Raum einzunehmen.
- Hilfreiche Sätze könnten sein: »Du bist nicht allein – es gibt viele Menschen, die so fühlen«, »Es ist okay, sich unsicher zu fühlen, ich stehe an deiner Seite«, »Ich unterstütze dich gern bei Terminen oder bürokratischen Herausforderungen«, »Ich bin noch nicht vertraut mit dem Thema. Ich werde mich informieren, um besser auf deine Bedürfnisse eingehen zu können oder dich nach deinen Kapazitäten fragen, wenn ich unsicher bin«.
- Der Satz »Du brauchst dich nicht zu sorgen« ist zwar lieb gemeint, führt jedoch zu keinem Ziel. Die Sorge ist da und oft auch berechtigt. Jegliche Emotionen sollten nicht wegdiskutiert werden, sondern dürfen da sein, denn sie fühlen sich real an. Sage lieber »Ich unterstütze dich«.
- Frage, ob die Person mehr über das Thema sprechen möchte, und schaffe optionalen Raum für künftige Gespräche.
- Keine Fremdoutings! Auch nicht heimlich. Die Person darf selbst entscheiden, wann und wem sie sich anvertrauen möchte. Übe auch keinen Druck aus, um ein Outing voranzutreiben. (Auch nicht innerhalb der Blutsfamilie.)

- Du kannst eine Unterkunft zur Verfügung stellen oder auch Unterstützung und Begleitung bei weiteren Coming outs, zum Beispiel gegenüber der Familie, Arbeit oder Freund*innen anbieten.
- Frage nach Kapazitäten und zeige dich verletzlich. Es ist in Ordnung, sich in einem Thema nicht auszukennen. Du könntest zum Beispiel fragen: »Ich bin mir nicht sicher. Kann ich dir dazu eine Frage stellen? Hast du gerade einen Kopf dafür? Ich informiere mich auch gern selbst.«
- Zeige Verständnis: »Ich werde sicher nicht gleich alles richtig machen, aber ich höre dir gern zu und lerne von dir. Korrigiere mich gern, wenn dir etwas auffällt oder du etwas möchtest«, oder einfach: »Ich höre dir zu und bin bei dir.«
- Spiel die Gefühle der sich outenden Person nicht herunter und sprich ihr ihre Erfahrungen nicht ab. Fragen wie: »Bist du sicher?« sind ein No-Go. Gib der Person selbst und dir danach Raum. Es kann eine überfordernde Situation sein.

Das Coming out in der Herkunftsfamilie und Verwandtschaft

Es ist keine Seltenheit, dass queere Menschen, unabhängig von ihrem Alter, befürchten müssen, ihr Umfeld aufgrund ihrer Geschlechtsidentität, Sexualität oder Liebesform zu verlieren. Besonders Kinder und Jugendliche sind gefährdet und auf den Schutz von Elternteilen, Verwandtschaft oder Betreuungspersonen angewiesen, was die Bedeutung eines sicheren Netzes unterstreicht.

Niemand kann sich vollständig auf die Elternschaft vorbereiten. Aber man kann sich darauf einstellen, vielleicht ein Kind zu bekommen, das nicht hetero oder cis ist, und dem eigenen queeren Kind in einer leider noch diskriminierenden Welt Schutz bieten. Eltern dürfen Sorgen haben, was angesichts der zunehmenden Queerfeindlichkeit auch berechtigt ist. Eltern dürfen auch mit anderen darüber sprechen, aber das Kind sollte nicht die Last dieser Sorgen tragen. Während des Coming outs des Kindes ist es nicht angebracht, davon zu sprechen, wie schwer das jetzt für einen selbst ist. Das kann beim Kind große Scham-, Schuld- und Verantwortungsgefühle auslösen. Es ist meist ein sehr langer Prozess, bis queere Kinder und Jugendliche zu sich selbst stehen und zu dem, was sie schon immer waren und sind. Sie *sind* queer und suchen sich das nicht aus. Die Heterosexualität oder Cisgeschlechtlichkeit wird ja auch nicht infrage gestellt, also sollte die Queerness ebenfalls als gegeben angesehen werden.

Der Weg zur Selbstakzeptanz kann für queere Kinder und Jugendliche sehr lang sein. Das Leid der eigenen Eltern und Verwandtschaft aufgrund der eigenen Identität oder Sexualität als Kind zu tragen, kann sich tief verfestigen. Es könnten Gedanken aufkommen wie: »Jetzt sind meine Eltern traurig und machen sich Sorgen, nur weil ich bin, wie ich bin, und ich bin schuld daran.«

Als Elternteil oder Bezugsperson kannst du vermitteln, dass du dein Kind bei einem Coming out in der Schule, an der Uni, am Arbeitsplatz oder innerhalb der Verwandtschaft und Wohngruppe unterstützt. Ein Kind ist nicht dazu da, die Träume der Eltern zu erfüllen, und sollte nicht das Gewicht der besorgten Eltern oder Verwandten tragen müssen, die seine Existenz als »nicht normal« betrachten.

Für Familienmitglieder, Freund*innen und Lehrer*innen gibt es Anlaufstellen und Hilfe-Hotlines, die bei Sorgen und Ängsten unterstützen können. Manche Eltern plagen sich mit Vorwürfen, fragen sich, was sie falsch gemacht haben könnten. Die Antwort lautet: nichts. Denn eine queere Identität oder Sexualität ist nichts, das anerzogen oder verhindert werden kann. Auch ändert sich eine Orientierung oder Identität nicht durch Stoffe, Kleidung, Hobbys oder ähnliches. Queerness *ist*. In all ihren schillernden Facetten. Mit Gedanken darüber, was sie »falsch« gemacht haben könnten, reproduzieren Eltern queerfeindliches Gedankengut. Denn an einem queeren Menschen ist ganz und gar nichts falsch.

Die Sorge um eigene Enkelkinder ist ebenfalls sehr gern ein O-Ton, der mir immer wieder begegnet. Doch es ist wichtig zu bedenken, dass es allein die Entscheidung des Kindes ist, ob es überhaupt Elternteil sein möchte, und kein Muss. Eltern sollten ihr Kind auf seinem eigenen Weg begleiten, anstatt zu erwarten, dass es ihre Erwartungen und Ideen von einem für sie perfekten Leben erfüllt. Außerdem können queere Menschen sehr wohl Familien gründen und Elternteile werden.

Kinder und Jugendliche benötigen ein sicheres Zuhause. Erwachsene queere Menschen benötigen sichere Räume. Wir alle können dazu beitragen. Ein Kind verdient Schutz und Liebe, unabhängig davon, wie viele Menschen es liebt, wen es liebt oder welche Geschlechtsidentität es hat.

Du kannst dein Kind nicht vor der Welt schützen, aber du kannst es feiern und unterstützen, damit es lernt, sich selbst zu lieben und besser mit und in der Welt zurechtzukommen.

»Ist doch alles nur eine Phase«

Mit unterschiedlichen Präferenzen wird bi+ Sexualität als Überbegriff für alle Sexualitäten verwendet, bei denen sich ein Mensch sexuell und/oder romantisch zu mehr als einem Geschlecht hingezogen fühlen kann, also nicht monosexuell. Darunter fallen Bi-, Pan-, Omni-, Multi- und Polysexualität – diese Labels können sich teilweise überschneiden oder ähneln, doch jede Anziehung hat ihre eigenen, feinen Nuancen, die alle respektiert werden sollen, wenn ein Mensch darin ein Zuhause findet. Früher identifizierte ich mich als pan und wurde von vielen Menschen, als ich mich in von außen heterosexuell eingeordneten Beziehungen befand, nicht mehr zur LGBTQIA+ Community gezählt – weil ich ja mit einem Mann zusammen war. Das ist völliger Unsinn. Nur weil ich in einen cis Mann verliebt bin, bin ich nicht hetero oder weniger queer. Meine Beziehungsperson definiert nicht zwingend meine Sexualität. Heute identifiziere ich mich als bi mit

Präferenzen und fühle mich damit sehr wohl. Es gibt zahlreiche Vorurteile gegenüber bi+ Personen, auch aus den eigenen Reihen der LGBTQIA+ Community. Ein Mensch kann queer sein und trotzdem intolerant, das Label allein macht keinen Menschen toleranter oder zum Beispiel weniger trans*- oder bifeindlich.

Aber warum muss ich überhaupt ein Label verwenden? Zunächst: Label sind kein Muss oder Beweis für das Dasein einer queeren Identität oder Sexualität. Label und Flaggen können aber Sichtbarkeit und Verbindung schaffen. Ein Label kann unglaublich hilfreich sein, weil es für etwas, was du fühlst, auf einmal einen Namen gibt. Sie schaffen Repräsentation und damit Vorbilder und Vielfalt. Für mich wäre das in meinem Prozess immens wichtig gewesen. Label können also auch verbinden – Menschen finden, so wie ich, ein »Zuhause«, eine Community, fühlen Erleichterung, nicht allein oder »komisch« zu sein. Label können außerdem mit Vorurteilen aufräumen und mögliches Schubladendenken aufbrechen – denn auch sie sind fluide wie das Leben und die Jahreszeiten. Alles kennt Übergänge und Spektren – so ist es auch mit Empfindungen, Anziehungen, Identitäten und Emotionen. Label und Gefühle dürfen sich verändern – wenn sich also ein Mensch mit einem Label nicht mehr wohlfühlt, ist das keine »Phase« und nicht unwahr gewesen, sondern schlichtweg nicht mehr passend. Ich bemerke oft, wie viel innere Schuld und Scham damit verbunden ist, nach einem bi+ Outing festzustellen, dass man sich nun als lesbisch identifiziert. Man hat automatisch Sorge, die Vorurteile zu befeuern, nach welchen bi+ Menschen sich immer noch im Übergang zu homosexuell oder heterosexuell befinden.

Bi+ Männer sind (auch wenn es sich durch Serien wie *Heartstopper* langsam verändert) übrigens stark unterrepräsentiert, was ich mir so erkläre, dass toxisch männliche Bilder und Ideale im Weg stehen und eine immens große Angst besteht, nicht ernst genommen zu werden. Immer noch werden bi+ Männer viel zu oft als »schwul mit einer Alibifreundin« abgestempelt –, und

Frauen, die bi+ sind, werden als in Wahrheit hetero und somit nicht ernst genommen.

Wenn bi+ Frauen sich nur ausprobieren und früher oder später eh beim Mann landen und bi+ Männer eigentlich schwul sind und sich nur das Privileg der hetero gelesenen Beziehung sichern wollen, wo stehen in diesem Vorurteilszirkus die nicht binären Menschen? Tja, da wird dann geschaut, welchem Geschlecht die Person optisch am nächsten kommt, und sie wird entsprechend auf die eine oder die andere Seite verfrachtet. Das zeigt wieder, dass die Mehrheitsgesellschaft vor allem eines im Zentrum aller Lust, Aufmerksamkeit und Macht sieht: den cis Mann. Wir müssen auch bedenken, dass der patriarchalen Gewalt auch trans* Männer und männlich gelesene nicht binäre Menschen ausgesetzt sind.

Das Label, das ich statt »hetero« für mich in Erwägung zog, war »lesbisch«, wobei ich damals noch gar nicht genau wusste, was das überhaupt heißt. Ein paar Tendenzen mag man im Nachhinein erkennen, aber damals war ich einfach nur verwirrt. Wenn ich in der Grundschule mit meinen Freundinnen »Titanic« spielte, schlüpfte ich immer in die Rolle des Jack und hoffte insgeheim darauf, dass wir die Kussszenen nachspielen. Als sich Wilma von den »Wilden Hühnern« als lesbisch outete, fand ich das unglaublich aufregend. Aber da gab es auch noch Sprotte und Fred, die zusammen waren – und auch das fand ich spannend. Bei den »Twilight«-Filmen war ich nicht nur in Robert Pattinson verliebt, sondern auch in Kristen Stewart, oder wollte ich eher Edward sein, weil ich insgeheim Bella so toll fand? Dass Bella aber in Edward und Jacob gleichzeitig verliebt war, war für mich wiederum gar nicht fragwürdig. Ich fragte mich eher, warum man sich zwangsläufig entscheiden muss. Klar, die zwei waren verfeindet – doch tendenziell könnte Bella beide mögen. Wir kennen diese Szenarien in so vielen Filmen. Das Gefühlschaos, mehrere Menschen zu lieben, aber sich entscheiden zu müssen, weil es sonst doch gar nicht passieren könnte. So viele Zeichen direkt vor meinen Augen, doch ich nahm sie überhaupt nicht wahr. Und wie hätte ich auch erkennen sollen, dass ich bisexuell war? In meiner Kindheit und Jugend gab es keine bi+ Repräsentation. Es gab nur lesbisch und schwul, ich wusste also gar nicht, dass man auf beides stehen kann und das vollkommen valide Gefühle sind. Als ich mit 15 oder 16 Jahren schließlich zum ersten Mal ganz eindeutige Gefühle für ein Mädchen hatte, dachte ich also, dass ich lesbisch sein muss. Vom Tanzen kannte ich ein paar schwule Männer und ein lesbisches Paar, zu wirklicher queerer Vielfalt hatte ich jedoch keine Berührungspunkte. Mir war nicht mal bewusst, dass queere Menschen aussehen können wie ich. Ich sah jeden Tag anders aus und trotzdem oft so, wie es von außen als feminin angesehen wird. Lesbisch oder bi+ sein und so aussehen wie ich? Als ob!

Kapitel 4

Liebe, Lust und Frust

Je mehr ich heile, desto weniger betrachte ich äußere Aufmerksamkeit als direkte Zuneigung. Ich sehe Co-Abhängigkeit nicht als Romantik und Wahrhaftigkeit und Meinungsverschiedenheiten nicht als Angriff. Gemeinsame Symbiose hat nichts mit Intimität, fehlende Grenzen nichts mit Empathie, äußere Bestätigung nichts mit Selbstliebe und dysfunktionale Beziehungen nichts mit Heilung zu tun.

Wir alle brauchen eine Grundsicherheit, aber worauf bauen wir diese? Mein Leben lang machte ich mein Glück und Wohlbefinden von anderen Menschen abhängig und konnte ohne sie nicht sein. Jetzt fühle ich mich sicher, weil ich meine Wertigkeit erkenne und endlich Grenzen setze. Denn Grenzen sind auch eine Form der Liebe. Mit deinem »Nein« signalisierst du mir, dass dein »Ja« wahrhaftig ist und ich mich darauf verlassen kann. Mit deinem »Nein« gibst du mir Raum, auch »Nein« zu sagen, was ganz divers aussehen kann. Und mit deinem »Nein« zeigst du mir, dass du dir selbst wichtig bist und du dadurch indirekt Verantwortung für unsere Verbindung übernimmst.

Es ist schwer, wenn deine Stimme nie gehört wurde. »Nein« zu »Ja« und »Ja« zu »Nein« zu sagen, hat mich einmal meine mentale Gesundheit gekostet. Ebenso wie das Gefühl, Zustände erreichen zu wollen. Ich dachte immer, wenn ich ein bestimmtes Ereignis erreicht habe, einen bestimmten Zustand meines Körpers, eine Auszahlung von etwas, diesen einen Job – dann bin ich glücklich. Doch dann war ich nur einen kurzen Moment glücklich und brauchte ein neues Ziel. Die nächste Baustelle. Dabei verpasste ich ständig das echte Glück, das längst Teil von mir war. Da ich von einem Zustand in den nächsten rannte, konnte ich es gar nicht wahrnehmen. So ist es auch in Beziehungen. Es gibt keine starren Zustände, sondern nur Vorstellungen und das, was gerade in diesem Moment ist. Meine Zufriedenheit und mein Glück von Ereignissen zu entkoppeln, war für mich als ehrgeizige Person nicht leicht, und doch gelingt es mir immer häufiger. Heute bin ich mehr darauf fokussiert, was gerade ist, und weniger darauf, was gerade fehlt. Ich versuche, Menschen so zu sehen, wie sie sich zeigen wollen, und weniger darauf zu hoffen, dass sie einen Zustand erreichen, in dem sie aus meiner Sicht glücklicher wären. Ich brauche nicht konstant soundso oft Sex in der Woche, um das Gefühl zu haben, eine schöne Beziehung zu führen, es gibt einfach verschiedene Phasen von Nähe und Distanz. Nicht nur zu meiner Beziehungsperson, sondern auch zu mir selbst. Dabei bleibe ich meinem älter werdenden Selbst gegenüber immer neugierig. Bleibe offen für all die verschiedenen Emotionen und Erfahrungen, die noch auf mich warten. Wir als fühlende Wesen machen viele korrigierende und schmerzhafte Erfahrungen im Laufe unseres Lebens, bis wir in der Lage sind, unsere Bedürfnisse und Wünsche überhaupt zu erkennen. Doch wir dürfen nicht vergessen, dass durch leidvolle Erfahrungen eine untrennbare Verbindung zwischen Liebe und Leid geschaffen werden kann. Wie ein Band, welches sich bedingt, um validiert zu werden. Dies kann unfassbar gefährlich sein und zu der Annahme führen, dass wir leiden müssen, um unser Glück zu verdienen. Oder dass wir uns in Beziehungen abkämpfen müssen, um geliebt zu werden. Doch Liebe tut nicht weh, und schwierige Phasen dürfen nicht zum Dauerzustand werden.

Es kann wehtun, für sich selbst zu erkennen, warum man das Leid und eine gewisse toxische Spannung romantisiert und braucht, um eine tiefe und ruhige Verbindung zu sich selbst eingehen zu können. Manchmal fügt man sich durch diesen Boykott gesunder Beziehungen selbst Leid zu. Es ist wie das Gesunde zu wollen und es gleichzeitig zu sabotieren und Probleme zu kreieren, nur weil wir gewohnt sind, dass das Liebe heißt. So erging es mir viele Jahre. Wenn ich über Liebe, Lust und Frust nachdenke, wird mir immer klarer, dass all diese Emotionen sich zwar nicht bedingen, jedoch häufig in enger Verbindung zueinander stehen. Medien, Pornografie und unser soziales Umfeld prägen unsere Vorstellungen von Intimität und definieren, was sie für uns bedeuten soll. So habe ich zum Beispiel 13 Jahre lang sexuell »performt«, weil ich dachte, das sei meine Aufgabe und der einzige Weg, um für Männer interessant zu bleiben und deren Liebe oder Lob zu gewinnen – welch ein Trugschluss. Mein Weg zur Selbstbestimmung war lang und steinig. Am Ende stand die Erkenntnis, dass wahre Intimität nicht durch die Linse der Erwartungen anderer gefiltert werden sollte. Vielmehr geht es darum, die eigene Sexualität zu erkunden und zu verstehen, unabhängig von den stereotypen Bildern, die uns vorgegeben werden. Diese Prägungen tragen wir alle tief in uns, und dennoch können wir uns Stück für Stück erlauben diese zu entlernen. In einer Welt, die oft von unrealistischen und stark sexualisierten Darstellungen geprägt ist, ist es eine Herausforderung, aber auch eine Befreiung, zu erkennen, dass Intimität vielschichtiger ist, als sie oft dargestellt wird.

Es geht darum, unsere eigenen Körper und Wünsche zu respektieren und eine Form von Sexualität zu entwickeln, die auf unseren eigenen Bedingungen basiert. Es ist das autonome und gemeinsame Erschaffen durch Kommunikation, Probieren, Erfinden und Intensivieren sowie das Normalisieren von völlig menschlichen Dingen. Diese Art der Selbstakzeptanz und -ermächtigung ist meiner Meinung nach ein Schlüssel zum Aufbau gesünderer, erfüllenderer Beziehungen – nicht nur mit anderen, sondern auch mit uns selbst.

Verletzlichkeit verletzt nicht, aber Verletzte verletzen

Hier ist eine kleine, aber wahre Perspektive für alle, die immer für jede*n da sein wollen: Um einer Person wirklich zu helfen, musst du den Raum und die Möglichkeit dafür schaffen, dass diese Person sich selbst hilft. Andernfalls nährst du nur das destruktive Muster. Du stillst und bewässerst gleichzeitig die Angst, du fixt das Problem und die Emotion und schaffst damit eine unsichtbare Abhängigkeit. Das ist nicht zielführend. Du hilfst mehr, indem du begleitest und unterstützt, ernst nimmst und Fragen stellst, damit der Mensch sich selbst die Antwort geben kann. Du kannst keine Menschen retten, sie können sich nur selbst retten. Du kannst eine stabile, wohlwollende Basis bei ihrer inneren, stürmischen Reise sein. Die Verbindung zu anderen darf nur nicht auf bloßer Hoffnung basieren. Wir alle brauchen Hoffnung. Doch dürfen wir nicht vergessen zu sehen, was auch wirklich ist. Ein Leben in einer stetigen Hoffnung ohne Veränderung ist ein Feuer, an dem du dich ausbrennst.

Das ist mein Mantra. Heute helfe ich mehr, indem ich weniger helfe. Das Bewusstsein dafür zu bekommen war entscheidend. Ich habe verstanden, dass es beim Aufbau von Selbstwertgefühl wichtig ist, die Erfahrung selbst zu machen, selbstwirksam zu sein und Selbstvertrauen zu entwickeln. Wenn ich direkt einschreite und alle Lösungswege vorgebe, lernt mein Gegenüber nicht, einen selbstbestimmten und selbstwirksamen Weg zu gestalten. Außerdem sind meine Impulse und Ideen auch nicht für jeden Menschen funktional. Das kann auch übergriffig sein. Indem du immer anderen hilfst, sie unterstützt, der Spiegel bist, deine Ressourcen vergibst und für alles eine Lösung bietest, bevor andere überhaupt um Hilfe bitten, nimmst du ihnen die Chance, sich selbst zu helfen, zu lernen und damit auch ihr Wachstum zu fördern. Dadurch bleiben Menschen abhängig und unselbstständig.

Wie sollen sie jemals schaffen, sich selbst zu vertrauen, wenn du ihnen bei allem hilfst? Problematisch wird es vor allem dann, wenn Menschen ihr Gefühl von Sicherheit von dir abhängig machen und du jederzeit und immer verfügbar bist.

Ich habe mein Verhalten radikal geändert, denn ich helfe damit weder den Menschen, die ich liebe, noch mir selbst. Etwas ausschließlich für einen anderen Menschen zu tun ist meiner Erfahrung nach nicht nachhaltig und wird die Motivation von einer nicht kontrollierbaren Person abhängig machen. Als ich in der Vergangenheit vermehrt mit meiner Angststörung zu tun hatte und diese mich wirklich vehement einschränkte, entschied ich mich auch deshalb, in eine Klinik zu gehen. Nicht, weil es der Wunsch meiner Familie oder meines früheren Ehemanns war. Ich wollte einfach nicht mehr leiden. Ich wollte gesund werden und habe mir deshalb selbst eingestanden, dass ich Hilfe brauche. Denn diese Entscheidung hätte niemand für mich übernehmen können. Aus dieser Zeit habe ich gelernt, auch wenn Symptome meines Helfer*innensydroms abhängig von Lebensumständen immer wieder an die Oberfläche kommen. Statt direkt konkrete Lösungsvorschläge anzubieten, wenn ein anderer Mensch mit einem Problem zu mir kommt, frage ich jetzt: »Möchtest du gerade einfach darüber reden, oder möchtest du meine Meinung/Idee dazu hören?« Oder: »Das klingt herausfordernd. Ich unterstütze dich gern. Ich traue dir das zu.« Oder: »Ich vertraue dir, dass du für dich eine Lösung findest.« »Ich vertraue dir, dass du mich nach Hilfe fragst, wenn du sie brauchst.« »Ich vertraue dir, dass du deine Bedürfnisse kommunizierst.« »Ich vertraue dir, dass du deine Wege findest, und ich bin an deiner Seite.« Oder der Mensch kann sich andersherum äußern: »Ich brauche gerade keine Lösung, sondern will einfach nur gehört werden, mich einfach mal auskotzen.«

Die Freude anderer ist oft die Freude in mir. Das bedingt sich. Heißt, ich bin gern da. Es erfüllt mich. Dennoch war ich froh, als ich erfahren habe, was es heißt, nicht ausschließlich zur seelischen

Mülltonne zu mutieren. Ich habe mich nicht mehr nur über das Retten anderer definiert und begriffen, dass es sich dabei auch keinesfalls um einen rein selbstlosen Akt handelt. Wird man von anderen gebraucht, verschafft einem dies manchmal selbst ein Gefühl von Macht und Wertigkeit.

Für mich bedeutet das auch, die eigene Wunde zu spiegeln. Denn was ist, wenn du dich so oft um Menschen kümmerst, weil es den Teil von dir heilt, der einen Menschen bräuchte, der sich so um dich kümmert? Sich hinter der eigenen Empathie zu verstecken ist auch eine *Coping*-Strategie, um die eigenen Verletzungen nicht fühlen zu müssen. Man sucht sich eine andere Baustelle, um die eigenen nicht anzugehen.

Aber wer bin ich, wenn ich nicht helfe? Zu einem großen Teil bin ich heute der Mensch, den ich mir für mein jüngeres Ich gewünscht hätte. Ein Vorbild, ein Mensch, der bestimmte Erfahrungen schon gemacht hat und davon berichten kann. Und ich bin gern dieser Mensch, liebe es zu helfen und Liebe zu verbreiten. Doch heute tue ich das auch für mich, nicht nur für andere.

Fast 30 Jahre meines Lebens verschaffte mir mein Drang zu helfen einen gefühlten Fulltimejob: Ständig war ich mit den Problemen anderer beschäftigt, reparierte, unterstützte, war wachsam. Ich brachte mich selbst immer wieder in Schwierigkeiten. Daneben hatte ich natürlich noch meine alltäglichen Verpflichtungen, mein Studium und diverse Jobs. Wie ich heute weiß, handelte es sich bei diesem ungesunden Drang um eine Fixierung. Eine Anpassung an ein Umfeld, ein Muster, das wir uns in der Kindheit aneignen, wenn unsere Bedürfnisse nicht erfüllt werden, wenn wir nicht gehört, gesehen und verstanden werden. Oder wenn wir früh erwachsen werden müssen, so wie ich.

Ich übernahm Verantwortung für einen Elternteil, der diese nicht selbst trug. Ich übersetzte in Konflikten zwischen Familienmitgliedern, stellte mich vor Menschen und stritt mich ständig, weil sie nicht für sich selbst einstehen konnten. Ich lernte, für das Wohl anderer zu lügen, und belog damit mich selbst gleich mit.

Ich lernte, meine Gefühle zu unterdrücken, als ich immer wieder Sorge hatte, meinen Vater zu verlieren und sich an der Art zu leben dennoch nichts änderte. Ich wurde mit einem »Mach dir keine Sorgen« abgespeist, obwohl mich meine Sorgen fast zersetzten. Meine Mutter wusste, dass ich recht hatte, doch es wurde heruntergespielt. Sie wollte einfach nur ihre Kinder schützen und hatte Angst, ihren Mann im Krankenhaus zu verlieren.

Ich stellte die Regeln in Unternehmen auf den Kopf und war vor allem immer von einem überzeugt: Partizipation statt vollkommener Autorität. Ich konnte nicht einfach zur Arbeit und wieder nach Hause gehen. Ich gab mich völlig hin und brannte für alles, was ich tat. Ich lehrte. Sah Menschen für das, was sie sind, und wollte sie dort abholen, wo sie standen. Und musste dabei immer wieder erkennen, dass Menschen zwar gern den Erfolg und die Zahlen, welche ich ihnen einbrachte, kassieren wollten, ich dafür jedoch kein bisschen Wertschätzung erfuhr – weder finanziell noch emotional. Es ging meist darum, was ich erbringe, und weniger darum, wie es mir wirklich geht. Der Fokus zu funktionieren zieht sich durch unser gesamtes System. Denn auch in der Klinik ging es nicht darum, dass ich wirklich gesund werde – sondern eher darum, schnell wieder funktionsfähig zu sein und in unserem Arbeitssystem meinen Anteil zu leisten. Es war überhaupt nicht möglich, mir wirklich die Zeit zu nehmen, die meine mentale Erkrankung gebraucht hätte. Das Krankengeld reichte vorne und hinten nicht. Wie oft geschah es, während ich Krankengeld bezog, dass ich am Automaten stand und keine Auszahlung mehr möglich war und ich Sorge hatte, meine Wohnung zu verlieren! Einfach nur, weil ich mir Hilfe geholt hatte. Alles fühlte sich wie ein Sprint an. Mein ganzes Leben.

Ich war generell mit vielen Dingen nicht einverstanden; mein Gerechtigkeitssinn schlug immer wieder Alarm. Und nein, ich war nicht zu sensibel. Ich wollte nur vieles, »was man immer schon so gemacht hat« und »was eben so ist« und »was halt schon immer so war« nicht als etwas unumstößlich Richtiges ansehen.

Denn meiner Ansicht nach können wir zu jedem Zeitpunkt anfangen, Dinge zu verändern oder Verantwortung übernehmen. Wir beschuldigen Menschen wegen Vater-Komplexen und erkennen nicht, dass wir oft die Arbeit dafür machen, dass Väter abwesend waren. Mein Vater war liebevoll, aber unbeständig. Er war für mich oft abwesend, weil ich das Gefühl hatte, dass er mich nie wirklich verstand. Ich hatte das Gefühl, dass es darum ging, gemocht zu werden, der tolle Kumpel und das zu sein, dessen ganzer Stolz seine Familie war. Doch wenn es wirklich nur um mich oder meine Interessen ging, war er nicht dabei. Ich glaube, dass so viele eigene Themen, Unzufriedenheiten und Gefühle so lange ignoriert und beiseitegeschoben wurden, dass er schlichtweg nicht wusste, wie es anders ging. Dafür habe ich Verständnis, gleichzeitig ändert es nichts an meinem Erleben.

Wir hatten oft nicht viel Geld. Mein Vater machte Extraschichten, bemühte sich, doch auch ich trug Lasten, die nicht gesund waren. Ich war die Erwachsene im Haus. Ich sollte lügen und meinem Vater nichts von unbezahlten Rechnungen erzählen, damit er sich keine Sorgen machte.

Irgendwann war ich so gefangen in diesem System, in dem ich bloß keine Sorgen bereiten durfte, dass ich es auch verschwieg, als ich von einer ungewollten Schwangerschaft erfuhr. Unter keinen Umständen wollte ich damit einen anderen Menschen behelligen und lieber alles allein regeln. Trotz der Panik, die mich überfiel, als ich die vernichtenden Worte »Herzlichen Glückwunsch, Sie sind schwanger!« hörte und erst mal in Tränen ausbrach. Herzlichen Glückwunsch?! Fuck, dachte ich. Was mache ich jetzt? Irgendwann beschloss ich, mich meiner Mutter anzuvertrauen, die das einzig Richtige tat, indem sie sagte: »Egal was du tust, ich werde dich unterstützen.« Doch auch sie war der Meinung, dass sonst lieber niemand davon erfahren sollte. Nicht Oma oder Opa. Nicht mein Bruder. Nicht mein Vater. »Das muss ja keiner wissen.« Ich wusste schon, dass ein Schwangerschaftsabbruch ein Tabuthema ist und ich einer von unzähligen Menschen mit Uterus sein würde, die darüber nicht sprechen sollten. Ich arbeitete damals in einer Tanzschule als Choreograf*in und verdiente 720 Euro netto im Monat. Ja, du liest richtig. Ich konnte mir einen Schwangerschaftsabbruch überhaupt nicht leisten. Ich ging also zur Krankenkasse, um eine Kostenübernahme zu beantragen. »Das kann einige Zeit dauern«, hieß es nur. Und das tat es. Während ich darauf wartete zu erfahren, ob meinem Antrag stattgegeben wurde, drehten sich meine Gedanken nur im Kreis. Wie sollte ich die Situation nur lösen? Meine Gynäkologie durfte mir zu der Zeit keine Auskunft geben, sondern mich nur an Beratungsstellen verweisen. Also ging ich zu einem Verbund namens *Pro Familia*, für eine schwangere junge Person, die sich sicher ist, auf keinen Fall ein Kind zu wollen, ist das fast schon zynisch. Ich wurde mehrfach befragt, ob ich mir sicher sei, man sagte mir, dass meine Familie mich ja unterstützen könnte und ich diverse Möglichkeiten hätte. Natürlich wurde ich befragt, wie es dazu kam und ob ich verhütet hätte. (Ja, hatte ich. Mit der Pille.) Ich ließ das ganze Gespräch über mich ergehen, um die nötige Bescheinigung zu erhalten.

Der Anruf, dass meine Krankenkasse den Abbruch übernehmen würde, erreichte mich während einer Unterrichtsstunde im Tanzstudio. Die Mitarbeiterin sagte mir, dass sie mich verstehen würde, und wünschte mir auf meinem Weg nur das Beste. Sie meinte, dass es nichts gäbe, wofür ich mich schämen müsste. Ich werde diese Frau nie vergessen. Erleichterung durchströmte mich. Ich recherchierte und fand eine Praxis, die Schwangerschaftsabbrüche ambulant durchführte und bekam endlich einen Termin – weitere sechs Wochen später. Ich kann nicht beschreiben, wie schrecklich es sich anfühlt, ungewollt schwanger zu sein und damit knappe acht Wochen, also ganze zwei Monate herumzulaufen, zu schlafen, zu arbeiten und zu existieren, aufgrund fehlender Kapazitäten an Terminen. Ich schwitzte, ich kotzte, ich erzählte ständig Menschen um mich herum, dass ich Magen-Darm hätte, weinte, fühlte mich hilflos und versuchte alles, um es selbst zu verdrängen.

Am Tag der OP musste ich für eine weitere Untersuchung noch

einmal auf den Behandlungsstuhl – es musste noch einmal festgestellt werden, in welcher Woche ich war. Ich bat den Arzt, den Ultraschallbildschirm wegzudrehen, und er erklärte mir, dass Abbrüche die Wahrscheinlichkeit für eine erneute Schwangerschaft stark beeinträchtigen. Damit traf er meinen wunden Punkt, denn genau das war meine allergrößte Angst. Ich wollte doch wieder schwanger werden können! Heute weiß ich, dass er genau das wollte: mich abschrecken. Nichts in der Forschung deutet darauf hin, dass Schwangerschaftsabbrüche sich auf die zukünftige Fruchtbarkeit auswirken. Es war ungeheuer fahrlässig und unsensibel, mir so etwas zu sagen. Doch ich schluckte fest, riss mich zusammen und die Narkose wurde eingeleitet.

Als ich aufwachte, trug ich ein Netzhöschen mit vielen Binden darunter. Ich war immens erleichtert und stolz auf mich. Ich blutete noch ein paar Tage und musste mich etwas schonen – also legte ich mich ins Bett und meldete mich mit einer Erkältung krank. Wie so oft log ich, um mich und andere zu schützen. Denn für dieses Thema gibt es keinen sicheren Ort ohne Verurteilung. Doch es ging hier um meinen Körper, und alles, was ihn betrifft, geht nur mich etwas an. Menschen in so einer Situation verdienen Unterstützung und nicht noch zusätzliche Hürden in einem hilflosen Zustand. Menschen verdienen es, Teile ihrer Geschichte nicht verbergen zu müssen, aus Angst verurteilt zu werden.

Wie wäre es gewesen, statt mir Scham überzustülpen, die eigene Scham zu konfrontieren? Die eigene Scham bezüglich dieser ganzen Darüber-spricht-man-nicht-Themen, die Scham hinter Lügen, die wir einander erzählen, in der Hoffnung, dass wir dadurch Menschen schützen. Das Gefühl, alles um uns herum anzupassen, damit das große und ganze Bild glücklich und zufrieden bleibt. Wie wäre es, Menschen ernst zu nehmen und ihnen zuzuhören, anstatt eigene Scham als Instrument zu nutzen und Generation für Generation weiterzugeben? Eine Erkenntnis aus dieser und vielen anderen Situationen, mit denen ich in der Jugend und im jungen Erwachsenenalter konfrontiert wurde, war daher:

Häufig denken wir, dass wir, wenn wir anderen helfen und alles um uns herum in Ordnung bringen, den Raum füllen können, der in unserer Kindheit oder Jugend leer geblieben ist. Im Grunde kontrollieren und manipulieren wir andere, um selbst Erfüllung zu finden. Für das Leben anderer sind wir aber nicht verantwortlich. Und in diesem Prozess verlieren und vernachlässigen wir uns oft selbst.

Wir passen uns an und opfern uns für andere auf, weil wir nicht gelernt haben, auf uns aufzupassen oder dass wir auch mal »aufgeben« dürfen. Unangenehme Emotionen werden unterdrückt und umgelenkt statt ausgehalten. Deshalb hatte ich sehr lange keinen guten Zugang zu Wut – dafür aber einen sehr ausgeprägten zur Angst. Das war unter anderem dem geschuldet, dass früher von mir erwartet wurde, dass ich nicht wieder »rumzicken« solle. Ein wütendes Kind war nicht gern gesehen.

Meine erste Mobbing-Erfahrung machte ich im Kindergarten – und egal, wie klein sie auch gewesen sein mag, so etwas macht was mit einem. Ich lernte, dass ich lieber »Feuer« statt »Hilfe« rufen sollte, wenn angegriffen wurde, weil die Menschen dann eher halfen. Wenn ich traurig war, weinte ich, sagte jedoch im gleichen Atemzug – und das tue ich noch heute – »Ich schaffe das, ich kann das«. Heute kann ich meine Tränen annehmen, ich sehe sie als eine Dusche von innen. Ich liebe Weinen. Es ist eine selbstregulierende Strategie für mein Nervensystem.

Man versicherte mir, wie stark und ausdauernd ich sei. Motivierend und auslaugend zugleich. Ich hatte oft einfach das Bedürfnis, mich hängen zu lassen. Gleichzeitig war das auch keine Option für mich. Irgendwann habe ich gelernt zu funktionieren – im Sport, im Leben, in Beziehungen, in der Familie. Ich gab überall 150 Prozent, war erfolgreich, kämpfte hart und brannte mich erneut aus. Immer wieder von vorn. Heute weiß ich, dass dies auch ein Teil meiner ADHS ist. Meine Motivation bezieht sich meist auf Dinge, die mir wichtig sind oder ein erhöhtes Erregungspotenzial bieten. Mein nicht neurotypisches Gehirn hat eher ein interessenbasiertes Nervensystem. Heißt, ich motiviere mich weniger nach Wichtigkeit, sondern eher nach Interesse oder Wirksamkeit, wie zum Beispiel bei Ungerechtigkeit oder Missständen, Herausforderung, völliger Hingabe oder wenn terminlicher Druck entsteht. Ich brauche allerdings eben auch genau diese Punkte, um mich zu motivieren, sonst funktioniert mein Belohnungssystem im Gehirn schlichtweg nicht. Das ist für einen neurotypischen Menschen vielleicht schwer zu verstehen, doch ich erkenne die Wichtigkeit bestimmter Dinge ohne diese Indikatoren nicht. Wenn ich etwas zum Beispiel noch nicht kann, dann möchte ich das lernen. Ich bin neugierig und mag wissen, wie genau das funktioniert. Ich bin wissbegierig, das motiviert mich. Neue Erfahrungen zu sammeln und diese dann für mich zu analysieren erfüllt mich und lässt mich auch keine unangenehmen Gefühle scheuen. Das heißt nicht, dass ich Ruhe nicht genießen kann – doch diese Hingabe ist mein Naturell, welches mich immer wieder Gefahr laufen lässt, mich zu übernehmen und auszubrennen. Im Bürojob hingegen gehe ich ein. Ich kann keine stumpfen Aufgaben abarbeiten, ohne eine Passion darin zu sehen. Wenn ich unter Druck stehe, arbeite ich unter Adrenalin auch mal eine Nacht durch. Als ich aus Versehen meine Bachelor-Thesis gelöscht hatte, schrieb ich sie nach zehn Minuten Heulkrampf innerhalb einer Nacht komplett neu. Heute weiß ich: Das ist Fluch und Segen zugleich.

Es kam der Punkt, an dem ich mich fragte, wann es mir genug sein würde. Um ehrlich zu sein, habe ich diesen Kreislauf das erste Mal mit Lui durchbrochen. Lui musste ich weder retten, noch hatte ich das Gefühl von einem Machtverhältnis. Wir teilten unsere Werte, brannten füreinander und ergänzten uns einfach wunderbar vom ersten Moment an. Doch in meinem polyamoren Leben begegnete ich laufend neuen Menschen, und schnell befand ich mich wieder in diesem Kreislauf. Natürlich hatte ich durchaus liebenswerte Beziehungen und Verbindungen mit Menschen, die mich auf ihre Art innig geliebt und liebevoll behandelt haben –

ich brachte mich nur öfter in Situationen, wo ich intuitiv bereits wusste, wie diese ausgehen würden. Es gibt jedoch Dinge, wo die guten Intentionen nicht mehr ausreichen, wenn sich das Verhalten nicht verändert. Ich wurde mit Suchtverhalten und Selbsthass konfrontiert, mit emotionaler Unverfügbarkeit und Lügen. In meinem steten Hoffen auf Veränderung begann ich wieder mich aufzuopfern, wurde zur Therapeutin dieser Menschen, die meine Hilfe nur zu gern annahmen, und ich bekam Angst um mich selbst. Irgendwann wurde ich so müde von diesem ewigen Kreislauf, die Impulse und Anstöße zu geben, dass ich alles konsequent von mir wegstieß. Ich besaß gefühlt keine Toleranzgrenze mehr. Und dieser Mensch wollte ich nicht sein. Ich erkannte, dass auch ich meinen Anteil daran trug, und wollte etwas verändern. Anfangen aufzuhören. Ich stieg aus diesem Kreislauf aus. Diesen Punkt erreichte ich vor zweieinhalb Jahren, als ich wieder einmal in die Rolle der Mutter oder Therapeut*in eines Mannes rutschte. Das war der Wendepunkt.

Seitdem führe ich so viel gesündere Beziehungen sowohl zu anderen als auch zu mir selbst. Endlich merke ich rechtzeitig, wenn ich in alte Muster verfalle, weiß, wann ich aus einer gesunden Distanz drauf schaue und wann ich für andere und zu wenig für mich da bin. Ich habe dich lieb und ich habe mich lieb. Und genauso ist es erfüllend. Vergiss nie: In einer gesunden Beziehung bist du Partner*in, nicht Erziehungsberechtigte*r oder Therapeut*in. Brenn dich nicht in deiner Beziehung aus.

Du darfst erwarten, dass ein Mensch ein eigenständiges Leben führen kann. Du kannst Menschen unterstützen und begleiten, und ihr könnt gemeinsam heilen und wachsen – dynamisch und im Austausch. Aber du kannst, musst und solltest keinen Menschen retten. Das klingt zwar romantisch, ist es aber ganz und gar nicht. Es ist selbstverständlich, dass ein Mensch ebenso am Haushalt beteiligt ist oder Zeit mit dem gemeinsamen Kind verbringt, weil man ein Elternteil ist oder dort wohnt. Du musst deiner Beziehungsperson nicht alles aus der Nase ziehen. Eine Beziehung ist keine Einbahnstraße, in der du die emotionalen Hausaufgaben der anderen Person erledigst. Du hast mehr verdient, als Hoffnungen und Potenziale zu lieben, die nicht ausgeschöpft werden. Du hast Bedürfnisse, und das ist gut so! Du bist wichtig. Wiederhole das mit mir: Ich bin mir wichtig.

Die verantwortungsvolle und immer professionelle Rolle wurde mir schon früh im Leben zugeteilt. Männer waren mein Anker und mein Verlust meines Selbst gleichermaßen, und das immer wieder. Doch mittlerweile habe ich erkannt, dass auch ich meinen Anteil daran hatte. Ich wollte endlich lernen, was echte Liebe ist.

Es kann beängstigend sein, aus Mustern auszubrechen. Anfangs schien ich mich ein Stück weit selbst zu verlieren, weil ich weniger gebraucht wurde. Dann wieder empfand ich mich als schrecklich egoistischen Menschen – weil ich Grenzen setzte. Dabei ist genau das gesund und wichtig. Und ich erkannte: Wow, vielleicht war ich ja nur in eine Idee verliebt und nicht in den Menschen, der er ohne mein Zutun ist. Dieses Zutun kann auch manipulativ sein – ein Mensch ist nicht da, um *geformt* zu werden! Wir müssen lernen, Menschen für das zu sehen, was sie sind, und uns selbst ebenso. Denn was ist, wenn wir selbst die Red Flag sind? Ich glaube ja, dass wir alle Red Flags besitzen – die Frage ist, wie bewusst wir uns über diese sind und wie wir daraus handeln.

So schwer es mir fällt, nicht ständig für andere da zu sein, so schwer fällt es mir auch, selbst Hilfe von anderen anzunehmen. Das kann ich nur bei ganz wenigen Menschen zulassen, ohne zu denken, ich sei eine Last. Doch wo es funktioniert, fühlt es sich verdammt gut an. Denn ich verdiene das. Und du auch. Du musst nicht alles allein schaffen. Du bist ein starker Mensch, egal mit welcher vermeintlichen Schwäche. Deine Weichheit ist wertvoll und, um ehrlich zu sein, auch cool as fuck.

Mit meinem Helfer*innensyndrom oder als »fixende« Person war ich es gewöhnt, das zu übernehmen, was mir nicht gehörte, und dafür gelobt zu werden. Dabei vergaß ich oft, mich um das zu kümmern, was mir gehört und ich kontrollieren kann: wie ich mit meinem Verhalten und meinen Gedanken umgehen möchte. Mein tief liegender Wunsch war es, dass es Menschen mit meiner Hilfe besser geht, dass sie neue Gewohnheiten annehmen oder anders für sich selbst sorgen. Doch ich habe eine entscheidende Sache übersehen und nicht verstanden: Nicht jeder Mensch will sich bessern. Nicht jeder Mensch möchte etwas verändern. Manche wollen – um zum Höhlengleichnis zurückzukehren – die Höhle gar nicht verlassen. Mir wurde bewusst, dass der Mensch dazu neigt, immer wieder das Gewohnte zu suchen – selbst wenn es ihn unglücklich macht. Und nicht für jeden Menschen ist das wichtig, was mir wichtig ist. Und das ist deren gutes Recht. Jeder Mensch hat die Wahl, seine Entscheidungen so zu treffen, wie er es möchte.

Was ich tun kann, ist, mich aktiv zu entscheiden. Mich in radikaler Akzeptanz üben, Grenzen setzen und die Reife besitzen, zu wissen, dass es in gesunden Beziehungen nicht darum geht, einen Menschen oder eine Sache zu reparieren. Es geht um das gegenseitige Befriedigen von Bedürfnissen, Selbstfürsorge, das Gefühl von Zugehörigkeit, Wohlwollen und Unterstützung. Jeder Mensch braucht und wünscht etwas anderes, und das ist okay.

Mir ist es gelungen, den Kreislauf zu durchbrechen, und wenn ich doch einmal Tendenzen von alten Mustern an mir entdecke, gehe ich in die Distanz und frage mich: Mag ich mich selbst, wenn ich mit dir zusammen bin? Wie fühle ich mich, wenn wir zusammen sind? Geben wir uns gegenseitig Impulse? Ich kann verändern – mein Handeln, meine Wege, meine Entscheidungen. Ich kann einem Menschen jeden Tag mit Wohlwollen, meinem Gehör, meinem Empowerment und meiner Liebe zur Seite stehen und gleichzeitig auf mich achten. Ich will verletzlich sein können, Weichheit statt Defensive ist für mich essenziell. Mir ist bewusst, dass das Übung braucht und auch ich immer wieder in frühere Verhaltensweisen – gerade bei Veränderung – zurückfalle. Nicht jede Person wird mit deiner Verletzlichkeit gewissenhaft umgehen, das heißt jedoch nicht, dass deine Verletzlichkeit der falsche Weg ist. Denn nur wenn wir etwas von uns preisgeben, schaffen wir Raum für wirkliche Verbindung. Ich kann mir vorstellen, dass das Wort »Verletzlichkeit« Angst machen kann, denn es beinhaltet die Möglichkeit, tatsächlich verletzt zu werden. Es ist nicht das, was wir lernen, was in unserem System gern gesehen wird: offen sein, das Gedachte aussprechen, vor allem Fragen stellen, herausfordern und vor allem »sich selbst nachgehen«. Je weniger ich formbar wurde, desto mehr wurde versucht, mich klein zu halten. Mein Ergebnis ist jedoch, dass das Festhalten an Verletzlichkeit ein erfüllteres, ehrlicheres Leben in aufrichtiger Verbindung mit sich selbst und anderen bedeutet. Es heißt das Sichtbarmachen von eigenen Ängsten, Wünschen, Sehnsüchten, Ideen, Bedürfnissen – mit dem Risiko der Ablehnung. Doch es bedeutet auch eine Chance, denn egal wie unterschiedlich unser Leben ist, die Menschlichkeit verbindet uns. Wenn ich einen Teil von mir verletzlich zeige und du einen Teil aus deinem Leben zeigst, dann gibt es für einen kleinen Moment eine Fusion, ein verbindendes Element. Gemeinsam verletzlich zu sein heißt, gemeinsam verwundbar zu sein. Und das schafft eine wahrhaftige, tiefe Verbindung und Vertrauen.

Viele Momente in meinem Leben, besonders in den letzten Jahren, waren ein Beweis dafür, was ich meine, wenn ich sage: »Verletzte Menschen verletzen – Verletzlichkeit verletzt nicht.« Mit mir in Verbindung zu stehen heißt, dass ich keine Perfektion erwarte oder brauche. Für mich existiert keine Perfektion, sondern nur ehrliches miteinander Gestalten, Öffnen und authentisches Zeigen. Was ich jedoch benötige – und auch kommuniziere –, ist, in Prozesse, die mich betreffen, einbezogen zu werden und offen zu teilen, wenn etwas »noch nicht so gut« funktioniert oder Unsicherheit besteht. Das zeigt mir, »wo ich stehe«, und vermittelt mir ein Gefühl von Dynamik statt Eigenregie.

Verletzlichkeit verletzt nicht. Auch wenn das Gesagte nicht immer das ist, was wir erwarten oder hören wollen. Es ist der langfristige, heilsamere Weg. Denn eine Wunde aus Kindheit, vergangenen Beziehungen oder missbräuchlichen Konstrukten, die nicht angeschaut wird, kann nicht heilen. Ich brauche Klarheit. Das kann auch mal ein »Ich weiß es noch nicht« sein. Ich schaffe Raum für die Veränderung der Person. Denn ein Mensch entwickelt sich – und Entwicklung ist nicht aufzuhalten. Ich bleibe neugierig, wie sich dieser Mensch entwickeln wird, wie und ob wir uns gemeinsam entwickeln.

Was mir oft widerfahren ist, ist, dass mir Menschen eine Version von sich selbst gezeigt haben, die sie gern wären, und nicht das, was sie wirklich sind. Ein Bild, wonach ich nie gefragt habe. Wenn ich mein unsicheres Bauchgefühl preisgegeben habe, wurde mir daraufhin mehrfach versichert, wie falsch ich damit läge – ein Vorgang, der von *Gaslighting* zu *Self-Gaslighting* führt. Am Ende, meist für mich viel zu spät, stand dann die Einsicht: »Es tut mir leid, du hattest die ganze Zeit recht. Ich konnte es nur nicht selbst sehen.« Mein erster Impuls war, mich über dieses Eingeständnis zu freuen und mich bestätigt zu sehen: »Siehst du, ich lag nicht falsch« und »Ich bin froh, dass du jetzt diesen Zugang zu dir selbst hast«. Auf der anderen Seite bringt mir das natürlich überhaupt nichts. Da will ein Mensch perfekt für mich sein, obwohl ich das nie eingefordert habe. Die Person projiziert das, was sie von sich selbst erwartet und »sein will«, auf mich und meine Schultern, ohne mein Einverständnis – und ich trage dann die Konsequenzen. Und die eigene ungeheilte Wunde wird zu einer neuen Wunde einer anderen Person.

Ich habe Mitgefühl für Fehler und Situationen, die ich selbst kenne und in die ich mich hineinfühlen kann, und gleichzeitig möchte ich für mich selbst einstehen. Ich verstehe, dass man es nicht besser wissen kann, wenn man nicht gelernt hat, ehrlich zu sein – sei es in der Kindheit oder in Beziehungen. Wie soll man nach Werten leben, wenn man nicht weiß, welche diese sind? Ich verstehe das. Doch die Verantwortung, dies herauszufinden, liegt bei jedem Menschen selbst. Werden Verletzungen und dysfunktionale Muster weitergetragen, entsteht ein ungesunder Kreislauf, einer verletzt den anderen, meine Verletzungen werden zu deinen und umgekehrt. Früher habe ich Verantwortung für Menschen übernommen, die diese selbst nicht tragen konnten. Jetzt übernehme ich Verantwortung für mich selbst und bin für andere da, ohne mich selbst aufzugeben. Darauf bin ich extrem stolz – es ist das Resultat aus zehn Jahren Arbeit.

Ich habe erkannt, dass es mir weniger um Vertrauen als um Loyalität geht. Und weniger um Loyalität als um das Übernehmen von Verantwortung. Früher habe ich mich in Mitgefühl für andere aufgegeben – heute sage ich: Ich habe Mitgefühl für deine Beweggründe und ebenso für mich selbst. Für mich ist das eine Grenze, und ich möchte nicht weiterhin Teil dieses Kreislaufs sein. Ich steige hier aus – emotional. Ich beobachte aus der Vogelperspektive, mit offenem Herzen, aber gesunder Distanz.

Mein Herz offen und weich zu halten ist meine Entscheidung, denn ich lasse nicht zu, dass das, was mir von außen begegnet, mein Wesen verändert. Dennoch entscheide ich zu jedem Moment selbst, ob ich einem Menschen glauben oder vertrauen kann. Vertrauen muss entstehen. Ich glaube nicht mehr jedem Menschen, der mir sagt: »Jetzt wird alles anders.« Denn das ist utopisch und führt auch bei der betreffenden Person selbst zu Frustration. Eine gesündere Antwort wäre: »Dieses Muster wird sicherlich noch öfter an die Oberfläche kommen. Ich übe Selbstregulation und übernehme Verantwortung, indem ich XY tue.«

Wie kann ein Mensch Vertrauen erwarten, wenn dieser sich selbst nicht vertrauen kann? Verletzlichkeit ist weich, unangenehm, wirr und klar gleichzeitig. Verletzlichkeit bringt die Möglichkeit, sich zu entscheiden. Verletzte Menschen ohne Selbstverantwortung handeln aus ihren Wunden heraus, häufig ohne dies selbst zu wissen, und tragen ihren Schmerz unreflektiert in die Welt weiter. Bei mir war es genauso. Dafür habe ich Mitgefühl, denn wir sind alle eine Summe unserer Muster und Erfahrungen – doch diese Muster dürfen anderen Menschen nicht neue tiefe Wunden zufügen. Ich habe selbst aus ungeheilten Wunden verletzt und weiß, dass dieser Weg unabdingbar ist.

Indem wir unsere Gefühle unterdrücken, leugnen wir die einzige dauerhafte Verbindung, die wir haben – die zu uns selbst. Mein Weg, der niemals endet, hat mich gelehrt, dass Wahrhaftigkeit und Ehrlichkeit eine echte Verbindung nicht zerstören. Wenn du deine Gefühle aussprichst, verlierst du nichts Wertvolles. Das Setzen von Grenzen schreckt die für dich passenden Leute nicht ab, und Authentizität kostet dich keine echten Verbindungen. Erinnere dich daran, wenn du dich in Schuld- und Schamgefühlen wiederfindest, nachdem du dich selbst respektiert, deine Gefühle und Sichtweisen mitgeteilt und eine Grenze gesetzt hast. Du bist für dich eingestanden – Ich bin verdammt stolz auf dich!

Vielleicht hast du, so wie ich, oft gehört: »Du bist zu sensibel«, »Jetzt weinst du schon wieder«, »Du bist zu empfindlich«, »Du brauchst ein dickeres Fell« und ähnliche Sätze. Ich sage dir: Nein, du brauchst kein dickeres Fell. Du brauchst gesündere Grenzen oder ein sensibleres Umfeld. Wir können die Menschen in unserem Umfeld nicht verändern, doch wir können neue Menschen in unser Leben bringen, die unsere Sensibilität ebenso nachempfinden können. Empfindsamkeit und Sensibilität sind Geschenke. Die Fähigkeit zu fühlen sollte gefeiert und geschätzt werden. Zugang zu deinen Gefühlen zu haben ist eine Gabe. Über Dinge gerührt zu sein, die so viele Menschen übersehen, ist eine seltene Eigenschaft. Das kann zwar manchmal beängstigend sein, doch nur weil es normal ist, wenig Zugang zu sich selbst zu haben, heißt das nicht, dass es gesund oder funktional ist. Für mich sind Ehrlichkeit und Verletzlichkeit die höchste Form der Intimität. Sie sind nicht immer bequem, dafür aber roh und echt. Manchmal fühle ich mich unter vielen Menschen einsam und denke, ich bin allein mit meinen Gefühlen. Aber das bin ich nicht. Meiner Erfahrung nach verwenden Menschen solche abwertenden Sätze und betreiben *Gaslighting*, weil ihnen selbst der Zugang zu ihren Gefühlen fehlt, weil sie sich diesen Spiegel ihrer selbst nicht vorhalten können oder wollen. Wild und frei zu sein und das eigene innere Kind mal wieder richtig rauszulassen kann Menschen abschrecken. Doch während diese Menschen sich mit Bewertungen selbst vergiften – hast du 'ne gute Zeit.

Ich empfehle dir, das zu üben. Nimm dir jeden Tag eine kleine Sache vor, die dir Angst macht. Ich meine damit keine unbedingt großen Dinge, sondern Dinge, die andere als seltsam oder peinlich ansehen. Ich sage dir, das verändert was. Je mehr ich aushielt, was andere dachten, desto resilienter wurde ich. Und um ehrlich zu sein, tue ich damit den hämischen Menschen, die sich über mich lustig machen wollen, einen Gefallen. Ich füttere ihr Ego, indem ich ihnen die Möglichkeit gebe, sich über mich zu erheben. Und im besten Fall inspiriere ich andere, die sich dadurch trauen, sich allein auf einer Tanzfläche völlig beim Tanzen zu verlieren oder eine unqualifizierte Meinung an einem Tisch voller fremder Menschen nicht zu akzeptieren. Das kann bedeuten, dass man fragt: »Wie genau kommst du zu dieser Annahme? Mit wie vielen Betroffenen hast du denn gesprochen?«, »Ist es dir also nicht wichtig, dass Menschen sich inkludiert fühlen?«, »Was genau macht dich daran gerade so wütend?«, »Ich möchte nicht, dass mein Körper kommentiert wird. Danke dir.« Jeder Mensch macht das auf seine ganz eigene Art, doch offenes Fragen und gewaltfreie Kommunikation sind ein guter Weg, in den Diskurs zu gehen.

Wichtig ist mir noch hinzuzufügen, dass eine Selbstoffenbarung auch verletzen kann. Wenn sich mir ein Mensch verletzlich zeigt und sagt: »Ich fühle mich von dir nicht gesehen, weil du so oft nicht zurückschreibst«, kann das unangenehm sein und innere Glaubenssätze wie »Ich bin nicht genug« hervorrufen. Aber – und das ist der Unterschied – es entsteht ein verbindendes Element, ein Gespräch und für mich ein Gefühl von Sicherheit, da ich mit einbezogen werde.

Ich verbinde mein Erleben oft mit Symbolen, Farben oder Details. Eine für mich passende Symbolisierung ist die Discokugel. Diese spiegelt mein Fühlen wider. Sie repräsentiert die vielen Scherben und Teile meines Selbst bis heute. Das entpackte, nackte, rohe Ich – der Zustand des »Ich weiß, wer ich bin, ich bin, wer ich bin, und ich zeige mich«. Ich darf die Reflexion für mich selbst und andere sein, ohne Endziel. Was andere in der Kugel reflektieren, ist das, was sie an sich selbst lieben oder sich nicht erlauben. Es ist etwas so Wunderschönes und Strahlendes, das nur zusammengesetzt aus diesen Teilstücken so reflektieren kann. Und ganz abgesehen davon liebe ich die 80er und das Retrofeeling.

Ich fühle mich freier in mir selbst und der Art und Weise mein Leben und Lieben zu gestalten – in einer so oft unfreien Welt, die uns vorgeben mag was richtig und falsch ist. Allein das ist eine Rebellion. Ich liebe, wen ich will, auf viele Arten: platonisch, intim, romantisch. Laut oder leise, gemeinsam, ohne Selbstaufopferung, ich bin soft und bestimmt. Ich bin Ebbe und Flut. Ich mache Fehler und lerne. Ich bin verletzlich und schütze mich. Ich bin groß und klein. Ich habe ein riesiges Herz und kommuniziere Grenzen. Ich beschütze und schütze mich selbst. Ich bin Sicherheit und Abenteuer. Ich sage meine Meinung klar und habe große Empathie. Ich bin offensiv und dennoch schüchtern. Ich denke viel und bin trotzdem nicht meine Gedanken. Ich tue Dinge, die mir Angst gemacht haben, und bin dennoch ängstlich. Ich bin stark mit all meinen Facetten und erkenne meine Schwächen an. Ich liebe meine Verletzlichkeit. Ich existiere im rauschenden Strom der Wellen – mal wilder, mal sachte – wie das Meer. Wie das Leben. Ich erlaube Koexistenz. Die Discokugel symbolisiert diese Koexistenz. Sie ist zerbrochen und strahlt. Sie leuchtet im Einzelnen und erhellt ganze Räume. Mit deiner Verletzlichkeit beginnst auch du, deine eigene schillernde Kugel zusammenzusetzen.

Verletzlichkeit verletzt nicht. Doch verletzte Menschen verletzen. Ich werde mich immer für die Verletzlichkeit entscheiden, damit die Menschen wissen, woran sie bei mir sind. Stelle die Weichen neu. Das geht immer. Schüttle die Schneekugel einmal kräftig auf, sodass du vor lauter Schnee den Weg nicht mehr siehst. Dann, ganz langsam, wird sich der Schnee legen – und du kannst dich entscheiden, einen neuen, noch unbetretenen Weg zu gehen.

Mit Eifer gesucht, Leid gefunden

Ich war mal ein sehr eifersüchtiger Mensch und lebe jetzt polyamor. Klingt wahrscheinlich widersprüchlich, aber das eine schließt das andere nicht zwangsläufig aus. Dennoch hat die Polyamorie mir geholfen, meine Eifersucht anzunehmen, zu verstehen, woher sie kommt, und an ihr zu arbeiten, anstatt sie zu vermeiden.

Eifersucht wird oft als Liebesbeweis angesehen und dadurch legitimiert. Wenn man nicht eifersüchtig ist, gilt man schnell als gleichgültig und kalt, die Beziehung ist einem ja offensichtlich komplett egal. Um ehrlich zu sein, kenne ich selbst diese Gedanken nur zu gut. Noch heute erwische ich mich dabei, dass ich fehlende Eifersucht mit Gleichgültigkeit verwechsle oder ich bei einem kleinen eifersüchtigen Kommentar innerlich einen kleinen warmen Schmunzler verspüre. Solange wir uns dessen bewusst sind, dass das eigentlich Quatsch ist, ist das auch völlig in Ordnung. Meiner Ansicht nach ist Eifersucht einfach als Signal zu verstehen – eine Information, welche aufzeigt, dass eines unserer Bedürfnisse nicht ausreichend erfüllt oder eine Absprache übergangen wird. Doch Eifersucht ist weder Liebesbeweis noch Schwäche.

Eifersucht und Unsicherheiten sind nicht nur in Liebesbeziehungen, sondern auch in Freund*innenschaften, unter Kindern oder Kolleg*innen präsent. Die beste Freundin darf keine andere beste Freundin haben, ideale Freund*innenschaften werden einem immer in Zweierkonstellationen präsentiert. Wer ist das Lieblingskind und wer ist gerade wie lange auf dem Arm gewesen? Warum hat sie jetzt die Beförderung bekommen und er mehr Follower*innen als ich auf Social Media? Hierbei ist es wichtig, den Unterschied zwischen Neid und Eifersucht zu kennen. Neid resultiert daraus, etwas auch haben zu wollen, was ein anderer Mensch hat, und geht häufig mit Missgunst einher. Wenn ich es nicht haben kann, gönne ich es auch niemand anderem. Eifersucht resultiert hingegen eher aus einem schlichten Vergleich. Zum Beispiel bin ich eifersüchtig, weil ich sie schöner finde als mich selbst. Doch empfinde ich Neid, wenn ich das Gefühl habe, sie bekommt mehr zeitliche Zuwendung als ich. Mir hat diese Unterscheidung geholfen. An sich ist Eifersucht eine natürliche Reaktion, die aus verschiedenen Ursachen entstehen kann und nicht evolutionstheoretisch begründbar ist. Heute wissen wir, dass der Geschlechter-Mythos, dass Männer in der Steinzeit Jäger und Frauen Sammlerinnen waren, endgültig widerlegt wurde. Neue Studien* zeigen, dass die strikte Rollenverteilung nicht der Realität entspricht. Auch Frauen einzelner Jäger-und-Sammlergruppen waren mit Werkzeugen ausgestattet. Natürlich sind hier ebenso die nicht binären Identitäten, welche es schon seit Tausenden von Jahren gibt, außer Acht gelassen worden. Wir haben es als Gesellschaft aus unseren Höhlen in Hochhäuser geschafft, sollten wir dann nicht auch in der Lage sein, Liebe von Besitz zu trennen?

Natürlich hat jede*r von uns Unsicherheiten, und wenn es um Eifersucht geht, sollte man zuerst in sich gehen und hinterfragen: Wo liegt der Ursprung meiner Eifersucht? Was ist der Nährboden meiner Eifersucht? Jedoch spielt auch das Verhalten der Person, die die Eifersucht auslöst, eine entscheidende Rolle. Wenn diese Person sich zurückzieht, wichtige Aspekte nur indirekt anspricht oder keine klaren Aussagen tätigt, fühlt sich die Eifersucht nicht einfach aus der Luft gegriffen, sondern berechtigt an. Valide ist Eifersucht immer. Der Umgang mit ihr ist entscheidend. Deswegen ist für das Lösen eifersüchtiger Muster auch die Bereitschaft aller Beteiligten, offen zu kommunizieren, eine oder sogar *die* Grundvoraussetzung. Ich möchte deshalb normalisieren, über Eifersucht zu sprechen. Egal in welcher Beziehungsform – Eifer-

* Anderson A., Chilczuk S., Nelson K., Ruther R., Wall-Scheffler C. (2023), »The Myth of Man the Hunter: Women's contribution to the hunt across ethnographic contexts«, *PLoS ONE* 18(6): e0287101. https://doi.org/10.1371/journal.pone.0287101.

sucht darf da sein. Sie ist lediglich ein Signal dafür, dass du dich gerade entweder bedroht fühlst oder ein Wunsch oder Bedürfnis deinerseits nicht befriedigt wird.

Es kann helfen, deine Eifersucht klar zu benennen, deshalb hier ein paar kleine Impulse, um die Gründe für deine Eifersucht besser zu erkennen – diese können gemeinsam oder getrennt voneinander auftreten:

- Ist es die Angst vor Verlust oder ersetzt zu werden?
- Ist es die Sorge, nicht schön genug, liebenswert genug oder interessant genug zu sein?
- Ist es die Wut oder Trauer darüber, dass ein Mensch sich nicht an Absprachen gehalten hat, sich rasant verändert hat oder illoyal dir gegenüber ist?
- Ist es die Wut darüber, dass ein Mensch von außen kommt, die Dynamik verändert, die du kennst, und dass du weißt, dass das Arbeit bedeutet?
- Ist es die Angst, dass die eigenen Wünsche oder Prioritäten übergangen werden?
- Ist es Trauer, dass das Bild, welches du von eurer Beziehung gemalt hast, jetzt eine Veränderung durchlebt?
- Ist es die Sorge, etwas zu verpassen oder nicht dabei zu sein?
- Ist es ein Gefühl von Neid, da ich in einem anderen Menschen etwas sehe, was ich selbst sein will?
- Was kann ich aktiv tun, um mich selbst zu regulieren, und wie können wir uns gemeinsam verbinden?

Ich denke, eines der größten Missverständnisse über polyamore Konstellationen ist, dass Menschen, die »nicht eifersüchtig« sind, besser dran sind. Klar, in der Polyamorie gibt es Eifersucht, ebenso in offenen Beziehungen und in der Beziehungsanarchie. Eine andere Beziehungsform bedeutet nicht zwingend die Abwesenheit von Eifersucht.

BEZIEHUNGSANARCHIE: Beschreibt eher eine Beziehungsphilosophie als eine wirkliche Struktur. Beziehungsanarchist*innen unterscheiden oft nicht zwischen romantischen Beziehungen und anderen Beziehungen. Statt individuelle Verhältnisse zu kennzeichnen, ziehen sie es vor, den Rahmen des gegenseitigen Einvernehmens für alle zu nutzen. Das heißt, dass nicht die romantische Liebe über allem steht, sondern Verbindungen gleichermaßen nicht hierarchisch eingegangen werden.

Es geht hier eher um die Fähigkeit, mit Eifersuchtsgefühlen und Impulsivität umzugehen. Mit der Zeit einen Umgang für sich selbst damit zu finden. Eifersucht zu empfinden oder auch bei einem anderen Menschen zu erleben. Ich möchte aber auf etwas ganz anderes hinaus: Meiner Ansicht nach braucht es für die Polyamorie etwas ganz Grundlegendes. Ein flexibles, offenes, dynamisches Denken. Und das ist eine Praxis – ein Üben, bis es ganz normal geworden ist. Polyamorie ist auch eine Sichtweise – eine Einstellung auf Beziehungen und Liebe.

Das Annehmen des unangenehmen Gefühls (ich unterteile gewollt nicht in positive und negative Gefühle oder gute und schlechte Gefühle) und die Erkenntnis, dass Eifersucht weder eine Stärke noch eine Schwäche ist, ist der erste Schritt. Denn wenn ich ehrlich zu mir selbst bin und meine eigenen Bedürfnisse, Wünsche und Ängste einschließlich der Eifersucht erkenne und meine Emotionen ausdrücken darf, ohne sie zu unterdrücken, dann habe ich die Chance, tiefe menschliche Verbindungen aufzubauen.

Diese Art der Übung verlangt, dass man aus eingefahrenen Denkmustern und Beziehungsnormen ausbricht. Es ist wirklich unglaublich schwer, in nicht monogamen Beziehungen zu leben, wenn die Bereitschaft nicht da ist, Erwartungen und Überzeugungen loszulassen und zu erkennen, was für unser Gefühl von Sicherheit wichtig ist.

Ich stelle immer wieder fest, dass fast jeder Mensch lernen

kann, besser mit Eifersucht umzugehen. Im Grunde ist alles möglich, auch die Änderung der Einstellungen und des Verhaltens. Ich beobachte aber auch immer wieder – und so ging es mir auch –, dass es beim Thema Eifersucht in Beziehungen oft darum geht, wer recht hat und wer schuld ist. Das funktioniert nicht. Es sollte heißen »Wir gegen das Problem« und nicht »Wir gegeneinander«. Wozu recht haben, wenn es eigentlich darum geht, gehört und verstanden zu werden, wie man fühlt? Eine Beziehung zu führen heißt aber auch, einen Menschen für eigene Entscheidungen zu sehen. Es kann helfen, sich zu sagen: Ich habe den Wunsch, dass etwas so läuft, wie ich es mir vorstelle – und dennoch umarme ich das, was kommt, traue mir und uns das zu. Wir finden durch Wertschätzung und Kommunikation ohne Schuldzuweisungen gemeinsame Wege, ohne uns als Paar verändern zu wollen. Oder aber: Wir verändern uns als Paar und nähern uns wieder auf unserem kleinsten gemeinsamen Nenner an. Es wird nicht mehr so, wie es war. Es wird anders. Wer sagt aber, dass dieses anders schlechter ist? An einer früheren Beziehungsdynamik krampfhaft festzuhalten und einen Zustand auf Teufel komm raus erhalten zu wollen ist, als würde man Entwicklung und vielleicht auch Verletzungen völlig ausblenden. Manchmal kann es unausweichlich sein, das »Es war einmal« in einer schönen Erinnerung zu behalten und eine neue Beziehungsdynamik zuzulassen. Sich gemeinsam zu überlegen, welche Teile der Beziehung man loslässt oder auflöst und worauf man künftig aufbauen möchte. Veränderungen sind nicht immer schlecht. Entstehen sie aus gegenseitiger Bereitschaft, können sie zu noch tieferer Verbindung führen. Diese Erfahrung habe ich schon oft gemacht. Das Funktionieren einer Beziehung ist also viel mehr von der Flexibilität der beteiligten Personen und nicht vom Fehlen oder Vorhandensein von Eifersucht abhängig. Wenn du versuchst, das Gefühl der Eifersucht völlig neutral als Signal zu verstehen, dieses unangenehme Gefühl kommen und gehen zu lassen, dann hast du die Chance, daran zu wachsen und dich selbst besser kennenzulernen. Es zeigt dir nämlich ein Defizit auf, entweder in dir selbst oder in deiner Beziehung. Wenn dir etwas fehlt oder ein Bedürfnis nicht erfüllt wird, dann kann das dazu führen, dass du Eifersucht empfindest. Höre also genau hin, erkenne, welches Bedürfnis das ist, und schau, wie du es befriedigen kannst, ohne dabei andere zu übergehen. Wir können zwar Gefühle immer wieder ignorieren, doch ist das wie Unkraut jäten. Wenn wir aufkommende Gefühle immer wieder beschneiden und uns nicht die Wurzel dafür anschauen, laufen wir Gefahr, von ihnen eingenommen zu werden. Manchmal lassen sich bestimmte Bedürfnisse nicht einfach so stillen, da sie aus negativen Erfahrungen resultieren, die wir in der Vergangenheit erfahren haben. Dann heißt es: Klar kommunizieren, auf Verständnis hoffen und sich mit den eigenen Mustern beschäftigen. Gefühle sind nicht immer rational. Die Frage ist, wie man mit irrationalen Gefühlen umgehen kann. Natürlich sind auch sie valide, wir empfinden nichts ohne Grund, jedoch sind nicht alle zielführend. Ich würde sagen, es hängt sehr stark davon ab, die Sicherheit in sich selbst zu finden. Dies ist generell in polyamoren Beziehungen super wichtig, insbesondere im Umgang mit Eifersucht. Es geht darum, das Vertrauen in sich selbst zu stärken, im Sinne davon, dass man in der Lage ist, Herausforderungen selbstständig und gemeinsam zu bewältigen und auch Kontrolle loslassen zu können, um neue Erfahrungen zuzulassen.

Meine eigene Eifersucht war einst so schlimm und leidvoll, dass mir gar nichts anderes übrig blieb, als mich damit auseinanderzusetzen, woher sie kommt und wie ich mit ihr umgehen kann. Sie hat mich regelrecht zerfressen, und meine Verlustangst war so schlimm, dass ich dachte, ich kann ohne meine Beziehungsperson nicht überleben. Das Gefühl hat mir die Luft zum Atmen genommen. Ich hatte Angst, verlassen zu werden, Angst, ersetzt zu werden und Angst, allein zu sein. Um mich von diesem Leid zu erlösen, habe ich angefangen, den Ursachen auf den Grund zu gehen. Dafür musste ich die Dinge nicht nur verstehen, sondern sie auch wirklich fühlen. Um an Eifersucht zu arbeiten, braucht es auch eine Beziehung, die das erlaubt. Ich allein kann keinen Menschen auswählen, der mich nicht auswählt. Es geht also darum, achtsam und selbstliebend darin zu sein, sich nicht an einen Menschen zu vergeben, der einen nur sieht, wenn alles perfekt ist, sondern auch, wenn die Dinge chaotisch werden, du Fehler machst und die Welt nicht mehr nur rosarot aussieht. Du musst sicherstellen, dass du einen Menschen an deiner Seite hast, der für dich da sein will. Einen Menschen, der dich unterstützen und ermutigen will. Einen Menschen, der sich genauso bemüht wie du. Einen Menschen, der dein Lachen hören mag und dem du in den wildesten Momenten dein inneres Kind zeigen kannst, ohne dich verstellen zu müssen. Denn es gibt schwierige Dinge im Leben. Schwierige Situationen und Gefühle. Leidvolle und stressige Phasen. Doch deine liebevolle Beziehung sollte hauptsächlich nicht dazu gehören. Phasen heißen Phasen – weil sie auch zu einem Zeitpunkt wieder vorüber gehen. Eine Beziehung sollte kein belastender Dauerzustand sein. Die Liebe sollte dein sicherer Ort sein. Also bitte, gib nicht das Beste von dir an einen Menschen, der den Wert dessen, was er bekommt, nicht erkennt. Deine Liebe und dein ganzes Sein.

Mir hat es in Bezug auf meine Verlustängste auch geholfen, mich mit den unterschiedlichen Bindungsstilen vertraut zu machen. Ich glaube, dass es entscheidend ist, sich selbst gut zu kennen, besonders wenn es um Eifersucht geht. Ehrlich auszusprechen – und damit meine ich nicht immer unbedingt vor einer anderen Person, sondern vor allem vor sich selbst –, was man fühlt oder sich im Heimlichen erhofft, kann die Macht des Gefühls reduzieren. Eine radikale Akzeptanz von dem, was ist. Das habe ich sowohl bei der Angst als auch bei der Eifersucht festgestellt. Das ständige Abscannen der Umgebung nach attraktiven potenziellen Partner*innen und der Wunsch, die eigene Beziehungsperson von diesen Menschen fernzuhalten, ist nicht nur ein sehr toxischer Gedanke, sondern auch ein quälender. Es handelt sich oft um einen selbstzerstörerischen Impuls, der allerdings Aufmerksamkeit erfordert, nicht Ablehnung. Wenn ich anfange, mich selbst für solche Gefühle zu verurteilen, gerate ich in einen negativen Kreislauf. Das bedeutet, ich habe oft reflektiert, dass ich mich vergleiche, weil es Teile von mir gibt, die ich gerade nicht annehme, oder ich mir sehnlichst wünsche, dass ein Bedürfnis erfüllt wird.

Je mehr ich mich für meine Eifersucht verurteile, desto tiefer steige ich in diesen Kreislauf ein. Selbstablehnung und Selbstvorwürfe münden nicht selten darin, dass wir nach dem Unterdrücken dieser Gefühle nicht einmal mehr den Ursprung für unser Handeln und Fühlen ausmachen können. Ein Teufelskreis entsteht, welcher sich bis zu zwanghaften Kontrollimpulsen äußern kann. Irgendwann weiß man meist gar nicht mehr, was der Ursprung der eifersüchtigen Gefühle war.

Du tust nicht nur deiner Beziehung und deiner Beziehungsperson einen Gefallen, wenn du diese unangenehmen Gefühle verarbeitest und verstehst, sondern in erster Linie dir selbst. Professionelle Unterstützung kann dabei immens hilfreich sein. Einen neuen Umgang mit Eifersucht zu erlernen kann dir eine Freiheit und Selbstsicherheit schenken, die nicht nur in polyamoren Beziehungen wichtig ist, sondern in Bezug auf jede Verbindung in deinem Leben. Es ist ein unheimlich befreiendes Gefühl zu merken, dass man seinen Emotionen nicht schutzlos ausgeliefert ist. Ich würde sogar sagen, dass jeder Mensch dazu in der Lage ist, sich von dem Gefühl der Eifersucht zu lösen – beziehungsweise Strategien und Fürsorge zu erlernen, um mit dieser Art von menschlichen Gefühlen umzugehen.

Versuche, in die Akzeptanz zu gehen: »Ich bin gerade eifersüchtig, und das ist okay.« Oder: »Ich bin eifersüchtig, weil ich mich heute nicht schön genug fühle, und das ist okay.« Solche Sätze ermöglichen einen neutralen kleinen Raum zwischen Reiz und Katastrophengedanken. Anstatt zu denken, »Ich werde betrogen«, hilft es, die Dinge so zu formulieren: »Ich habe den Gedanken, dass ich betrogen werden könnte, und das macht mir Angst.«

Diese Art zu denken schafft Distanz zu dem Gedanken und damit auch zu dem Gefühl selbst. Es macht klar, dass es nur ein Gedanke ist, nicht die absolute Wahrheit. Sicherlich ist der Angstgedanke weiterhin qualvoll, denn wir können Dinge, die zwar unwahrscheinlich, aber nicht unmöglich sind, nicht allein durch unsere Gedanken oder Gefühle verhindern. Glaube mir, das habe ich Tausende Stunden in meinem Leben versucht. Diese Art von Sätzen schaffen eine Awareness dafür, dass dieses Gefühl oder der Gedanke überhaupt da ist. Ich zum Beispiel sage: »Ich bin nicht die Angst, sie ist ein Teil von mir.« Oder: »Ich habe die Befürchtung, dass du mich vernachlässigen könntest, wenn du einen neuen Menschen triffst.« Ich sage nicht mehr: »Du wirst mich vernachlässigen, wenn du jemand Neues kennenlernst.«

Ich möchte nicht eine Person bei mir halten, die es selbst nicht voll und ganz möchte. Auch wenn ich traurig oder enttäuscht wegen etwas bin, heißt das nicht, dass ich deshalb möchte, dass etwas nur für mich geändert wird. Meine Beziehungsperson soll gern und freiwillig Zeit mit mir verbringen. Das zwanghafte Binden einer Person führt unter Garantie dazu, dass es früher oder später für mindestens einen Part leidvoll wird.

Sei auf deiner Reise mitfühlend zu dir, denn nicht alles wird sich auf Anhieb so anfühlen und funktionieren, wie du es dir wünscht. Viele mögen vielleicht denken, dass Eifersucht, Wut oder Trauer eine erfüllte Beziehung verhindern. Meiner Ansicht nach ist es genau andersherum. Eine Beziehung, die auf Wertschätzung, Empathie, Respekt, Unterstützung, Entschuldigungen, Fürsorge, Freundlichkeit, Wohlwollen, Loyalität, Verfügbarkeit, Wahrhaftigkeit und Flexibilität beruht, bedarf eines liebevollen Umgangs mit Emotionen, auch wenn diese mal unangenehm sind. Deine Verbindungen sollten ein Support-System sein – eine Quelle der Kraft und der Liebe. Dies ist nur möglich, wenn wir uns die Erlaubnis dafür geben, auch ohne Leid zufrieden sein zu dürfen, und uns gleichzeitig das Leid zu erlauben, wenn es an die Oberfläche sprudelt. Wenn du dir immer wieder ins Gedächtnis rufst, dass es okay ist, bestimmte Emotionen zu spüren, du nicht ausschließlich diese Emotionen bist, sie dich nicht kontrollieren müssen, ist das der erste Schritt in Richtung Freiheit.

Schäm dich!

Ich war circa sieben Jahre alt, als ich zum ersten Mal von anderen erwachsenen Frauen geslutshamed wurde. Ich trug im Tanztraining ein bauchfreies Top und Lippenstift, weil das ein Teil des Showoutfits war. Einige Mütter waren empört darüber, dass ich mich so »aufreizend« kleidete, und nannten mich eine »Lolita«. Ein Kind, welches verführerisch wahrgenommen wird, ist an sich ein problematischer Gedanke. Ich wusste damals natürlich nicht, was das überhaupt bedeutete. Ich spürte jedoch die Ablehnung und erhielt das Gefühl, dass ich etwas falsch gemacht hatte. Mein Learning war: Ich bin frühreif und sehe aufreizend aus – und das ist schlecht. Überhaupt war ich immer von irgendetwas zu viel. Zu hilfsbereit. Zu grau. Zu leise. Zu aufgeweckt. Zu bunt.

Schon mit sechs Jahren wurde mir beigebracht, dass ich eine tolle Ausstrahlung habe und damit die Wertungsrichter, besonders die männlichen, beeindrucken und bezirzen solle. Ich wurde dazu ermutigt, nicht nur durch das Tanzen, sondern auch durch meine Körperbewegungen, Blicke und Lächeln die Jury von mir zu überzeugen. Wie falsch es war, einem kleinen Kind solche Messages ganz im Sinne von »Sex sells« mit auf den Weg zu geben, wurde mir natürlich erst viel später klar. Damals wusste ich gar nicht, was ich da tat. Es gehörte einfach zur Show. Diese Männer (und ein paar Frauen), alle 20 bis 40 Jahre älter als ich, saßen auf ihren Stühlen, um mich zu bewerten. Natürlich ging es nie einfach nur um eine tänzerische Leistung. Es ging um Ausstrahlung. Um Image. Um das Outfit. Darum, wer mit wem befreundet war. Darum, wer mit wem zusammen war, und vor allem darum, *herauszustechen*. Sich sichtbar zu machen. Vieles davon mag sich heute verändert haben, doch egal wie sehr ich das Tanzen und alles, was dazugehört, liebe – die Branche ist auch heute noch sexistisch as fuck, und ich bin dankbar für jede einzelne Person, die versucht, dort etwas zu verändern.

Ich lernte also, dass das, wofür ich so lange und hart trainierte und was ich wirklich mit voller Passion lebte, damit einherging, vieles einfach so hinzunehmen. Ich war erfolgreich. Seit meiner ersten Meisterschaft im Finale. International erfolgreich in sämtlichen Kategorien. Doch meine Mom vermittelte mir auch, dass es okay ist, auch mal rauszufliegen und es so zu nehmen, wie es kommt. Dafür bin ich ihr sehr dankbar. Mein Ehrgeiz war kaum zu bremsen, gleichzeitig verlor ich nie den Spaß an der Sache. Ich konnte nicht genug haben, wollte am liebsten jede Tanzart belegen, jeden Workshop mitmachen und besser werden. Doch nicht nur das. Ich blühte beim Tanzen auf! Das ist bis heute so.

Die Schattenseiten waren mir damals häufig gar nicht so bewusst. So musste ich beispielsweise unglaublich schnell lernen, den Neid und die sexualisierenden Sätze von erwachsenen Frauen (Müttern) und anderer Tänzer*innen aushalten. Sie verurteilten mich für Dinge, die ich selbst noch gar nicht verstand.

Die widersprüchlichen Vorgaben, mit denen ich im Tanzkosmos konfrontiert wurde, verwirrten mich zunehmend. Einerseits wurde ich geslutshamed und dafür verurteilt, dass ich mit meinem Körper, meinen Outfits und meiner Ausstrahlung angeblich erwachsene Männer um den Verstand bringen würde, andererseits wurde ich dafür gelobt, dass es mir gelang. Es wurde mir auch vermittelt, dass es normal war, dass erwachsene Trainer meinen Körper und meine »schönen großen Kulleraugen« kommentierten. Ich schämte mich und fühlte mich schuldig für etwas, über das ich keine Kontrolle hatte.

Zwischen meinem fünften und achten Lebensjahr, also genau zu Beginn meiner Schulzeit, erreichte der Kontrollverlust über meinen Körper seinen Höhepunkt – doch dieses Mal im privaten Bereich: Weil ich nachts nicht aufwachte, wenn ich musste, wurde mir eine sogenannte Klingelhose verpasst. Sie ähnelte einer Windel und war mit einem elektronischen Gerät ausgestattet, das lautstark Alarm schlug, sobald es mit Flüssigkeit in Kontakt kam. Der Kinderarzt sagte zwar, so was passiere nun mal manchmal und wäre nicht so schlimm, doch die ständige Sorge, dass es wieder passieren würde, begleitete mich jede Nacht. Für mich war es sehr wohl schlimm. Heute kann ich besser einordnen, was damals in mir vorging. Um ehrlich zu sein, glaube ich, dass ich nachts das verarbeitete, was ich über den Tag hindurch unterbewusst verdrängte. Dieses Sich-nicht-zugehörig-Fühlen, mein sehnlicher Wunsch nach tiefer Freund*innenschaft, der Neid und die Missgunst meiner Mitschüler*innen und Tanzkolleg*innen und meine eigene Eifersucht gegenüber Menschen, die viel weniger einsam schienen, als ich mich fühlte. Ich fühlte mich oft fehl am Platz in dieser Welt. Trotz meiner starken Meinung war ich zugleich ein sehr sensibles und verletzliches Kind. Tagsüber hatte ich alles im Griff, war vielseitig und facettenreich. Ich gab immer mein Bestes. Ich war ein quatschiges und fröhliches, neugieriges und kreatives Kind, voller Liebe, die ich irgendwem geben wollte.

Wenn ich nachts aufwachte und die vertraute Nässe spürte, empfand ich immer wieder dasselbe Entsetzen: »Nein, es ist schon wieder passiert!« Ich erinnere mich an den Geruch, an meine Tränen und an die Angst, wieder einzuschlafen. Für meine Eltern und meinen Bruder war es irgendwann völlig normal, dass meine Bettwäsche eigentlich dauerhaft in der Waschmaschine war. Jeder Tag ohne war ein Erfolg. Meine Mutter reagierte jedes Mal, wenn es passierte, verständnisvoll. Sie zog ohne Vorwürfe das Bett ab, dennoch spürte ich ihre Überforderung. Und das war okay. Ich weiß, dass sie sich Sorgen machte. Auch wenn meine Eltern ihre Emotionen vor mir verbargen, wusste ich meist, wie sie sich fühlten. Ein offenes »Sassi, ich mache mir gerade Sorgen, doch ich weiß, dass wir gemeinsam eine Lösung finden, und ich bin für dich da« hätte mir wahrscheinlich mehr geholfen als ein »Alles gut, Schatzi«, doch es geht hier nicht um die Schuldfrage. Ich weiß, dass ich mit meiner Familie Glück hatte und, dass vor allem meine Mutter versucht hat, alles richtig zu machen. Doch jedes kleine Seufzen, jedes müde Lächeln machten im Unbewussten etwas mit mir. Ich schämte mich und begann, meine Probleme allein zu lösen, um meine Familie nicht noch mehr zu belasten.

Das Bettnässen wurde besonders problematisch, wenn ich zu Übernachtungspartys eingeladen wurde. Trotz meiner Ängste wollte ich dabei sein und nicht ausgeschlossen werden. Ich erinnere mich daran, wie ich immer eine Flasche Apfelschorle und ein Zopfgummi dabeihatte. Die Apfelschorle war dazu da, sie auszukippen und zu behaupten, ich hätte versehentlich etwas verschüttet, falls ich im Schlaf das Bett nässen sollte. Wichtig war auch am besten, einen Schlafplatz an der Wand zu finden, damit nachts niemand über mich drübersteigen müsste und es so bemerken könnte. Das Zopfgummi, welches ich stundenlang an mein Handgelenk schnippen ließ und somit einen Reiz auslöste, half mir, die ganze Nacht wach zu bleiben. Mehrfach passierte es trotz all meiner Sicherheitsvorkehrungen. Meist konnte ich es vor den Kindern verbergen, doch weiß ich, dass viele Eltern den Geruch trotzdem erkannten. Sie sagten nichts und boten mir einfach nur an zu duschen. Doch ich erinnere mich noch sehr gut an das eine Mal, als ich nicht rechtzeitig aufwachte, um meine Vorkehrungen zu treffen. Die Reaktionen der anderen Kinder waren unglaublich schmerzhaft, sie ekelten sich vor mir und lachten mich aus.

Irgendwann meinte ich, es überwunden zu haben – sechs Jahre ohne »Zwischenfälle« vergingen. Dann übernachtete ich als Teenagerin bei meinem Freund und erwachte davon, dass er fragte: »Was ist hier so nass?« Ich brach in Tränen aus und entschuldigte mich umgehend. Als ich ihn daran hindern wollte, das Bett abzuziehen, nahm er mich in den Arm. Sagte, ich solle mich hinsetzen. Er möchte das machen. Eine für mich heilsame Erfahrung.

Aus der Retroperspektive ergibt vieles Sinn für mich, und es ist in Anbetracht der Tatsachen wohl auch wenig verwunderlich, dass meine später diagnostizierte generalisierte Angststörung sich vor allem auf alles bezog, was in irgendeiner Form mit Kontrollverlust zu tun hatte. Als Kind hatte ich allerdings noch nicht die Tools, um zu verstehen, dass die Scham und die daraus resultierende Schuld, die ich empfand, der Auslöser für mein Leid waren. Wenn wir Scham empfinden, resultiert dies häufig darin, dass wir diese auf andere projizieren – wir vermitteln dann anderen Menschen, dass sie sich für Dinge schämen sollten, für die wir uns eigentlich selbst schämen. Somit wird uns die Scham oft gespiegelt. Beispielsweise habe ich mich nie direkt dafür geschämt, dass ich in meiner Jugend wechselnde Sexualpartner*innen hatte. Doch die Gesellschaft hat mir das Gefühl gegeben, dass ich mich gefälligst zu schämen habe. Ich habe mich so tief dadurch für mich selbst geschämt, dass ich es fast schon gefeiert habe, mit einer Langzeitbeziehung »es allen gezeigt zu haben, dass ich das doch kann«.

Wenn ich in einer monogamen Beziehung bin und ständig von allen Seiten höre, wie verwerflich es ist, an anderen Menschen interessiert zu sein, dann verinnerliche ich diese Ansicht vielleicht und trage sie vor mir her, obwohl das Gefühl gar nicht wahrhaftig aus mir selbst entspringt. Mononormative Grundsätze, die konstant reproduziert werden, sind meiner Meinung nach sehr häufig der Grund, warum Menschen überhaupt Angst davor haben, Beziehungen zu öffnen. Sie fürchten, von der Gesellschaft, der eigenen Beziehungsperson, Family und Friends verurteilt und aufgrund einer eigenen Entscheidung oder Art zu lieben abgewertet zu werden. Dies ist problematisch, denn wenn ein Kreislauf aus Scham und Schuld beginnt, entstehen oft Probleme oder Distanzen innerhalb der Beziehung. Besonders im sexuellen Kontext trauen viele sich nicht, Bedürfnisse oder Wünsche zu äußern, weil sie Angst haben, Fehler zu machen, zu viel oder zu wenig zu sein oder abgelehnt zu werden.

Eines unserer Grundbedürfnisse als soziale Wesen ist es, angenommen zu werden. Das, was wir als peinlich empfinden, hängt oft von unseren eigenen Bewertungen ab. In vergangenen Beziehungen in meinem Umfeld oder auch in Workshops begegnete mir oft die Einstellung, dass die Beziehungsperson ein »Rohdiamant« sei, der noch geschliffen werden müsse. Dieses Narrativ, dass man eine Person als unfertig und veränderbar ansieht, geht unabdingbar damit einher, einem Menschen Schamgefühle aufzuzwingen. Es suggeriert, dass dieser Mensch, so wie er ist, nicht schön, intelligent oder sportlich genug ist. Diese ständige Bewertung und das Gefühl, nicht gut genug zu sein, sind schrecklich und teilweise gewaltvoll. Wenn ich höre, dass eine Person nach dem dritten Date erst mal shoppen gehen will, um die Beziehungsperson neu einzukleiden, oder bestimmte Musikgeschmäcker erst einmal verändert werden müssen, weil man sich sonst für die andere Person schämen würde, kann ich nur sagen: Dann komm eben nicht mit diesem Menschen zusammen, wenn dir das Aussehen oder der Charakter so extrem missfällt. Ich kann natürlich Präferenzen haben, aber ich habe nicht das Recht, die Person nach meinen Vorstellungen zu formen oder sie dafür zu beschämen, dass sie nicht meinen persönlichen Präferenzen entspricht. Dieses Denken ist in meinen Augen höchst egoistisch. Wenn ich mich für einen anderen Menschen schäme, sollte ich mich fragen: »Warum schäme ich mich, mich mit dieser Person zu zeigen? Warum kann ich mich nicht mit meiner Beziehungsperson freuen, dass sie sich wohlfühlt?« Meine Beziehungsperson gehört mir nicht, und ich habe kein Recht, von ihr zu erwarten, dass sie sich verändert. Die wichtigste Frage ist natürlich, woher diese Scham eigentlich stammt.

Ich denke, dass der Versuch, die Individualität eines jeden Menschen in Kategorien zu pressen, und die Idee davon, was angebracht ist, diese Denkweisen verfestigt. Die Gesellschaft gibt vor, was cool oder uncool ist, was hot und was cringe ist. Wir leben in einer Welt, in der Konformität gefeiert wird. Wenn du ein sicheres Einkommen hast, akademisch gebildet bist und einem heteronormativen Lebensstil folgst, dann entsprichst du dem, was als erstrebenswert und normal betrachtet wird. Immer schön in vorgegebenen Pfaden stapfen und bloß nicht anecken. Dann wirst du belohnt. Wir leben außerdem in einer Welt, in der nur monogame Beziehungen erstrebenswert und als richtig angesehen werden, und in der es klare Vorstellungen davon gibt, wie sich Frauen und Männer zu verhalten haben.

Wenn wir von dieser Norm abweichen, kann Scham entstehen. Denn Menschen schauen und bewerten gern. Ich bin auch davon überzeugt, dass es in Bezug auf die Entscheidung, monogam oder nicht monogam zu leben, keine völlig freie Wahl gibt, weil kulturelle und gesellschaftliche Einflüsse immer mitspielen und die anerzogene Scham eine viel zu große Rolle spielt. Diese Wahl ist nicht für jeden Menschen möglich.

Ein tief verankertes Gefühl der Scham begleitete auch mich durch viele Phasen meines Lebens, doch ich erkannte irgendwann, dass diese Scham gar nicht meine eigene war. Die Gesellschaft, in der ich aufgewachsen war, hatte sie mir auferlegt. Mit der Zeit und durch meine Erfahrungen in der Polyamorie ist es mir gelungen, meinen eigenen Weg zu gehen und mich von Erwartungen anderer zu befreien. Ich sprach über meine Gefühle, umarmte meine Neurodivergenz, verstand mich immer besser, ging weiterhin offen auf andere Menschen zu und begann, gesündere Entscheidungen für mich zu treffen. Es war, als hätte ich gelernt, mit mehr Empathie auf die Welt und die Menschen um mich herum zu schauen. Und schließlich fand ich eine Community und ein Umfeld, das sich für mich wie ein Saferspace anfühlt. Ich begegne auch genau in diesem Moment der Sorge, für mein Erlebtes von dir bewertet zu werden. Nur weiß ich heute, dass das absolut nichts mit mir selbst zu tun hat, und bin okay damit.

Bi+/Queerfeindlichkeit und Allyship

»Für mich ist es völlig okay, wenn du was mit Frauen hast oder mit Frauen flirtest – das ist schließlich etwas anderes«, solche und ähnliche Sätze habe ich oft gehört. Warum diese Haltung problematisch ist, muss ich dir wahrscheinlich nicht erklären. »Aber they war doch schon mit vier Männern zusammen – und jetzt ist they gay? Das dachte ich mir schon!« – über die Probleme, als bisexuelle Person nicht ernst genommen zu werden, habe ich schon ausführlich berichtet.

Unsere Welt ist voller Stereotype und Vorurteile, und gerade als queerer Mensch muss man immer wieder aufklären, erklären und Grenzen setzen. Queerfeindlichkeit hat viele Gesichter, manchmal ist es nur dieses wissende Grinsen, manchmal ist es regelrechter Hass, der in psychischer oder auch physischer Gewalt mündet. Natürlich kann ich nicht voraussetzen, dass ein nicht queerer Mensch meine Emotionen von vornherein versteht. Wie immer ist daher Empathie und Kommunikation wichtig. Doch habe ich Erfahrungen gemacht, dass Menschen die Sorge hatten, aufgrund meiner Sexualität für ein anderes Geschlecht von mir verlassen zu werden.

Eine Garantie, nicht verlassen zu werden, gibt es nie. Und wenn klar kommuniziert wurde, dass es nicht um ein »Ausprobieren« auf einer dafür offenen Party geht, dann könnten wir den Menschen Vertrauen entgegenbringen oder unseren Bauch entscheiden lassen. Wenn ein Mensch nicht mehr mit mir zusammen sein möchte oder keine Gefühle mehr für mich hat und mich verlässt, ist es doch irrelevant, mit welchem Geschlecht die Person als Nächstes zusammenkommt. »Ich date keine bi+ Menschen – dann ist ja alles Konkurrenz, und du stehst auf alles.« Dieser Satz war eines der Vorurteile.

Zuerst einmal, nein, ich stehe nicht auf alles und jeden Menschen. Tatsächlich fühle ich mich mittlerweile zu eher wenigen Menschen hingezogen, denn ich habe klare Vorstellungen davon, was mir bei Menschen wichtig ist, und möchte davon auch nicht mehr abweichen. Dafür liebe ich auf verschiedene Arten und Weisen einfach Menschen. Auch auf platonische oder verbundene Art und Weise. Sexualität muss nicht nur in eine von zwei Schubladen passen. Sie ist vielmehr ein Spektrum mit vielen verschiedenen Ausprägungen zwischen hetero- und homosexuell.

Warum glauben wir den Menschen nicht einfach? Ich weiß schließlich selbst am besten, wer ich bin und wie ich mich erlebe. Dies kann ich anderen nicht beweisen, denn wie soll ein anderer Mensch zu 100 Prozent nachempfinden können, was ich fühle? Das ist schlichtweg unmöglich, und ich muss das auch bei anderen nicht können, um sie zu akzeptieren und zu unterstützen.

Dies ist mein Appell an dich: Sei ein Ally. Setze dich ein für LGBTQIA+ Menschen und für Personen diverser Liebeskonstrukte. Ally sein bedeutet nicht zu behaupten, man hätte kein Problem mit diesen Themen – das sollte das bare Minimum sein und reicht einfach nicht mehr. Es heißt auch, sich bei Themen zu positionieren, bei denen Gegenwind zu erwarten ist. Biete Unterstützung an, sodass die betroffene Person merkt, dass sie nicht allein ist.

Stelle Fragen: »Wie kommst du zu dieser Annahme? Hast du mit betroffenen Personen mit offenem Interesse darüber gesprochen?« – »Ich kenne Menschen, die sich dadurch sehr verletzt fühlen – du könntest stattdessen vielleicht XY sagen.« – »Ist das nicht nur eine Interpretation und eine Annahme und nichts, das wirklich der Wahrheit entspricht?« – »Hast du die Person selbst gefragt, wie sie sich fühlt oder was sie braucht?« – »Wie kannst du behaupten, dass du das besser analysieren und beschreiben kannst als Betroffene selbst?«

Ich weiß, dass Bifeindlichkeit oft schwer zu greifen ist, da sie subtil und manchmal kaum zu erkennen ist. Doch sie verletzt Menschen und verhindert ein tolerantes und akzeptierendes Miteinander – deshalb habe ich einige klassische Vorurteile zusammengetragen, die ich selbst erlebt habe und die auch mit vielen Erfahrungen aus der Community übereinstimmen: »Bi+ sein ist irgendwie auch ein woker, hipper Trend – wir sind doch alle irgendwie ein bisschen bi …« Überraschung: sind wir nicht. Denn nein, nicht alle Menschen empfinden diese romantische und/oder sexuelle Anziehung zu mehr als einem Geschlecht. Und nein, es ist kein Trend. Wir erfahren nur endlich etwas mehr Repräsentation, und auch in den Medien erhält das Thema mittlerweile mehr

Aufmerksamkeit – beispielsweise durch Serien wie *Heartstopper* oder *Sex Education*. Endlich finden manche Menschen eine Erklärung für ihr eigenes Erleben. Welch ein Fortschritt, dass sich weniger Menschen verstecken müssen. Welch ein Fortschritt, dass wir erreichen wollen, dass Menschen respektvoller miteinander umgehen.

Viele meiner Gedanken, die aus meiner eigenen internalisierten Queerfeindlichkeit resultieren, haben mich lange davon abgehalten, mich zu outen. Ich fragte mich: Wenn ich queer wäre, würde ich dann zu dem werden, was alle behaupten? Ist es doch nur eine Phase? Bilde ich mir das alles nur ein? Bin ich weniger liebenswert? Würde ich, wenn ich queer wäre, meine Freund*innen verlieren? Wie könnte ich je andere queere Menschen treffen? Würde eine Frau jemals Interesse an mir haben, wenn ich queer bin? Würden Partner mein Queersein ernst nehmen? Wenn ich weder Frau noch Mann bin, könnte ich dann den Spott und die Anfeindungen ertragen? Wäre ich polyamor, hieße das, dass all diejenigen recht hatten, die mich eine Schlampe nannten? Wenn ich polyamor bin und mir eingestehe, dass ich schon immer mehrere Menschen geliebt habe, würden andere dann meine Liebe noch als echt und wahrhaftig anerkennen?

Ich hatte Angst, dass nicht queere Frauen vor meinen aufrichtigen, konsensuellen Berührungen zurückschrecken könnten – sich gar vor mir ekeln würden. Ich fürchtete, dass meine Herzlichkeit immer und überall als Flirt gewertet werden würde. Ich hörte Männer um mich herum, die behaupteten, »nichts gegen Schwule zu haben, ABER« – dieses »ABER« kündigte nie etwas Gutes an. Oft war es die Verurteilung von Nicht-Betroffenen, eine laute Meinung zu einem Thema, über das sie kaum etwas wussten, in dessen Schuhen sie selbst nie gegangen waren.

Ich hörte, dass hinter diesem »ABER« meist eine Ablehnung stand: »ABER ich möchte nicht angestarrt, angeflirtet werden, und sie sollen mich ja nicht berühren!« Innerlich dachte ich oft: Spricht er nicht genau von dem, was Männer bei Frauen und weiblich gelesenen Personen als normal ansehen? Was er selbst unter keinen Umständen erleben möchte? Welch eine Doppelmoral, gestützt auf queerfeindliches Gedankengut!

Ich hatte schlichtweg Angst, ein Fehler im System zu sein. Wenn ich sage, dass ich queer bin, erwartet die Welt, dass ich dies irgendwie beweisen muss. Doch ich wusste, dass ich bi bin, bevor ich je eine Frau geküsst habe. Ich wusste, dass ich das Gefühl schön finden würde, bevor es je passiert ist – genau wie heterosexuelle Menschen keine Erfahrung benötigen, um als solche anerkannt zu werden, und wie cis Menschen nie gefragt werden, ob sie sich ihrer Identität sicher sind. Denn es wird einfach angenommen, dass cis, hetero und monogam das Richtige und Normale ist, und alles, was davon abweicht, wird weniger ernst genommen. Doch ich sage, wie es ist: Unglaublich viele Menschen sind bi-, pan-, omni-, polysexuell. Unglaublich viele Menschen sind nicht binär. Unglaublich viele Menschen leben in nicht monogamen Beziehungen. Der Grund, warum so wenige offen damit umgehen, ist, dass es nicht immer sicher ist. Die Angst vor Häme, Erklärungen, dem Absprechen von Erfahrungen, Bedrohung der eigenen Existenz ist allgegenwärtig.

Wir haben Menschlichkeit und Mitgefühl verloren, weil viele den eigenen Schmerz nicht ertragen können und deshalb die Verbote, denen sie selbst unterliegen, auf andere projizieren. Viele suchen für ihre Unzufriedenheit eine Projektionsfläche, die Medien und Politik auch immer wieder befeuern. Dabei sind nicht trans*- oder nicht konforme queere Menschen das »Problem«, weil sie so auffällig herumlaufen oder einfach fröhlich das eigene Selbst ausdrücken. Wem tut das weh? Wem wird etwas weggenommen? Und warum brauchen so viele Menschen Anlässe wie Karneval oder Halloween, um sich frei auszudrücken? Es ist die Freiheit selbst, die Menschen am meisten fürchten, weil sie sich zum ersten Mal selbst hinterfragen müssen: Wer bin ich ohne die Gesellschaft, die mir sagt, wer ich sein soll? Wer bin ich abseits der vorgegebenen Pfade? Wer bin ich, wenn ich meine eigenen

Gedanken denke, statt die anderer nachzubeten? Wer bin ich, wenn ich nicht die Erwartungen meines Umfelds erfülle? Wer wäre ich, wenn es egal wäre, wie ich mich kleide, wie ich mich ausdrücke, welche Haare ich trage, und wenn ich nicht mehr so tun würde, als wäre »alles okay«, sondern erkenne, dass ich verdiene, mich wohl in meinem Körper und mir selbst zu fühlen? Was würde passieren, wenn ich mir meine Anziehung zu mehr als einem Geschlecht eingestehen würde? Deine Sichtbarkeit, Entscheidungen, Worte und Reaktionen machen einen Unterschied und tragen immer Konsequenzen. Schöne wie schmerzvolle.

Was du konkret als Ally tun kannst: Erkenne an, dass bi+ Sexualitäten eigenständige und fluide Sexualitäten sind. Mache keine Annahmen – alle bi+ Menschen sind völlig divers. Sei dir der Bifeindlichkeit auch innerhalb der queeren Community bewusst und positioniere dich dagegen. Unterstütze bi+ Menschen, indem du dein Wissen in Gruppen weitergibst, wenn es passend ist, denn bi+ Menschen sind die größte Gruppe innerhalb der LGBTQIA+ Community und doch oft unsichtbar. Du hilfst damit, dass Menschen sich gesehen fühlen – und das gilt für alle. Das Mindeste, was du tun kannst, ist, bi+ Menschen zu glauben. Bi+ Menschen schulden keinem Menschen etwas, keine Erklärungen, keine Fetischisierungen oder Dreier. »Unicorn Hunting« in Clubs, die keine sexpositiven Räume sind, ist tabu – dafür gibt es Safer Spaces und Apps. Keine Rechtfertigungen bei Veränderung der Präferenzen. Kein Erleben und keine Coming-out-Geschichte ist wie die andere. Bi+ Menschen sind nicht hetero, nicht schwul, nicht lesbisch – sie sind, wer sie sind: Bi+, und das ist genug.

Es gibt zahlreiche Vorurteile gegenüber der bi+ Community, auch aus den eigenen Reihen der LGBTQIA+ Personen. Diese erlebte Bi- und Homofeindlichkeit richtet man dann oft gegen sich selbst, was das eigene Validieren der Sexualität teilweise vernebelt oder sich so manifestiert, dass man sich ständig fragt: »Bin ich nicht doch eigentlich homosexuell?« oder »Bin ich bi genug?« Was genau ist »genug«?

Ich sage dir: DU selbst und deine Erfahrung sind genug. Bi+ Menschen können auch trans* sein, denn die Identität sagt nichts über die Sexualität aus. Bi+ Menschen können nicht binär, *aro* oder *ace* sein, alle möglichen Erscheinungsbilder haben, keine Erfahrung mit verschiedenen Geschlechtern oder überhaupt keine Erfahrung haben. Bi+ Menschen können alle Geschlechter lieben und polyamor, monogam oder in offenen Beziehungen leben. Bi+ Menschen können verschiedene Präferenzen haben, und diese können sich mit der Entwicklung des Selbst verändern – und das ist okay. Ein Label muss dir passen und nicht du in das Label.

ARO, ACE: »Aro« beschreibt eine Person, die wenig bis keine romantische Anziehung empfindet, während »ace« eine Person beschreibt, die wenig bis keine sexuelle Anziehung verspürt.

In meinem Fall war es so, dass ich mich irgendwann nicht mehr verstecken wollte. Ich war so lange in dieser Überanpassung und so lange von dieser Zerrissenheit geprägt, dass ich überhaupt nicht mehr wusste, wer ich bin, und mich total lost fühlte. Ich hatte genug von all diesen Menschen mit ihren einschränkenden Denkweisen. Ich wollte nicht mehr in Kreisen verkehren, in denen ich nicht sein möchte. Ich war so müde davon, mich ständig überall erklären zu müssen und das Gefühl zu haben, dass ich sowieso nirgends wirklich verstanden werde. Das war für mich eine unglaubliche Befreiung. Denn egal, wo ich hinkam, wurde mir klar: Es wird immer Menschen geben, die über mich reden. Es ist völlig egal, ob ich monogam oder polyamor lebe, ob ich einen Jogginganzug oder einen Minirock trage, ob ich Frauen oder Männer liebe – immer wird es Menschen geben, die etwas daran auszusetzen haben. Und genau deshalb habe ich die Freiheit darin gefunden, einfach alles so zu machen, wie ich möchte und wie ich mich am wohlsten fühle. Ganz unabhängig von Normen oder Konventionen. Diese Freiheit war ein langer Weg, und manchmal trifft es mich noch immer. Die Hilflosigkeit, die ich fühlte, wenn

Menschen über mich redeten, lag oft daran, keine Kontrolle darüber zu haben, wie andere Menschen mich sehen. Das werde ich aber nie haben. Es existieren Hunderte Versionen von mir – in den Köpfen und Herzen anderer. Vergiss deshalb eines niemals: Kein einziges Wort eines anderen Menschen ist mächtiger oder wahrhaftiger als dein eigenes Verhalten und dein Sein. Wie andere dich wahrnehmen wollen, ist deren Problem, mit dem sie sich irgendwann auseinandersetzen müssen. Und sich in dir selbst spiegeln werden. *Let them! Es ist wie andere die Welt sehen. Es ist nicht deine Aufgabe die Linse richtig zu stellen.*

Menschen im Internet fragen mich häufig, ob ich wirklich so voller Liebe bin und ob ich nicht manchmal auch wütend sein kann. Die Antwort ist eindeutig: Klar bin ich manchmal wütend. Doch meine Wut äußert sich in klaren Worten. Sie zeigt sich in Unverständnis. Sie zeigt sich im Handeln, im Aktivwerden. Im Äußern von: »Ich akzeptiere das nicht. Ich verstehe das nicht.« Das Äußerste meiner Wut ist, wenn ich sage: »Will diese Person mich eigentlich verarschen? Das kann doch nicht ihr Ernst sein?« Jede Person drückt sich emotional anders aus. Meine Art, wütend, traurig, ängstlich, freudig oder energetisch zu sein, ist okay und nicht bewertbar.

Ich glaube ganz fest daran, dass die Gesellschaft sich zum Positiven verändern kann, wenn Menschen sich fragen: Welcher Mensch möchte ich gerade sein? Welche Spuren im Herzen anderer möchte ich hinterlassen? Das sagt sehr viel über uns selbst als Mensch aus. Und ich glaube daran, dass Menschen das mit ihrem Zutun verändern können, wenn sie wie der Schmetterlingseffekt sind und das weitertragen. Wenn ich einem Menschen liebevoll begegne, wird dieser Mensch sich vielleicht gesehen fühlen und dadurch vielleicht einem anderen Menschen liebevoller begegnen können. Deswegen mache ich das alles hier, weil ich der festen Überzeugung bin, dass Wohlwollen und Liebe sich verdoppeln, wenn man es teilt.

Jedes Coming out ist Rebellion, die aus Liebe geboren wird.

Deshalb bin ich offen und stolz darauf – denn ja, es ist unglaublich ermächtigend und stärkt das eigene Handeln, stolz auf etwas zu sein, das einem kontinuierlich als Fehler dargestellt wird. Am Ende hat jede queere Person das Recht, nicht nur zu existieren in der Hoffnung, toleriert zu werden, sondern wirklich zu leben. Dieses hoffende Gefühl nicht zu kennen ist ein Privileg. Dieses Privileg musst du dir als nicht betroffene Person immer wieder vor Augen führen. Es zu nutzen, um eine klare Position für mehr Liebe, Akzeptanz und Wohlwollen einzunehmen, ist das, was wir von nicht betroffenen Menschen brauchen.

Ich bin in meinem Leben oft als »Gutmensch« tituliert worden und frage mich, seit wann das etwas Schlechtes ist. Ich werde immer ein Ally sein, für alle nicht konformen Menschen, die niemandem wehtun – die sich nicht gesehen fühlen oder keine Ressourcen haben, für sich einzustehen. Am Ende dieser Zeilen hoffe ich, dass du dich für einen Moment umarmt und gesehen fühlst in dem, was du bist – denn egal, wer dir jemals das Gefühl gegeben hat, anders zu sein, nicht dazuzugehören oder nicht gut genug zu sein, ich sage dir: Du bist es genau jetzt. Du warst es immer und trägst mehr Facetten in dir, als viele sich je trauen würden zu zeigen.

Konsens is Key

Konsens ist gerade in aller Munde – doch was bedeutet das eigentlich genau? Heruntergebrochen bedeutet es, dass die Personen, innerhalb einer gemeinsamen Situation, gemeinsam entscheiden – Mitbestimmungsrecht auf allen beteiligten Seiten sozusagen. In allen zwischenmenschlichen Beziehungen ist dies unglaublich wichtig und Voraussetzung für alle folgenden Handlungen. Ich ermögliche der Person gegenüber Partizipation. Jede Person darf selbst entscheiden. Das betrifft Themen wie: »Ist es für dich in Ordnung, wenn ich mit dir über Traumata, Suizid oder Essverhalten spreche? Wie fühlst du dich dabei, wenn ich dich hier oder dort berühre?« Es geht darum zu sagen: »Mir ist wichtig, wie die andere Person sich dabei fühlt«, und nicht nur: »Mir ist wichtig, wie ich mich dabei fühle.«

Ein weiteres Beispiel ist der Umgang mit familiären Erwartungen. »Oma Gretel möchte einen Kuss.« Auch wenn das Kind das vielleicht nicht möchte, wird erwartet, dass es der Aufforderung folgt, um Oma Gretel nicht zu verletzen. So lernen wir bereits in jungen Jahren, dass unsere Grenzen weniger wert sind als die Gefühle und Erwartungen anderer.

Konsens schützt dich und mich nicht nur vor Grenzüberschreitungen, sondern kann auch eine allumfassende tiefe Verbindung schaffen, weil man sich respektiert und ernst genommen fühlt. Konsens kann auf vielen verschiedenen Ebenen stattfinden. Konsens ist in intimen Situationen absolute Pflicht, damit meine ich jedoch nicht nur das Einholen von Zustimmung in sexuellen Situationen. Ich finde es auch in anderen Situationen wichtig, bereits im Vorfeld nachzufragen – etwa ob es in Ordnung ist, die Hand einer Person zu halten oder sich dicht neben eine Person zu setzen. Einige kritisieren diesen Ansatz und argumentieren, dass viele Menschen es unangenehm finden könnten, »Nein« zu sagen. Oder dass die *romantische Atmosphäre* zerstört werden könnte. Absoluter Käse. Konsens ist extrem hot. Denn es gibt ein Gefühl von Sicherheit und wirklicher Zustimmung mit einem »Ja«.

Ich habe die Erfahrung gemacht, dass es oft leichter ist, vor einer Situation »Nein« zu sagen, als wenn man bereits mitten in der Situation steckt. Ein Beispiel: Wenn ein Mensch fragt, »Möchtest du meine Hand halten?« oder »Darf ich deine Hand nehmen?«, ist es zwar nicht immer angenehm, jedoch leichter zu antworten: »Im Moment lieber nicht« oder »Ich bin mir unsicher« oder »Gerade nicht« (was im Übrigen auch als »Nein« gewertet werden sollte). Es ist weitaus unangenehmer, wenn ein Mensch bereits meine Hand hält, und ich sagen muss: »Bitte lass meine Hand los.« Öfter finden wir uns so in unangenehmen Situationen wieder, die wir gar nicht so wirklich wollen und in die wir eher reingerutscht sind mit dem Resultat, es ungewollt auszuhalten.

Das bedeutet nicht, dass es immer einfach ist. Es ist aber nur nicht einfach, weil wir es nicht gewohnt sind. Doch sobald wir in den Raum einer anderen Person eindringen, darf diese Person mitentscheiden. Ich glaube auch, dass Konsens ein Spektrum sein kann. Viele Aussagen, die nicht explizit das Wort »Nein« enthalten, sollten dennoch als Ablehnung verstanden werden und beinhalten eine Grenze. Es gibt viele Dinge, die in Filmen romantisiert werden, wie zum Beispiel »On-Off«-Beziehungen oder überraschender Sex, das Herunterdrücken des Kopfes in intimen Situationen oder Situationen, in denen ein Mensch den anderen unerwartet und leidenschaftlich küsst, ohne zuvor nach Konsens gefragt zu haben.

Diese Darstellungen können dazu führen, dass wir uns in der Realität manchmal verpflichtet fühlen, genau solche Szenarien mitzumachen. Das Narrativ des »Erobert-Werdens« gilt in der Popkultur immer noch als romantisch und leidenschaftlich, wenn ein Mensch zögert oder etwas abwehrt, will diese Person sich nur »rar machen«. Dies kann uns in emotionale Spannungsfelder treiben. Manchmal sehen wir Stabilität oder Ruhe in einer Beziehung oder beim Dating als langweilig an. Das kann darin begründet sen, dass wir in einer dysfunktionalen Umgebung aufgewachsen sind und Liebe mit Grenzenlosigkeit oder ständiger emotionaler Anspannung gleichsetzen. Wenn wir Folgendes gewohnt sind: desinteressierte Partner*innen, Unberechenbarkeit, emotionale Unverfügbarkeit, Vermeidung, für Liebe kämpfen müssen, Mixed Signals – dann kann sich das langweilig anfühlen: echtes Interesse. Vorhersehbarkeit. Offene Kommunikation. Zuverlässigkeit. Klare Signals. Es könnte also sein, dass wir das, was wir uns eigentlich wünschen, sabotieren, weil wir Ersteres mit Liebe verwechseln, da unser Nervensystem diese Art von Reiz gewohnt ist. Doch zurück zum Thema Konsens. Auch die Polyamorie ist für mich immer wieder neu verhandelter Konsens, schließlich sind da meist mehrere Personen involviert, die jeweils individuelle Grenzen und Vorstellungen von Konsens haben – alles muss mit jeder einzelnen Person verhandelt und besprochen werden.

Auch in Freund*innenschaften oder der Arbeitswelt ist ständiger Konsens essenziell, ich würde sogar sagen, dass sich Konsens bei mir auf alle Bereiche meines Lebens bezieht. Es ist vollkommen in Ordnung und menschlich, nicht alles zu wissen, aber es ist eine rücksichtsvolle Geste, betroffene Personen (zum Beispiel von Queerfeindlichkeit) zu fragen, ob sie die Kapazität für ein Gespräch haben. Dieses Prinzip wende ich auf eigentlich alle potenziell sensiblen Themen an: »Ist es in Ordnung, wenn ich über Essstörungen spreche?«, »Kann ich das Thema sexualisierte Gewalt ansprechen?«, »Können wir über Transfeindlichkeit sprechen?«, »Hast du gerade die Kapazität, dass ich dir eine Frage zum Thema XY stelle?« Es ist eine kleine Anpassung im Verhalten, die eine große Wirkung haben kann, denn ich kann nie wissen, welche persönlichen Geschichten mein Gegenüber mit diesen Themen verbindet. Ich möchte eine Dynamik schaffen, in der alle mitentscheiden und sich einbringen können, ob und wann über bestimmte Inhalte gesprochen werden soll.

Sex

Liebe bedeutet nicht zwangsläufig Sex. Intimität ist ebenfalls nicht gleichzusetzen mit Sex. Eine Beziehung muss nicht auf Sex basieren, sie kann auch ohne existieren und valide sein. Liebe kann Sex einschließen, ist aber nicht darauf beschränkt. Genauso kann Sex auch unabhängig von romantischer Liebe existieren. Sex ist nicht gleich Penetration. Platonische Beziehungen können ebenfalls physische Intimität wie Kuscheln, Händchenhalten oder Streicheln umfassen. Sex ist nicht nur der reine Geschlechtsakt. Sex kann für jeden Menschen etwas anderes bedeuten.

Die verschiedenen Ausdrucksformen von Liebe, Intimität und Nähe sind gültig und für jede Person einzigartig. Ich bin in einem Haushalt aufgewachsen, in dem vulgäre Witze an der Tagesordnung waren. Allerdings war das Thema Sex – außer bei der Basic-Aufklärung an sich – ein Tabu, besonders weil die sexuelle Aufklärung in den 90er-Jahren wirklich zu wünschen übrig ließ. Sexualkunde hieß: »Das ist für die Fortpflanzung. Es heißt schließlich Gebärmutter, und die ist dazu da, um zu gebären.« Wir lernten, wie wir bei Sex mit Penis verhüten konnten, und rissen das Thema HIV kurz an. Das war es aber auch schon. Nichts davon, dass Sex Spaß machen sollte, dass es nicht wehtun (außer mit Konsens) oder sich wie eine Pflicht anfühlen sollte. Über Sex selbst wurde auch nicht wirklich gesprochen. Die Aufklärung, die ich erhielt, beschränkte sich darauf: »Du brauchst die Pille und dieses und jenes, um nicht schwanger zu werden.« Sex wurde also entweder als Akt zum Kinderkriegen oder eben gerade zum Verhindern von Nachwuchs dargestellt. So war Sex für mich sehr lange Mittel zum Zweck. Etwas, was man halt macht. Ich habe schon sehr früh in meiner Jugend gemerkt, dass ich bei den Jungs besser ankam, wenn ich für sie sexuell verfügbar war und es als eine Art Normalität angesehen wird, immer Lust haben zu müssen, wenn mein Partner gerade Lust hat. Dabei ging es mir nie wirklich um Sex, geschweige denn um Befriedigung – um ehrlich zu sein, wurde ich dabei nämlich ziemlich lange gar nicht befriedigt. Meist empfand ich den Akt selbst als wenig lustvoll und eher performativ, es ging darum, dass »er auf seine Kosten kommt« und »ich ja so gut im Bett bin« und auch wenn ein Orgasmus zwar kein Ziel sein muss, um erfüllenden Sex zu haben, konnte ich darauf wirklich überhaupt nicht zählen. Keiner dieser Jungs und auch kaum ein erwachsener Mann hat je meine Klitoris gefunden oder mich zum Orgasmus gebracht. Jegliche Kommunikation meinerseits, wie ich es lieber mag, wurde als Ablehnung gesehen und der penetrative Akt priorisiert. Ich dachte zwar insgeheim oft, dass es sich nicht gut anfühlt, ging aber davon aus, dass das normal sei, denn meine Freundinnen berichteten von ähnlichen Erfahrungen (wenn wir überhaupt einmal darüber sprachen).

Sex wurde für mich zu einer Show, bei der es nur darum ging, dafür zu sorgen, dass mein Partner erregt wird und zufrieden ist, in der Hoffnung, dass er mich dadurch vielleicht ein kleines bisschen lieber hat oder mich als heißen Jackpot ansieht. Ich wusste genau, was zu tun war, damit er zum Höhepunkt kommt, besonders wenn ich keine Lust mehr hatte und es schnell hinter mich bringen wollte. Ich wusste, wie ich stöhnen muss, schauen muss oder mich bewegen muss. Ich hatte Sex, weil ich glaubte, es sei meine Pflicht, und es hatte rein gar nichts mit Lust zu tun. Klingt hart, ist aber die Wahrheit. Unter Freundinnen wurde das nie großartig thematisiert, dadurch hatte ich kaum eine Möglichkeit der Validierung meiner Empfindungen.

Das Schweigen darüber hatte auch den großen Nachteil, dass wir alle nicht so recht wussten, ob das, was wir hinter verschlossenen Türen erlebten, vielleicht nicht konsensual oder gar gefährlich war. Sex war leider sehr oft eine gewaltvolle Erfahrung für mich, doch dass das nicht okay war, war mir nicht immer klar. Es gab Personen, die mich ohne meine Zustimmung beim Sex gefilmt und mich anschließend damit erpresst haben. Die Fotos von mir machen wollten und diese dann nach der Trennung anderen zeigten. Belästigung, Catcalling und immer eine Hand auf meinem Drink aus Schutz vor Substanzen war und ist immer noch Normalität. So ausgeprägte Formen von sexualisierter Gewalt habe ich nahezu ausschließlich durch Männer erlebt, mit denen ich in einer Partnerschaft war, was natürlich dazu beitrug, dass ich ein verschobenes Bild von Liebe und Zuneigung verinnerlichte.

Manche Männer gingen sogar so weit, dass sie selbst ein eindeutiges »Nein« oder »Ich mag nicht« von mir ignorierten. So kam es beispielsweise vor, dass ich mitten in der Nacht mit einem Penis oder Finger in mir drin aufwachte, obwohl ich vorher klar kommuniziert hatte, dass ich keinen Sex wollte.

Einmal, in der Zeit, in der ich besonders viel gemobbt wurde, suchte ich Schutz bei einem Mitschüler, der deutlich älter war als ich. Er »tröstete« mich, und unter dem Einfluss von viel Alkohol bedrängte er mich. Anfangs widersetzte ich mich durch Worte und versuchte aufzustehen, aber nach etwa 15 Minuten Diskutieren und Hin-und-her-Gerangel ließ ich es einfach über mich ergehen. Deshalb dachte ich lange, es wäre keine *wirkliche* sexualisierte Gewalt gewesen, ich hatte es ja am Ende zugelassen. Welch fataler Gedanke. Ich habe darüber nie gesprochen, weil ich wusste, dass er an der Schule beliebt war und mir vermutlich keiner glauben würde. Er war einer von den Jungs, bei denen jeder Mensch sagen würde: »Ach, aber der ist doch so nett und aus so einem guten Elternhaus!« Ich sage dir eines. Erstens ist diese Aussage diskriminierend, und zweitens zieht sich diese Art von Verhalten durch unsere ganze Gesellschaft. Meist erlebte ich genau dieses »Ich bekomme immer, was ich will, und behandle andere Menschen wie Dreck, außer ich kann einen Vorteil daraus ziehen« genau von diesen Jungs. Die mit der fetten Villa, die mit den abwesenden Eltern und die, die ein perfektes Doppelleben führen konnten. Ich habe mich nach diesen Übergriffen schmutzig und auch schuldig gefühlt, so erschreckend und traurig das auch sein mag. Doch ich weiß leider, dass ich kein Einzelschicksal war, die meisten Frauen und weiblich gelesenen Personen kennen solche Vorfälle. Wir sind fast alle mit dem Narrativ aufgewachsen, dass solche Dinge nun mal passieren, weil Männer ihre Triebe nicht kontrollieren könnten. Ich hätte die Dinge, die mir passiert sind, niemals mit dem Wort »Vergewaltigung« oder sexualisierte Gewalt in Verbindung gebracht. Das passierte doch nur nachts im Park, und die Täter waren unbekannte Fremde, niemals Männer, die man gut kannte, geschweige denn der eigene Freund!

Dementsprechend war Sex für mich lange Zeit mehr eine unangenehme, aber notwendige Aufgabe als etwas, was ich genießen konnte. Ich war dafür da, dass Männer sich an mir und mit mir befriedigen können. Mir wurde suggeriert, dass Männer Bedürfnisse haben, die gestillt werden müssen, und wenn ich das als Freundin nicht tat, dann hatte er allen Grund fremdzugehen. Für Männer war Sex oft ein Liebesbeweis, eine Bestätigung, aber auch eine Form der Machtdemonstration. Es dauerte einige Zeit, bis ich auch Männer kennenlernte, denen meine Lust und unsere gemeinsame Intimität am Herzen lag.

Es ist im Nachhinein furchtbar zu realisieren, dass ich die sexualisierte Gewalt, so schrecklich es auch klingen mag, nicht so gravierend empfunden habe wie die emotionale Gewalt. Der emotionale Missbrauch – das Kontrolliertwerden, die Späße auf meine Kosten, die Demütigungen, die Selbstverständlichkeit, mit der alles von mir genommen wurde, die Wut und Aggressivität, das besoffene Gegröle, das gegen Wände schlagen, das *Gaslighting*, das Unterstellen von Unwahrheiten, das Schauspiel mehrerer Gesichter vor anderen Menschen und die Manipulation – all das empfand ich als schlimmer als körperliche Gewalterfahrungen. Damit möchte ich betonen, dass es für jeden Menschen eine individuelle Erfahrung ist und es um keine Hierarchie von Schmerz oder Erfahrung geht. Unbewusst ließ ich mich immer wieder auf Partner ein, die mich meist nach vier Monaten Honeymoonphase kontrollierten – sexuell und emotional. Mitunter spielte vermutlich auch meine erste sexuelle Erfahrung eine Rolle.

Ich war verhältnismäßig jung, als ich mein erstes Mal hatte. Obwohl ich mich bewusst dafür entschieden habe, hier darüber zu schreiben, habe ich Angst, dass du mich dafür verurteilst, wenn du das hier liest. Dennoch habe ich mich dafür entschieden – weil ich bestimmt nicht allein mit meiner Erfahrung bin. Ich war quasi noch ein Kind, aber sowohl mein Körper als auch mein Ausdrucksvermögen schienen einer viel älteren Person zu entsprechen. Er war älter als ich. Wir hatten eine Art Beziehung, ohne darüber nachzudenken, ob wir zusammenpassen oder kommunizieren könnten. Wir knutschten ein bisschen, waren eifersüchtig und schauten zusammen Filme – eine typische Teenie-Beziehung also.

Ich erinnere mich noch an die Unterwäsche, die ich an diesem Tag trug. Einen lila-bräunlichen String, mit aufgestickten Blumen in Beige und einen »Maximize Your Size«-BH, der so viel Füllung hatte, dass es sich anfühlte, als wäre meine ganze Brust aus dem BH draußen – statt in dem BH drin. Ich war perfekt enthaart, denn ich hatte gelernt, dass es wichtig für die Hygiene und das ästhetische Erscheinungsbild ist, Körperbehaarung zu entfernen.

Ich wusste auch, dass viele Mädchen und Frauen sich aus »Selbstschutz« nicht rasierten, um Intimität zu vermeiden. Ich dachte, dass Körperbehaarung für heranwachsende Frauen oder weiblich gelesene Menschen in keiner Weise akzeptabel ist. Ich schreibe hier von mir als Frau – obwohl ich zu dem Zeitpunkt schon das Gefühl hatte, dass etwas mit mir anders und nicht passend war – doch ich hatte damals keinen Begriff für mein Empfinden.

Als ich ankam, setzten wir uns auf das Sofa. Ich mochte seine Familie – sie waren sehr unkonventionell und herzlich. In seinem Zimmer roch es nach kaltem Rauch und Gras. Wir hatten die Vereinbarung, dass er nicht stoned ist, wenn wir uns sehen, allerdings brach er diese Abmachung immer wieder. Wir küssten uns und gingen anschließend aufs Bett. Ich hatte absolut keine Ahnung, was ich dort tat.

Ich hatte in der Schule von den Jungs gehört, was für Geräusche Frauen dabei angeblich machen und was sie selbst mochten. Außerdem hatte ich ein paar Pornowerbungen gesehen und dachte, ich würde einfach das tun, was ich dort sah. Es gab keine vorherigen Absprachen und entsprechend keinen Konsens. Da ich nicht wusste, dass dies wichtig ist, forderte ich ihn auch nicht ein. Er berührte meine Vulva und führte seine Finger in meinen Vaginaleingang. Ich tat es ihm gleich und berührte seinen Penis. Er zog seine Hose aus und erklärte mir, dass er mit Kondom weniger spüren würde und es lieber ohne mag, jedoch eines suchen würde, wenn ich will. Als ich zögernd nickte, stand er auf und pulte ein Kondom aus seinem Portemonnaie. Im Hintergrund liefen Lieder von Usher und Bushido. Er streifte das Kondom über, und wir hatten Sex in der Missionarsstellung.

Ich erinnere mich sehr deutlich daran, dass wir keinen Augenkontakt hatten. Es fühlte sich an, als ob ich benutzt würde, obwohl ich schon auch wollte, dass wir miteinander schlafen. Ich war neugierig auf das erste Mal, da alle immer so viel davon sprachen. Doch danach fühlte ich mich schlecht, denn auch wenn ich nicht genau gewusst hatte, was mich erwartete, so hatte ich es mir doch irgendwie anders, besser vorgestellt. Ich dachte: »Das ist das, worüber alle sprechen?«

Früher wurde Sex die »schönste Nebensache der Welt« genannt. Aber meine erste Erfahrung mit Sex war kein lustvoller oder romantischer Akt. Es gab keine intime Interaktion, nur Penetration mit dem Penis und unaufgefordertes Herunterdrücken meines Kopfes beim Blowjob. Keine Aftercare wie Kuscheln, Streicheln oder Lachen. Es gab keine Kommunikation. Keinen Konsens. Kein Lachen, wenn etwas nicht klappt. All dies war nicht vorhanden. Wenn er »fertig« war, war auch der Geschlechtsverkehr beendet. Dieses »fertig sein« und danach wegrollen habe ich bei den meisten Männern erlebt.

Ich erinnere mich noch daran, dass ich mich danach plötzlich schmutzig gefühlt habe und sagte, dass ich auf die Toilette muss, als er seine Zigarette anzündete. Sein Desinteresse mir gegenüber nach dem Sex hat mir ein Gefühl gegeben, als sei ich jetzt wertlos geworden. Ich hatte nur eines im Kopf: Er wird es seinen Freunden erzählen. Sie werden mich in der Schule schief angrinsen. Sie werden es weitererzählen – er wird als Held dastehen und ich als Schlampe. Egal ob wir zusammen sind oder nicht. Ich fühlte mich ohnmächtig. Im Bad schaute ich in den Spiegel – diese Augen waren nicht die, die ich kannte.

Ich verabschiedete mich schnell von ihm und stieg in den Bus. Als ich merkte, dass meine Hose sich durch Blut färbte, dachte ich, dass das von meinem durchstoßenen Jungfernhäutchen kommen würde, ein Mythos, den ich aus Teenager-Magazinen kannte. Tatsächlich gibt es keine durchstoßbare Membran, sondern einen Hautkranz – der bei Menschen mit Vulva unterschiedlich geformt sein kann, abhängig von Alter oder Geburt eines Kindes. Diese Gewebefalte wird als Hymen bezeichnet und bleibt ein Leben lang, ohne dass es durchstochen oder verschwinden würde. Ich hätte mir gewünscht, darüber informiert zu werden. Das Thema der Jungfräulichkeit sollte nicht als Mysterium behandelt, sondern transparent dargestellt werden.

Wenn ich gewusst hätte, dass es viele verschiedene erste Male geben kann, hätte ich mich nicht so schrecklich gefühlt, als ich es ihm »geschenkt« habe. Ich hätte auch verstanden, dass das Bluten nicht normal ist und dass es auf eine Verletzung hindeuten konnte. Ich fand auch die Denkweise einiger Männer interessant – sie wollten Frauen mit Erfahrung, aber nicht zu viel, weil sie sonst »ausgeleiert« wären. Aber wenn ich 60-mal mit ihnen Sex hätte, wäre das in Ordnung und die Muskulatur würde nicht erschlaffen. Interessant ist auch, dass behauptet wird, dass die Muskulatur der Vagina ausleiern soll, aber der Schwellkörper des Penis, der von Muskeln umgeben ist, dann immer noch nicht auf dem Boden hängt.

Als meine Hose nass wurde, bekam ich kurz Panik, fasste mich aber schnell wieder. Ich zog meinen Hoodie aus und band ihn um meine Hüfte. Meine Mutter holte mich von der Bushaltestelle ab. Bevor ich ausstieg, besprühte ich mich noch schnell mit billigem Parfüm. Ich war erleichtert, sie zu sehen, da ich mich bei ihr sicher fühlte. Ich umarmte meine Mutter und lächelte. Zu Hause legte ich meine Hose in den Wäschekorb und hoffte, dass es niemand bemerkte. Ich steckte meine Unterhose in eine kleine Plastiktüte und warf sie am nächsten Tag auf dem Weg zur Schule in den Müll.

Wochen später erzählte ich zwei Freundinnen von meinem ersten Mal – danach war Schluss mit ihm. Seine Begründung war, dass meine Anforderungen an eine Beziehung ihn unter Druck setzen würden. Später erfuhr ich, dass ich nicht seine einzige Freundin war.

Ich gab vor »drüberzustehen«, obwohl ich innerlich vor Scham und Schuld fast umkam. Interessanterweise traf ich mich fast sechs Jahre später mit ihm, um darüber zu sprechen. Er entschuldigte sich und sagte, dass er mich immer gemocht und ebenfalls gelitten hat. Er gab zu, dass er nur dem Bild und dem Anspruch, den man als heranwachsender Mann an ihn stellte, gerecht werden wollte. Er wollte nicht vor seinen Freunden leiden, sondern spielte die Rolle des Typen, dem »die Schlampe halt egal« war. Er verdrängte sein schlechtes Gewissen und sein eigenes Unwohlsein mit Cannabis und lebte vor sich hin. Er wünschte sich, dass niemand so jemanden wie ihn an der eigenen Seite haben müsse. Und doch war er derjenige, der mir damals so eine furchtbare erste Sexerfahrung bescherte. Unter den Folgen litt ich noch jahrelang – seitdem war Sex für mich scham- und schuldbehaftet.

Diese Scham bezog sich auf alles, was mit Sex zu tun hatte, so auch auf sexuelle Erfahrungen mit mir selbst. Und so kam es, dass ich im Gegensatz zu Sex mit Männern hier wohl eher, laut Gesellschaft, ein*e Spätzünder*in war. Ich war, glaube ich, 22 Jahre alt, als ich das erste Mal wirklich richtigen Solosex hatte. Davor gab es jugendliches Ausprobieren, doch fühlte ich mich so furchtbar schuldig danach, dass ich es ließ. Ich dachte, dass nur ich so was tun würde, und fühlte mich komisch dabei. Wir lernen, immer irgendwen für etwas zu brauchen, Erfüllung nicht in uns selbst zu finden. Selbst von meinen Partnern hörte ich Sätze wie: »Wozu bist du dann mit mir zusammen? So etwas möchte ich nicht!« oder »An wen denkst du dabei?« Tatsächlich fühlten sich viele Männer durch meine eigene Hand bedroht – das muss man sich mal vorstellen! Erst als ich mich ausprobierte und so was wie Sextoys und vor allem queerer Sex in mein Leben traten, konnte ich diese Scham ablegen.

Heute habe ich keinerlei Probleme mehr damit, darüber zu sprechen. Im Gegenteil. Ich würde mich als total sexpositiven Menschen bezeichnen. Ich habe mich von einer unsichtbaren Kette, die mich klein gehalten hat, gelöst und nehme meine Sexualität und Lust ohne Vorbehalte oder Bewertungen an. Ich habe irgendwann erkannt, dass ich sexuelle Lust und Spannung erst entwickeln kann, wenn ich verstehe, wer hinter einer Person steht, wie sich der Mensch ausdrückt und welche emotionalen oder energetischen Vibes ich spüren kann. Dadurch bewerte ich nicht nur mich selbst weniger, sondern auch andere. Jeder Mensch darf lustvoll sein und sich mit Konsens ausleben, frei von Scham, Tabus oder Erwartungen.

Für mich geht es um sexuelle Freiheit und offene, nicht schambelastete Kommunikation. Ich kenne meine Vorlieben und bleibe offen dafür, noch vieles zu entdecken. Ich bin lustvoll mit mir selbst, kenne meinen Körper besser und achte auf meine sexuelle Gesundheit. Sexpositivität bedeutet für mich auch, durch das Entdecken verschiedener Praktiken, Kommunikation, Wissen und Theorie in Erfahrung umzuwandeln. Es ermöglicht mir, mir selbst liebevoller und tiefer zu begegnen, und führt zu intimerem, zärtlicherem und vielfältigerem Sex auf Augenhöhe und ohne Scham – und selbst wenn die mal aufkommen sollte, wird offen darüber gesprochen.

Diese Vielfalt von Sex, Intimität, Lust und Nähe wird weder abnoch aufgewertet, sondern gehört für mich zu meinem Menschsein dazu (wenn Mensch diese Anziehung empfinden kann und mag). Ich halte es für dringend notwendig, dass alle Menschen Zugang zu Bildung über Sexualität und diverse Körper erhalten. Denn Sexpositivität geht nicht nur um Sex. Sondern auch um Wissen und Annahme diverser Körper. So habe ich auch meine Bedürfnisse und Wünsche – und damit auch meine Grenzen – kennengelernt, benannt und ausgesprochen.

Meine Sexualität, ebenso wie meine Queerness, erlebe ich als ein facettenreiches Spektrum, eine Reise, auf der ich ständig dazulerne, mich weiterentwickle und verschiedenen Möglichkeiten offen gegenüberstehe. Sex ist immer noch ein Tabuthema in unserer durchaus stark sexualisierten Gesellschaft, deshalb ist es umso wichtiger, offen über all die Facetten und Möglichkeiten, Unsicherheiten und Sehnsüchte zu sprechen. Ich habe auch die Erfahrung gemacht, dass sich Freund*innen, wenn sie das allererste Mal offen mit mir darüber sprechen, ausnahmslos alle erleichtert und selbstbewusster fühlen und ich mich im Umkehrschluss auch. Auch über Unsicherheiten und Sehnsüchte ohne Bewertung zu sprechen ist wichtig.

Offen über Sex oder auch Unlust zu sprechen, ist für mich nichts Beschämendes, sondern etwas, das Menschen durch ein eigenes Stigma in ihrem Kopf daraus machen. Ich erlebe mich selbst und andere auf eine neue, erschaffende Art und Weise. Ich halte meine Grenzen ein, bin achtsam und spüre eine intensive Verbindung zu meinem Körper und meiner Seele, meinen Gedanken und Gefühlen. Sexpositiv zu sein bedeutet für mich Neugierde, Empathie, Wissen, Grenzen, Verantwortung, Loslassen, Zulassen, Verbindung, Offenheit und Liebe.

Der erste Schritt auf meiner sexpositiven Entdeckungsreise war mein erstes Mal mit einer Frau. Ich habe mich ja schon immer irgendwie zu Frauen hingezogen gefühlt, wollte sie küssen, ihnen nahe sein, aber konnte nie so genau unterscheiden: Will ich Sex oder auch Beziehung? Oder fühle ich mich einfach nur erregt, weil ich sie so schön finde? Will ich so sein wie sie oder mit ihr zusammen sein?

Mein erstes queeres Mal, das erste Mal mit einer Frau, die eine Vulva hat, beantwortete viele meiner Fragen. Es war ganz anders als mein erstes Mal mit einem Menschen mit Penis. Ihren Körper anzuschauen und dabei zu denken, was ich mit ihr anstellen will, machte mich geradezu gierig. Da ich keine Erfahrung mit diesen Gefühlen hatte und noch weit davon entfernt war, meine Queerness anzunehmen und zu lieben, fühlte ich mich ekelhaft – als würde ich selbst Frauen sexualisieren. Die Lesbenpornos, die ich gesehen hatte, wurden schließlich in erster Linie für den *Male Gaze* produziert. Ich versuchte, so gut es ging, diese Gedanken auszublenden, war jedoch unfassbar aufgeregt. Wir küssten uns und fingen an, uns auszuziehen. Ich dachte nur »Scheiße, wie fasse ich sie am besten an? Wie lecke ich? Welcher Winkel? Strapon? Wenn ja, dann will ich mich nicht wie ein rammelnder Kerl aus diesen Filmen fühlen oder wie ich es kannte! »Was mache ich mit ihrer Vulva? Wie geht das?« – und das, obwohl ich selbst eine Vulva habe. Bin ich unterwürfig oder dominant?« Es war ganz normal, so unsicher zu sein – schließlich wusste ich nicht, was mich erwartete, und vor allem nicht, dass ich all diese Fragen einfach hätte stellen können –, denn wir mögen nicht alle dasselbe, und es wäre eine gute Chance gewesen zu kommunizieren. Aber als ich dann ihren Körper mit Küssen übersäte, bis ich zu ihrer Vulva kam, vergaß ich alles um mich herum. Ich legte mich neben sie – nahm sie in meinen Arm und probierte mit meinen Fingern alles Mögliche aus. Danach hatten wir Solosex nebeneinander. Es war holprig und schüchtern – noch nicht wirklich passend –, aber es war weich und schön. Es war lustvoll und vor allem nicht performativ. Ich hatte das Gefühl, dass wir beide nicht wirklich wussten, was wir taten. Wir waren damals noch weit entfernt von der Art von Intimität und Sex, die ich heute erlebe – doch ich hatte einen Glow, den ich so schnell nicht wieder verlieren konnte. Wir haben es geheim gehalten und uns eingeredet, dass so etwas unter Freundinnen schon mal passieren kann.

Es gab ein paar Sachen, die ich gern früher gewusst hätte, zum Beispiel, dass Genitalien – egal welchen Geschlechts – vielfältig aussehen. Und das ist schön. Genitalien von inter* Menschen sehen vielfältig aus, Genitalien von trans* Menschen sehen vielfältig aus, Genitalien von nicht binären Menschen, cis Frauen oder cis Männern sehen vielfältig aus. Diese Vielfalt anzuerkennen und auch etwas darüber zu lernen, hätte ich mir gewünscht. So »funktioniert« Sex eben nicht nur auf eine Art und Weise – denn Genitalien, Menschen und Lust sind verschieden. Meine Intimität und auch der Sex mit FLINTA* ist für mich so viel intensiver, sanfter, freier, leidenschaftlicher, als es jemals mit einem cis Mann war.

Weil ich liebe

Mein Erleben ist immer mehrdimensional. Es basiert auf dem, was ich erwarte – also auf dem, was ich kenne. Ist es nicht spannend, wie die Vergangenheit die Weichen stellt? Doch diese Weichen können auch verändert werden. Die Herausforderung und gleichzeitig die Kunst für mich besteht darin, das Gleichgewicht zwischen Angst, Gleichgültigkeit und Dopamin, welches aus

Chaos und Abstinenz resultiert, zu finden. Denn Gleichgültigkeit ist ein Zeichen dafür, dass ich mich auf einem Holzweg befinde. Gleichzeitig bedeutet Angst, dass ich versuche, mich ganz langsam einem Thema, einer Veränderung oder einem Menschen zu stellen, während die Vergangenheit versucht mich aufzuhalten, da sie mir verstaubte Überzeugungen oder tief vergrabene Erfahrungen ins Gedächtnis spült.

Es ist spannend, dass das, was aus vermeintlicher Natürlichkeit geschieht, eigentlich nur etwas mit der Perspektive zu tun hat. Dieses Muster, unsinniges Chaos für kurze Highs in mein Leben zu bringen – dies praktisch zu kreieren –, ist meist Vermeidung. Denn wenn ich anders denke und mich anders entscheide als sonst, was passiert dann? Ich werde immer dieser liebende Mensch bleiben, der ich nun mal bin, doch auch ich muss immer wieder meine Linse scharf stellen und mich fragen: Erzeuge ich gerade Probleme, weil ich insgeheim Angst habe, die Person zu sein, die ich bin, und das Leben so zu leben, wie ich es gestalten möchte? Oder sabotiere ich mich gerade selbst, indem ich meine Vergangenheit reproduziere? Ich bin die Summe meiner Erfahrungen. Doch nicht jede Erfahrung ist die absolute Wahrheit. Wenn ich also mein Leben ändern möchte und Baustellen aus Natürlichkeit entstehen, statt mir selbst welche zu kreieren, möchte ich meine Überzeugungen ändern. Und um meine Überzeugungen zu ändern, muss ich neue Weichen für neue Erfahrungen stellen. Heißt – raus aus den Mustern und rein ins Unbekannte. Und das habe ich vor langer Zeit getan.

Nach allem, was mir widerfahren ist, bin ich unendlich stolz auf mich, dass mein Herz der weichste Ort geblieben ist – voller Liebe, Vergebung und Verletzlichkeit. Denn ich oute mich jeden Tag. Beim Bäcker, sobald ich die Hand meiner queeren Beziehungsperson halte. Wenn ich meine Wohnsituation erkläre. Wenn ich darlege, wie ich in den Urlaub fahre. An Hotelrezeptionen. Bei Familien. Bei Menschen, die ich neu kennenlerne. Ich hatte immer das Gefühl, mich für meine Queerness und die Polyamorie rechtfertigen zu müssen – aber dieser innere Kampf ist zur Ruhe gekommen.

Denn ich sage mir selbst: Ich habe Mauern überwunden, die sich unüberwindbar anfühlten. Ich weiß nun, wer ich bin, und das ist gut so. Ich möchte flexibel bleiben und neugierig darauf sein, wohin mich mein Leben und mein Weg noch führen werden. Mit Wohlwollen sage ich zu mir selbst: Ich sehe dich. Ich höre dich. Ich verstehe, woher du kommst und warum du bestimmte Dinge getan oder gelassen hast – und ich stehe hinter dir, genau hier.

Als ich im Jahr 2023 mit Lui auf unserem eigenen CSD-Demo-Truck stand und dort eine Masse an liebevollen Menschen für mehr Einheit in der Community mit uns lief, ich meine Rede hielt und in die Augen der Menschen – vielleicht auch in deine – blickte, wusste ich: Ich bin zu Hause. Und ich möchte ein Gefühl von Zuhause für andere Menschen sein, die spüren, anders zu sein und durch das Raster unserer Gesellschaft zu fallen. Ich möchte mehr Liebe in deine Welt tragen und dir die Hand reichen, weil du Liebe bist – und du nicht allein bist.

Und falls du gerade eine schwierige Mischung aus Verzweiflung, Traurigkeit, Überforderung, Erschöpfung und Hilflosigkeit fühlst, könnte dir die Perspektive helfen, dass du NOCH keine Lösung kennst oder NOCH nicht diesen Schritt gegangen bist. Dass du NOCH nicht dort bist, wo du gern ankommen möchtest; dass du dich NOCH nicht traust; und dass du NOCH keine Antwort auf deine vielen wilden Fragen und Gefühle in deinem Herzen hast.

Das »NOCH« weist dir den Weg – es zeigt dir die Chancen, die vielen Möglichkeiten und auch, dass der Zustand, in dem du gerade bist, nicht ewig dauern wird. Es erinnert dich daran, dass du immer wieder die Möglichkeit hast, dich zu trauen, neue Wege zu entdecken und zu wagen.

Wie oft hast du schon gedacht, du kannst etwas nicht, obwohl es eigentlich »du kannst es NOCH nicht« hieß – und dann hast du es doch geschafft? Selbst wenn es zwei Schritte vorwärts und einen zurück bedeutet, ist es immer noch ein Schritt in Richtung Wachstum. Vergiss dein »NOCH« nicht. Sprache formt deine Realität – und in dieser oft so ungerechten Welt ist es wichtig, sich dieses »NOCH« zu bewahren.

Diese Sache mit dem Glück ist kein einfaches Ziel – es wird nicht einfach so kommen, auch wenn wir es uns gern so vorstellen. Es geht eher darum, sich selbst anzunehmen, anzukommen und zu vertrauen. Was, wenn wir unser Glücklichsein hinauszögern, um uns zu schützen? Vielleicht suchen wir nach einem weiteren Problem, das gelöst werden muss, nach einem neuen Haken oder einer weiteren Mauer, die es zu überwinden gilt. Was, wenn wir so handeln, weil wir es nicht anders kennen und Angst vor dem Moment haben, in dem einfach alles wunderschön ist und es nichts zu *fixen* gibt? Angst davor, genau dann, in unserem Glück, eine unerwartete Lawine zu erleben? Vielleicht spürst du irgendwann, dass Glück bereits Teil deines Lebens ist. Dann nimm es an, verpasse es nicht! Fühl hin. Es wird kommen und ist bereits da, in vielen kleinen Mini-Momenten am Tag – versprochen. Ich habe in meinem Leben viel Energie und Mühe investiert, um auf die Art und Weise geliebt zu werden und Liebe zu senden oder zu empfangen, wie ich es mir wünsche. Früher habe ich das nicht kommuniziert, weil ich dachte, man verstehe sich ja ohne Worte, und ich wollte auch keine Last sein – doch das ist ein Trugschluss. Zwar kann es Momente geben, in denen man sich ohne Worte versteht, aber es bedarf auch klarer Kommunikation darüber, was man selbst empfangen möchte. Wir können nicht einfach davon ausgehen. Es geht darum, die Liebe und Beziehung zu pflegen, indem immer wieder aufs Neue eine Verbindung hergestellt wird. Kommunikation ist die Lösung, um sich gesehen, gehört und verstanden zu fühlen.

Aber wie stellt man diese Connection her? Welche Tools hat man zur Hand? Dies auszudrücken und Wertschätzung zu leben ist nicht nur an einem besonderen Tag im Jahr wichtig, sondern bedarf der Kontinuität und der Entscheidung, meiner Liebe Ausdruck zu verleihen und mich selbst sowie meine Beziehungsperson wertzuschätzen, nichts für selbstverständlich zu nehmen.

Als Kinder und Jugendliche erleben wir viele erste Male, füllen unser Leben mit vielen neuen Dingen, die uns lebendig fühlen lassen. Genauso sollte es in der Liebe und Beziehung sein. Probiert Neues aus, entdeckt gemeinsame Hobbys, stellt euch Fragen, kocht nach Themenabenden, tanzt im Regen, lest gemeinsam ein Buch oder hört zusammen einen Podcast und tauscht euch aus, macht eine Therapie, weint und lacht zusammen. Oder entscheidet gemeinsam, dass ihr festgefahren seid und etwas ändern wollt.

Wie du siehst, ist nicht alles im Leben eine blumige und wunderschöne Geschichte. Manchmal treten Menschen in unser Leben, um uns zu inspirieren, wie man miteinander umgeht und was liebevolles Commitment bedeutet; manchmal zeigen sie uns jedoch genau das Gegenteil. Was ich mit unaufhaltbarer Entwicklung meine, ist, dass ich gelernt habe, darauf zu achten, wofür ich mich hingebe. Denn das, was ich einst gelernt habe, ist das, was aus einigen Menschen, Situationen und Erfahrungen übrig bleibt. Das ist zu meinem tief verankerten Wegweiser geworden. Die Wahrheit ist, egal wie pathetisch es klingt, dass die Anzahl der Tage, die wir haben, nicht viele sind. Ich habe gelernt, Raum einzunehmen und Liebe jeden Tag in sämtlichen Formen in mein Leben zu lassen. Letzten Endes ist Liebe niemals verschwendet. Es kann kein Fehler sein, geliebt zu haben, denn Liebe ist, wie du hier gelernt hast, keine begrenzte Ressource. Sie kommt am Ende immer zu dir zurück. Ich hoffe, dass du daran glaubst, dass du ein schönes Leben verdient hast, auch wenn du viele Jahre in Verletzungen, Schatten, Wunden, Angst, Fehlern und Selbstverlust verbracht hast. Lasse all deine Erfahrungen, all die Stimmen aus maroden Herzen voller Wut und Verurteilung, dein Herz und dein Sein nicht zu etwas werden, was du nicht bist. Deine Vergangenheit ist Teil von dir, doch sie definiert dich nicht. Füge jedes Teil, jede Scherbe deiner Discokugel zusammen und wirf dein Licht in jede noch so dunkle Ecke dieser Welt. Halte an deinem Glauben fest.

Liebe besteht aus so viel mehr als einer romantischen Beziehung. Ich hoffe von tiefstem Herzen, dass du Liebe in jedem Aspekt deines Lebens findest. Und diese in die Welt tragen wirst. Ich hoffe, du verliebst dich in deine Gefühle, in deinen liebsten Song, in das Lachen deiner Friends. Ich hoffe, du findest Liebe in Wachstum und Veränderung, in Sicherheit und wildem Abenteuer, im völligen Chaos und in Prozessen statt Zielen. Ich hoffe, du findest Liebe in den kleinen Dingen des Tages, in dem Wandel der Jahreszeiten, in vollkommener Albernheit neugierig zu bleiben. Ich hoffe, du findest Liebe in Räumen in dir, in denen sie dich früher nicht besuchen kam. Ich hoffe, du erlaubst dir heute ein kleines Stück mehr, der Mensch für dich selbst zu sein, den du immer gebraucht hast. Ich hoffe du findest Liebe im Moment – und saugst ihn auf – denn das ist alles was wir haben. Jede Erinnerung wird aus einem präsenten Moment geschaffen. Ich hoffe du findest Liebe in der Koexistenz aller Zustände und Gefühle. Und ich hoffe, du findest Liebe in dir selbst. Denn wenn ich eines gelernt habe, dann ist es, dass Liebe so viel mehr ist als etwas, was wir in einem einzigen Menschen finden – sie ist überall.

Neues wartet auf dich, auch wenn es erst mal hart ist. Ich traue dir deine Reise zu. Schreibe deine Geschichte neu, Kapitel für Kapitel.

Liebe ist mächtig. Liebe bin ich. Liebe bist du.

Liebe ist.

Danksagung

Danke an dich, Motti, mein Beweis dafür, dass queere Liebe kein Fehler sein kann. Du hast mich durch die wildesten und ruhigsten Zeiten begleitet. Du bist mein sicheres Abenteuer. Mein Rückenwind und Anker. Du warst der Grundstein für all das hier. Ohne deine Weitsicht, deinen Glauben an mich und deine Liebe wäre ich nicht an diesem Punkt. Ich sehe dich und wertschätze dich.

Danke an jede Person in meinem bisherigen Leben, welche in meinem Bauch Schmetterlinge zum Fliegen gebracht hat.

Danke auch an alle Hater und Menschen, die nie an mich geglaubt haben. Ihr habt Teil an meinem Antrieb, die Welt zu einem sensibleren Ort zu machen.

Danke an meine Mutter, meinen Bruder, meine Großeltern, meine chosen Family und meine Friends. Ihr habt jede wilde Reise und Veränderung begleitet und mir Rückhalt in haltlosen Zeiten gegeben.

Danke an meine Therapeutin Nele – ohne dich würden viele Erkenntnisse, die ich heute habe, fehlen.

Danke an die Community of love, die Michalski Community. Jeder Kommentar, jedes persönliche Treffen, jede Nachricht, jedes gemeinsame Weinen und jeder Support haben mich glauben lassen. Ihr seid Liebe.

Danke an viele Kolleg*innen, die mich mit ihren Inhalten oder ihrer Musik zu Teilen in diesem Buch inspiriert haben.

Danke an dich, Ally, wie beeindruckend du all meine Gedanken, mein Erleben und meine wirren Zusammenhänge in Form geschrieben hast.

Danke an dich, Bella – danke für die Chance und deinen festen Glauben daran, dass dieses Buch etwas bewegen kann.

Nicht zuletzt möchte ich mir selbst danken – mir und meinem Körper. Ich habe mich immer wieder beeindruckt. Ich hatte jahrelang Ängste. Ich habe jeden Hormonrausch verarbeitet. Mir wurde sehr wehgetan. Ich habe in meinem hypersensiblen Gehirn Millionen von Gedanken gedacht. Ich würde meiner Mini-Version gern sagen: Danke, dass du uns nie aufgegeben hast. Danke, dass unser Herz ein softer und liebevoller Ort geblieben ist.

Danke an die Liebe, die ich in mir und anderen erleben darf.

Glossar

Queere Begriffe

Agender: Menschen, die sich keinem Geschlecht zugehörig fühlen oder sich beispielsweise mit dem Konzept von Geschlecht nicht identifizieren können.

Ally: Eine Person, die selbst nicht Teil einer marginalisierten Gruppe, wie beispielsweise der trans* Community, ist, aber diese aktiv unterstützt. Als Ally oder Unterstützer*in bezeichnet zu werden bedeutet mehr als nur »nichts dagegen zu haben« – es ist ein aktives Engagement.

A_romantisch/aro: Eine Person, die wenig bis keine romantische Anziehung zu anderen Menschen empfindet. Der Unterstrich steht für das Spektrum, da dies unterschiedlich erlebt wird.

A_sexuell/Ace: Eine Person, die wenig bis keine sexuelle Anziehung zu anderen Menschen empfindet. Der Unterstrich steht für das Spektrum, da dies unterschiedlich erlebt wird.

Bi+ Sexualität: beschreibt einen Schirmbegriff aller Orientierungen, welche sich zu mehr als einem Geschlecht hingezogen fühlen. Darunter fallen z. B. pansexuell, bisexuell, omnisexuell, multisexuell oder polysexuell.

Bisexualität: Eine Person, die sich zu mehr als einem Geschlecht hingezogen fühlt. Bisexualität schließt alle Geschlechter ein, jedoch muss nicht zu jedem Geschlecht eine Anziehung bestehen. Präferenzen können sich stark unterscheiden und sich im Laufe der Zeit verändern.

Bifeindlichkeit: Diese bezeichnet die Diskriminierung von bi+ Personen. Sie manifestiert sich beispielsweise durch Ablehnung, Wut, Unbehagen, Vorurteile oder sogar körperliche bzw. psychische Gewalt. Internalisierte Bifeindlichkeit liegt vor, wenn sich diese Feindseligkeit gegen die eigene sexuelle Orientierung und damit gegen die eigene Person richtet. Bifeindlichkeit ist auch innerhalb der queeren Community verbreitet.

Binäres System: Dieses Konzept beschreibt eine Ordnung, in der es nur zwei Kategorien gibt, wie richtig oder falsch, gut oder schlecht, Mann oder Frau, heterosexuell oder homosexuell, monogam oder freie Liebe. Es besteht eine deutliche Tendenz, Ereignisse, Wahrnehmungen oder sogar Menschen schnell und eindeutig zu kategorisieren, wobei Zwischenstufen und Spektren oft vernachlässigt werden.

Casual Sex: Nicht bindender, unverbindlicher Sex ohne die Erwartung einer weiterführenden romantischen Beziehung.

Cisgender: Eine Person, deren Geschlechtsidentität mit dem bei der Geburt zugewiesenen Geschlecht übereinstimmt.

Closeted: Eine Person, die ihre sexuelle Orientierung oder Geschlechtsidentität nicht öffentlich macht oder sich selbst dessen noch nicht bewusst ist.

Coming out: Der Prozess, in dem eine Person sich selbst über ihr Geschlecht und/oder sexuelle Orientierung bewusst wird (inneres Coming out) und dies mit anderen teilt (äußeres Coming out). Das äußere Coming out (optional) ist ein lebenslanger Prozess, da es oft im Alltag wiederholt werden muss.

Comphet: Abkürzung für »Compulsory Heterosexuality«, bezeichnet den gesellschaftlichen Druck, heterosexuell zu sein oder sich so zu verhalten.

Deadname: Der abgelegte Vorname, der einem bei der Geburt zugewiesen wurde. Gerade für binäre und nicht binäre trans* Menschen, die sich einen neuen Namen gegeben haben, kann es extrem verletzend sein, diese mit ihrem Deadname anzusprechen.

Demisexuell: Eine Person, die sexuelle Anziehung erst nach dem Aufbau einer emotionalen Bindung empfindet.

Femme: Beschreibt Personen, die sich in ihrem Ausdruck und Verhalten als feminin präsentieren, unabhängig von ihrer sexuellen Orientierung oder Geschlechtsidentität.

FLINTA*: Ein Akronym für Frauen, Lesben, intergeschlechtliche, nicht binäre, trans* und agender Personen.

Gender/Geschlechtsidentität: Beschreibt auf der wissenschaftlichen Ebene das sozial konstruierte Geschlecht. Geschlechtsidentität bedeutet die persönliche Vorstellung/Wahrnehmung vom eigenen Geschlecht. Nicht zu verwechseln ist dies mit einer Geschlechterrolle (diese wird von außen zugeschrieben und hat nichts mit einer Geschlechtsidentität zu tun).

Geschlechtsausdruck: Die äußere Darstellung des Geschlechts durch Kleidung, Verhalten, Gestik usw. (wie es in unserer Gesellschaft eingeordnet wird) – Geschlechtsausdruck ist nicht dasselbe wie Geschlechtsidentität. Wir sehen Menschen das Geschlecht nicht an.

Heteronormativität: Die Annahme, dass Heterosexualität und Cisgeschlechtlichkeit die Norm sind, was oft zur Marginalisierung anderer sexueller Orientierungen, Geschlechter und Lebensformen führt.

Homosexuell: Der Begriff homosexuell bezieht sich auf eine Person, die sich emotional, romantisch und/oder sexuell zu Menschen des gleichen Geschlechts hingezogen fühlt.

Inter* Person/Intersex: Inter* Menschen sind Menschen, deren körperliche Geschlechtsmerkmale (z. B. Genitalien, Chromosomen, Hormone) nicht der medizinischen Norm von eindeutig männlichen oder weiblichen Körpern zugeordnet werden kann. Bis heute werden die Genitalien von inter* Kindern nach der Feststellung operativ einem der beiden der medizinischen Norm entsprechenden Geschlechter ohne Konsens angepasst. Viele inter* Personen merken dies auch erst zu einem späteren Zeitpunkt. Es gibt fast so viele inter* Personen wie rothaarige Menschen.

Klitoris: Ein Teil der Vulva. Ist die kleine (oder große) Perle, die sich am oberen Ende der Vulvalippen befindet. Die Spitze wird von der Klitorisvorhaut bedeckt. Die Klitoris ist der empfindlichste Teil des menschlichen Körpers.

Lesbisch: Lesbisch ist ein Begriff, der im Allgemeinen die queere Anziehung zu Frauen, Weiblichkeit oder Nicht-Männern beschreibt. Auch nicht binäre Menschen können lesbisch sein.

LGBTQIA+: Ein Akronym, das für »Lesbisch, Schwul, Bisexuell, trans*, queer, inter*, agender steht. Das + steht für weitere Identitäten und Orientierungen.

Masc: Kurzform von maskulin, verwendet, um Personen zu beschreiben, die sich in ihrem Ausdruck und Verhalten als maskulin präsentieren, unabhängig von ihrer Geschlechtsidentität.

Misgendern: Wenn eine Person einem falschen Geschlecht zugeordnet wird und z. B. nicht passende Pronomen/Namen verwendet werden. Dies kann unabsichtlich passieren und korrigiert werden oder ein Ausdruck von Trans*- und Nicht-binär-Feindlichkeit sein.

Misogynie: Bezeichnung für Frauenfeindlichkeit und Hass auf Weiblichkeit bzw. Femininität.

Nicht binär: Nicht binär ist ein Schirmbegriff für Menschen, die sich weder als Frau noch als Mann einordnen oder aber als beides gleichzeitig ansehen, wobei die Zugehörigkeit auch wechseln kann. Nicht binäre Geschlechtsidentitäten gehören zum trans* Spektrum.

Omnisexuell/Omniromantisch: Eine Person, die sich, romantisch und/ oder sexuell zu allen Geschlechtern hingezogen fühlt. Das Geschlecht spielt hier jedoch eine Rolle, und oft werden Präferenzen empfunden.

Pansexuell/Panromantisch: Eine Person, die sich, romantisch oder sexuell zu Menschen unabhängig von deren Geschlecht hingezogen fühlt. Das Geschlecht spielt dabei keine Rolle.

Passing: Passing bedeutet, dass eine Person als das Geschlecht wahrgenommen wird, das sie nach außen hin präsentiert, und dadurch mit richtigen Pronomen angesprochen/cis gelesen wird. Nicht allen trans* Menschen ist ein Passing wichtig.

Patriarchat: Bedeutet wörtlich »die Herrschaft der Väter«. Es ist das vorherrschende System in unserer Gesellschaft, welche von (cis) Männern für Männer dominiert wird.

Privileg: Vorteile und Möglichkeiten, die Menschen einer nicht marginalisierten Gruppe automatisch haben. Dass Angehörige marginalisierter Gruppen diese Vorteile bzw. Möglichkeiten nicht haben, ist vielen Menschen mit Privilegien nicht bewusst.

Pronomen: Wörter, die verwendet werden, um eine Person statt ihres Namens zu bezeichnen, oft mit Bezug auf ihr Geschlecht (z. B. er/sie, ihn/ihre, they/them/deren).

Queer: Ein Überbegriff, der verwendet wird, um eine Vielzahl von sexuellen Orientierungen und Geschlechtsidentitäten außerhalb der heterosexuellen und cisgeschlechtlichen Norm zu beschreiben. Er wird von manchen als Sammelbegriff für die LGBTQIA+ Community verwendet und birgt eine lange queere Geschichte.

Queerfeindlichkeit: beschreibt die Ablehnung und Diskriminierung queerer Menschen aufgrund der Sexualität oder Geschlechtsidentität. Diese zeigt sich durch Intoleranz, Vorurteile, emotionale/physische Gewalt. Internalisierte Queerfeindlichkeit richtet diese von außen stammenden Glaubenssätze gegen sich selbst.

Schwul: Als schwul bezeichnen sich Männer oder auch nicht binäre Personen, die sich zu Männern oder nicht Frauen sexuell und/oder romantisch hingezogen fühlen. Der Begriff »gay« wird manchmal auch als Überbegriff für homosexuelle Personen im Allgemeinen verwendet.

Slutshaming: Abwertung, basierend auf Sexualität. Betrifft vor allem weiblich gelesene Personen. Wer Freude an Sex hat, eventuell auch mit wechselnden Partner*innen, offen über Sexualität spricht oder Haut zeigt, wird als *Schlampe* abgestempelt. Unangepasstes Verhalten wird somit bestraft und beschämt. Eine misogyne Diskriminierung.

TERF: Steht für trans-exclusionary radical feminist, also trans* Personen ausschließende radikale Feministin. Trans*feindliche Gewalt wird mit Radikalfeminismus begründet.

Toxische Männlichkeit/Maskulinität: Kulturelle Normen, die traditionelle männliche Stereotypen fördern, oft auf Kosten der eigenen emotionalen Gesundheit und der Beziehungen zu anderen.

trans* Person/Transgender: eine Person, welche sich nicht mit dem bei der Geburt zugewiesenen Geschlecht identifiziert. Trans* Personen können sowohl binär (Mann/Frau) als auch nicht binär sein.

Trans*medikalismus: Die Überzeugung, dass Transgeschlechtlichkeit eine psychische Erkrankung ist und Menschen immer eine »vollständige« Angleichung von Hormonersatztherapie über operative Eingriffe durchführen müssen, um trans* *genug* zu sein. Trans* und nicht binäre Menschen, welche diese Kriterien nicht erfüllen, wird das trans*-Sein abgesprochen.

Weiblich gelesene Personen: Dieser Ausdruck bezieht sich auf Individuen, die von anderen als weiblich wahrgenommen werden, unabhängig von ihrer tatsächlichen Geschlechtsidentität. Diese Wahrnehmung basiert häufig auf äußeren Merkmalen oder Verhaltensweisen, welche wir durch unser binäres System stereotypisch zuordnen.

Begriffe der Polyamorie

Ambiamorie/ambiamorös: Menschen, die sich sowohl in monogamen als auch polyamoren Beziehungen wohlfühlen können. Für sie ist es wichtig, dass die jeweilige Beziehungsstruktur zu den Personen passt, mit denen sie in einer Beziehung sind.

Beziehungsanarchie: Beschreibt eher eine Beziehungsphilosophie als eine wirkliche Struktur. Beziehungsanarchist*innen unterscheiden oft nicht zwischen romantischen Beziehungen und anderen Beziehungen. Statt individuelle Verhältnisse zu kennzeichnen, ziehen sie es vor, den Rahmen des *gegenseitigen Einvernehmens* für sie alle zu nutzen. Heißt, dass nicht die romantische Liebe über allem steht – sondern Verbindungen gleichermaßen nicht hierarchisch eingegangen werden.

Beziehungsperson(en): Person(en), mit denen man eine Beziehung führt. Ein genderneutraler Begriff.

Cheating: Betrug kommt auch in der Nicht-Monogamie vor. Jedes Mal, wenn eine Beziehungsperson eine Vereinbarung überschreitet, Informationen vorenthält oder verheimlicht, um zu manipulieren oder zu täuschen, oder sich hinter dem Rücken der anderen Person an unethischem Verhalten beteiligt, wird dies als Betrug betrachtet. Betrug beschreibt eher den Vertrauensbruch und das Brechen von Absprachen als die Teilnahme an einer bestimmten intimen Handlung.

Compersion: Ein Gefühl der Freude oder des Glücks, das man erlebt, wenn man sieht, dass die Beziehungsperson in einer anderen Beziehung mit einer anderen Person glücklich ist.

DADT (don't ask don't tell): Bezieht sich auf eine Beziehungsvereinbarung, bei der Paare nur minimale Informationen (normalerweise über Safer-Sex-Verhaltensweisen) über andere Dates/Beziehungen austauschen und weder Fragen gestellt werden noch transparent Informationen geteilt werden.

ENM & CNM: Akronyme für ethische Nicht-Monogamie (ENM) bzw. konsensuelle Nicht-Monogamie (CNM). Beide Begriffe sind Synonyme für Nicht-Monogamie und werden mittlerweile weniger verwendet – da sie das Stigma rund um nicht monogames Leben befeuern können. Historisch gesehen wurde der Begriff ethische Nicht-Monogamie verwendet, um diese von unethischem Betrug zu unterscheiden. Viele nicht monogame Menschen drängen darauf, von diesem Begriff abzurücken, da Nicht-Monogamie keine echte Nicht-Monogamie ist, wenn sie nicht ethisch ist.

Garden Party Polyamory: Siehe Poly-Guide, »Verschiedene Formen der Polyamorie«.

Hierarchische Polyamorie: Innerhalb des Polyküls nimmt eine Beziehung die Rolle der »primären Beziehung« ein. Beziehungspersonen werden oft als primäre und sekundäre Partner*innen angesehen. Dies muss nicht unbedingt mit »mehr oder weniger Liebe« zusammenhängen. Primäre Beziehungen priorisieren sich oft, wenn es um Entscheidungen und Verpflichtungen geht. Dies ist so abgesprochen.

Hinge: Beschreibt die Person *in der Mitte,* also den Mittelpart in der Polyamorie, sobald mehr als eine Beziehung geführt wird und diese Menschen untereinander keine romantische Beziehung pflegen. Zum Beispiel bei einem V – die Person in der Mitte ist der Hinge.

Jealousy-Management: Die Rituale und Methoden, die Menschen in polyamoren Beziehungen anwenden, um mit Eifersucht umzugehen und diese gemeinsam und autonom zu bewältigen.

Kitchen Table Polyamory: Siehe Poly-Guide, »Verschiedene Formen der Polyamorie«.

Komet: Eine Verbindung, die immer wieder im Leben auftaucht. Die kann zum Beispiel auch eine Fernbeziehung sein, in der sich die Partner*innen/Datingpartner*innen nur selten persönlich treffen, aber froh sind, ihre Verbindung zu diesen Zeiten aufrechtzuerhalten und dazwischen weniger intensiv in Kontakt zu sein, wie ein Komet, der alle paar Jahre nahe genug an der Erde vorbeizieht, um gesehen zu werden.

Konsens: Zustimmung. Die Zustimmung ist die Grundlage für alle sexuellen/interaktiven Handlungen. Ohne Zustimmung ist jede Art von sexueller Handlung sexuelle Gewalt. Konsens sollte ebenso in Gesprächen vor triggernden Themen eingeholt werden.

Konsensuelle Nicht-Monogamie: Ein Überbegriff, der Beziehungsformen umfasst, in denen Partner*innen einvernehmlich romantische oder sexuelle Beziehungen mit mehr als einer Person eingehen; Polyamorie fällt unter diese Kategorie.

Love language: Beschreibt die Art und Weise, wie wir Liebe empfangen und Liebe versenden. Dies herauszufinden kann bei der Kommunikation von Bedürfnissen helfen. Dazu zählen Worte der Wertschätzung/Anerkennung – liebevolle Geschenke/Gesten – gemeinsame Zeit – Zärtlichkeiten und Berührungen – Hilfsbereitschaft und Support. Man kann eine Love Language erlernen – wenn z. B. meine Beziehungsperson anders empfängt, als ich sende.

Metamour: Die Beziehungsperson der eigenen Beziehungsperson, mit der man selbst keine romantische Beziehung führt.

Monogamie: Eine Beziehungsform, bei der eine Person zu einem Zeitpunkt nur eine romantische und sexuelle Partner*innenschaft mit einer einzigen Person führt. Eigentlich müsste es wie die Polyamorie auch Monoamorie heißen – denn Monogamie an sich beschreibt die Einzelehe.

Monogamish: Der Begriff *monogamish* wurde erstmals von Dan Savage, einem amerikanischen Journalisten, Autor und Kolumnisten, geprägt. Eine monogamish Beziehung liegt zwischen einer monogamen Beziehung und einer offenen Beziehung – sie sieht für jede Beziehung anders aus, ist weder völlig geschlossen noch völlig offen. Wie bei anderen Arten von offenen Beziehungen gibt es auch bei monogamish Beziehungen kein Patentrezept. Im Großen und Ganzen geht es darum, mit einer Beziehungsperson überwiegend monogam zu sein und sich außerhalb der Beziehung auf der Grundlage vereinbarter Regeln, Grenzen und Umstände mit anderen zu treffen.

Mono-Poly-Beziehungen (auch im V möglich): Siehe Poly-Guide, »Verschiedene Formen der Polyamorie«.

Mono-me: Eine monogame Person, die sich mit einer polyamoren Person trifft, mit der Absicht, deren andere Beziehungen zu beenden, um die einzige Beziehungsperson zu werden. Das ist kein ethisches Verhalten.

Mononormativität: Mononormativität bezeichnet eine gesellschaftliche Struktur, bei der nur monogame Beziehungen als richtige, valide und anzustrebende Beziehungen gelten. Polyamore Menschen werden diskriminiert. Die Mononormative ist der Grund dafür, dass eine Ehe immer noch nur zwischen zwei Menschen erlaubt ist und Kinder immer nur zwei Elternteile haben können, obwohl sich in polyamoren Beziehungen oft drei oder mehr Erwachsene um Kinder kümmern. Vor allem Frauen, die in polyamoren Beziehungen leben, erleben viel Diskriminierung und Vorurteile. Polyamore Beziehungen gelten in einer mononormativen Gesellschaft oft als *nicht richtige* Beziehungen, die außerdem schädlich für die Partner*innen und Ausdruck eines krankhaften Sexualverhaltens seien.

Nesting Partner: Bezieht sich auf Beziehungspersonen, die zusammenleben oder andere wichtige Ressourcen (wie z. B. die Verantwortung für ein Kind) teilen.

New Relationship Energy (NRE): Die Aufregung und Energie, die oft am Anfang einer neuen romantischen Beziehung erfahren wird; in polyamoren Kontexten wird dieser Begriff verwendet, um die Dynamik zu beschreiben, die entsteht, wenn ein*e Partner*in eine neue Beziehung beginnt.

Nicht Monogamie: Ist ein Schirmbegriff für alle Beziehungsformen, in denen Menschen im Rahmen der Vereinbarungen und Absprachen ihrer Beziehung(en) romantische und/oder sexuelle Beziehungen zu mehreren Personen eingehen. Es gibt eine Reihe von nicht monogamen Beziehungs- und Liebesformen, die unter den Oberbegriff der Nicht-Monogamie fallen.

Offene Beziehung: Während bei der Polyamorie per Definition die Liebe im Mittelpunkt steht, geht es bei offenen Beziehungen (in der Regel) eher um physische und/oder sexuelle Beziehungen und Wünsche. Zweifellos äußern manche Menschen in offenen Beziehungen auch, dass sie Gefühle für weitere Menschen haben. In der Regel legen Menschen in offenen Beziehungen jedoch den romantischen Schwerpunkt auf eine Beziehungsperson – während sie gleichzeitig körperliche Verbindungen außerhalb der Beziehung zulassen. Dies kann auch einseitig der Fall sein.

Old Relationship Energy (ORE): Englisch für »alte Beziehungsenergie«. Beschreibt die Dynamik einer langjährigen romantischen oder sexuellen Beziehung, die mit einem tiefen Gefühl von Sicherheit und Vertrauen einhergeht. Ihr Gegenteil ist die Neue Beziehungsenergie (oder NRE).

OPP (One penis policy): Wenn ein (in der Regel) cis hetero (cishet) Mann seiner Partnerin (Beziehungsperson) nur erlaubt, mit anderen Frauen oder Menschen mit Vulva zu schlafen. Dies ist unethisch und von Misogynie und Diskriminierung von queeren Menschen geprägt. OPP-Strukturen haben eine lange Geschichte und verstärken patriarchalische Werte.

Parallel Polyamory: Siehe Poly-Guide, »Verschiedene Formen der Polyamorie«.

Poly-intimates: Beschreibt Paare, die sexuell exklusiv sind, aber andere intime/platonische Partner*innenschaften eingehen, welche Ressourcen teilen.

Polyamorie: Aus dem Griechischen *poly*, was *viele* bedeutet, und dem Lateinischen *amor*, was *Liebe* bedeutet. Menschen sehen Liebe nicht als begrenzte Ressource an und sind offen dafür, mehrere romantische Liebesbeziehungen zu führen. Polyamorie kann als Identität, Entscheidung oder als Einstellung angesehen werden. Polyamore Beziehungen sind Beziehungen, in denen Menschen in der Lage sind, feste, dauerhafte, emotionale, intime und/oder sexuelle Beziehungen mit mehr als einer Person zu führen. Polyamore Menschen werden stark mit Vorurteilen und Stigma belastet.

Polyfidelity: Eine Form der Polyamorie, bei der alle Personen eines Polyküls exklusive Beziehungen miteinander führen, aber keine romantischen und/oder sexuellen Beziehungen zu Personen außerhalb der Gruppe haben.

Polykül: Beschreibt ein Beziehungsnetzwerk von Beziehungsperson(en) und Metas. Polyküle können offen oder geschlossen sein und eine beliebige Zahl von Personen umfassen. Die Voraussetzung für ein Polykül ist jedoch die Bereitschaft, Verbindungen innerhalb einzugehen und Investitionen kollektiv zu verstehen.

Polysaturation: Beschreibt einen Zustand innerhalb der Polyamorie. Die Sättigung/Kapazitäten von Energie innerhalb des Polyküls von jeder einzelnen Person. Wenn z. B. eine Person polysaturated ist, dann ist die Person gerade nicht offen für neue Verbindungen. Oversaturation heißt, dass mehr Verbindungen als verfügbare Zeit und Energie eingegangen sind. Undersaturation, dass Bedürfnisse und Wünsche nicht gedeckt werden und eine Offenheit besteht.

Quad: Siehe Poly-Guide, »Verschiedene Formen der Polyamorie«.

Queerplatonisch/Polyqueerplatonisch: Ein Sammelbegriff für eine Beziehung, die meist keine romantische/sexuelle Anziehung erlebt – doch mehr als Freund*innen beschreibt. Queerplatonisch wird verwendet, um Gefühle und Beziehungen zu beschreiben, die entweder nicht romantischer oder mehrdeutig romantischer Natur sind, um auszudrücken, dass sie die gesellschaftlichen Normen für platonische Beziehungen durchbrechen. Sie kann durch eine starke Bindung und emotionale Verpflichtung gekennzeichnet sein, die von den Beteiligten nicht als etwas angesehen wird, das über eine Freund*innenschaft hinausgeht. Beispiele wären Co-Parenting, zusammenleben, Verantwortung füreinander übernehmen.

Serielle Monogamie: Beschreibt Menschen, die es vorziehen, sich jeweils nur an eine Person zu binden, doch im Laufe des Lebens mehrere aufeinanderfolgende Beziehungen haben.

Solo Polyamory: Siehe Poly-Guide, »Verschiedene Formen der Polyamorie«.

Triad/Triade (Throuple): Siehe Poly-Guide, »Verschiedene Formen der Polyamorie«.

Unicorn: Englisch für Einhorn. Eine bi+ Person, oft eine bi+ Frau, die bevorzugt Beziehungen mit beiden Partnern eines heterosexuellen Paares eingeht. Die Bedingungen dieser Beziehungen werden in erster Linie durch die Vereinbarungen des Paares festgelegt. (Meist unethisch.)

Unicorn Hunting/Dragon Hunting: Englisch für Einhornjagd/Drachenjagd. Unicorn/Dragon Hunter sind Paare, die eine bisexuelle Frau/Mann suchen, die/der es vorzieht, Beziehungen mit beiden Teilen eines heterosexuellen Paares zu Bedingungen zu führen, die in erster Linie durch die Vereinbarungen des Paares für eine Beziehung festgelegt sind. Dieser Begriff ist mit Vorsicht zu genießen, da es fast unmöglich ist, diese Art von Person zu finden, weil sie mit allen Bedingungen des Paares einverstanden sein muss und weil diese Struktur, wenn sie gehandhabt wird, oft dazu benutzt wird, junge, bisexuelle Frauen und Männer, die neu in der Polyamorie sind, negativ zu beeinflussen und auszunutzen.

Vetorecht: Eine Vereinbarung innerhalb einiger polyamorer Beziehungen, die einer Beziehungsperson das Recht gibt, eine andere Beziehung ihrer Beziehungsperson abzulehnen. Dies bezieht sich auf Paare, die vereinbart haben, dass sie die andere Beziehung ihrer Beziehungsperson beenden können, wenn sie diese nicht mögen oder wenn sie die bestehende Beziehung bedroht.

V-Triad/Vee: Siehe Poly-Guide, »Verschiedene Formen der Polyamorie«.

Leseliste

Bay Area Bisexual Network: The Bisexual Manifesto, Beyond the Myths of Bisexuality, in: Anything That Moves Nr. 1, 1990

Fern, Jessica: Polysecure: Bindung, Trauma und konsensuelle Nicht-Monogamie, divana Verlag, 2023

Fern, Jessica: Polywise, a deeper dive into navigating open relationships, Scribe UK, 2023

Gassmann, Alexa: sie lieben: weil Selbstfindung keine Phase ist. Vom Mut, ein selbstbestimmtes Leben zu führen, allegria, 2023.

Giese, Linus: Ich bin Linus. Wie ich der Mann wurde, der ich schon immer war, Rowohlt, 2020

Hardy, Janet W. W., Easton, Dossie: The Ethical Slut, A Practical Guide to Polyamory, Open Relationships, and Other Freedoms in Sex and Love, Clarkson Potter/Ten Speed, 2017

Jaspers, Lisa, Ryland, Naomi, Horch, Silvie (Hrsg.): Unlearn Patriarchy, Ullstein, 2022

Kiwit, Britta: Ach, das ist Familie?! Vielfalt, Zusammenleben und Aufklärung – Mit Tipps für Eltern und Bezugspersonen, EMF, 2023

Kurt, Şeyda: Radikale Zärtlichkeit, Warum Liebe politisch ist, HarperCollins, 2021

Lee, John Alan: Colours of love: An exploration of the ways of loving, New Press, 1973

Meyer, Lydia: Die Zukunft ist nicht binär, Rowohlt, 2023

Die Michalskis, Böttcher, Shari: Muckdiwupp – Auf nach Pifo!, 2021

Schropp, Jochen: Queer as f*ck, echtEMF, 2022

Vaid-Menon, Alok: Mehr als binär, Katalyst Verlag, 2023

Zett, Alicia, Wie Wellen im Sturm, Bastei Lübbe, 2023